老科学家学术成长资料采集工程

中国工程院院士传记丛书

钢锁苍龙 霸贯九州

1925年	1938年	1945年	1975年	1985年	1997年	2012年
出生	考入黄岩县立中学	考入国立清华大学	开发九江大桥新钢种15MnVNq	获国家科学技术进步特等奖	当选中国工程院院士	荣获中国中铁特级专家

老科学家学术成长资料采集工程

中国工程院院士传记丛书

方秦汉 传

钢锁苍龙
霸贯九州

郭永玉 贺金波 黄 琨◎著

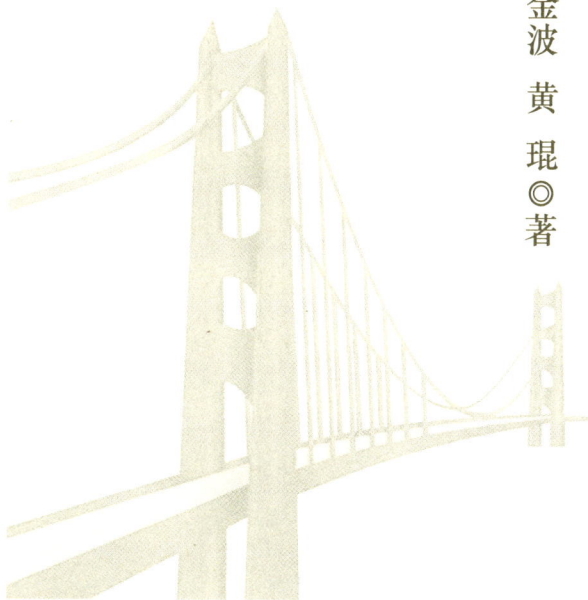

上海交通大学出版社

中国科学技术出版社

图书在版编目(CIP)数据

钢锁苍龙　霸贯九州：方秦汉传/郭永玉，贺金波，黄琨
著.—上海：上海交通大学出版社，2015

(老科学家学术成长资料采集工程丛书)

ISBN 978 - 7 - 313 - 11728 - 1

Ⅰ.①钢… Ⅱ.①郭…②贺…③黄… Ⅲ.①方秦汉—传
记 Ⅳ.①K826.16

中国版本图书馆 CIP 数据核字(2014)第 153198 号

出 版 人	韩建民 苏 青	
责任编辑	钱方针	
责任营销	陈 鑫	
版式设计	中文天地	

出　　版	上海交通大学出版社　　中国科学技术出版社	
发　　行	上海交通大学出版社	
地　　址	上海市番禺路 951 号	
邮　　编	200030	
发行电话	021 - 64071208	
传　　真	021 - 64073126	
网　　址	http://www.jiaodapress.com.cn	

开　　本	787mm×1092mm　 1/16	
字　　数	230 千字	
印　　张	16.5	
彩　　插	3	
版　　次	2015 年 1 月第 1 版	
印　　次	2015 年 1 月第 1 次印刷	
印　　刷	上海景条印刷有限公司	
书　　号	ISBN 978 - 7 - 313 - 11728 - 1/K	
定　　价	49.00 元	

(凡购买本社图书，如有缺页、倒页、脱页者，本社发行部负责调换)

老科学家学术成长资料采集工程
领导小组专家委员会

主　任：杜祥琬

委　员：（以姓氏拼音为序）

　　　　巴德年　　　陈佳洱　　　胡启恒　　　李振声

　　　　王礼恒　　　王春法　　　张　勤

老科学家学术成长资料采集工程
丛书组织机构

特邀顾问（以姓氏拼音为序）

　　　　樊洪业　　　方　新　　　齐　让　　　谢克昌

编委会

主　编：王春法　　　张　藜

编　委：（以姓氏拼音为序）

艾素珍	董庆九	胡化凯	黄竞跃	韩建民
廖育群	吕瑞花	刘晓勘	林兆谦	秦德继
任福君	苏　青	王扬宗	夏　强	杨建荣
张柏春	张大庆	张　剑	张九辰	周德进

编委会办公室

主　任：许向阳　　　张利洁

副主任：许　慧　　　刘佩英

成　员：（以姓氏拼音为序）

崔宇红	董亚峥	冯　勤	何素兴	韩　颖
李　梅	罗兴波	刘　洋	刘如溪	沈林苣
王晓琴	王传超	徐　捷	肖　潇	言　挺
余　君	张海新	张佳静		

老科学家学术成长资料采集工程简介

　　老科学家学术成长资料采集工程（以下简称"采集工程"）是根据国务院领导同志的指示精神，由国家科教领导小组于 2010 年正式启动，中国科协牵头，联合中组部、教育部、科技部、工信部、财政部、文化部、国资委、解放军总政治部、中国科学院、中国工程院、国家自然科学基金委员会等 11 部委共同实施的一项抢救性工程，旨在通过实物采集、口述访谈、录音录像等方法，把反映老科学家学术成长历程的关键事件、重要节点、师承关系等各方面的资料保存下来，为深入研究科技人才成长规律，宣传优秀科技人物提供第一手资料和原始素材。按照国务院批准的《老科学家学术成长资料采集工程实施方案》，采集工程一期拟完成 300 位老科学家学术成长资料的采集工作。

　　采集工程是一项开创性工作。为确保采集工作规范科学，启动之初即成立了由中国科协主要领导任组长、12 个部委分管领导任成员的领导小组，负责采集工程的宏观指导和重要政策措施制定，同时成立领导小组专家委员会负责采集原则确定、采集名单审定和学术咨询，委托中国科学技术史学会承担具体组织和业务指导工作，建立专门的馆藏基地确保采集资料的永久性收藏和提供使用，并研究制定了《采集工作流程》、《采集工作规范》等一系列基础文件，作为采集人员的工作指南。截至 2014 年底，已启动304位老科学家的学术成长资料采集工作，获得手稿、书信等实物原件资料 52 093 件，数字化资料 137 471 件，视频资料 183 878 分钟，音频资料 224 828 分钟，具有重要的史料价值。

采集工程的成果目前主要有三种体现形式，一是建设一套系统的"老科学家学术成长资料数据库"（本丛书简称"采集工程数据库"），提供学术研究和弘扬科学精神、宣传科学家之用；二是编辑制作科学家专题资料片系列，以视频形式播出；三是研究撰写客观反映老科学家学术成长经历的研究报告，以学术传记的形式，与中国科学院、中国工程院联合出版。随着采集工程的不断拓展和深入，将有更多形式的采集成果问世，为社会公众了解老科学家的感人事迹，探索科技人才成长规律，研究中国科技事业的发展历程提供客观翔实的史料支撑。

总序一

中国科学技术协会主席　韩启德

　　老科学家是共和国建设的重要参与者，也是新中国科技发展历史的亲历者和见证者，他们的学术成长历程生动反映了近现代中国科技事业与科技教育的进展，本身就是新中国科技发展历史的重要组成部分。针对近年来老科学家相继辞世、学术成长资料大量散失的突出问题，中国科协于2009年向国务院提出抢救老科学家学术成长资料的建议，受到国务院领导同志的高度重视和充分肯定，并明确责成中国科协牵头，联合相关部门共同组织实施。根据国务院批复的《老科学家学术成长资料采集工程实施方案》，中国科协联合中组部、教育部、科技部、工业和信息化部、财政部、文化部、国资委、解放军总政治部、中国科学院、中国工程院、国家自然科学基金委员会等11部委共同组成领导小组，从2010年开始组织实施老科学家学术成长资料采集工程。

　　老科学家学术成长资料采集是一项系统工程，通过文献与口述资料的搜集和整理、录音录像、实物采集等形式，把反映老科学家求学历程、师承关系、科研活动、学术成就等学术成长中关键节点和重要事件的口述资料、实物资料和音像资料完整系统地保存下来，对于充实新中国科技发展的历史文献，理清我国科技界学术传承脉络，探索我国科技发展规律和科技人才成长规律，弘扬我国科技工作者求真务实、无私奉献的精神，在全社会营造爱科学、学科学、用科学的良好氛围，是一件很有意义的事情。采集工程把重点放在年龄在 80 岁以上、学术成长经历丰富的两院院士，以及虽然不是两院院士、但在我国科技事业发展中作出突出贡献的老科技工作者，充分体现了党和国家对老科学家的关心和爱护。

自 2010 年启动实施以来，采集工程以对历史负责、对国家负责、对科技事业负责的精神，开展了一系列工作，获得大量反映老科学家学术成长历程的文字资料、实物资料和音视频资料，其中有一些资料具有很高的史料价值和学术价值，弥足珍贵。

以传记丛书的形式把采集工程的成果展现给社会公众，是采集工程的目标之一，也是社会各界的共同期待。在我看来，这些传记丛书大都是在充分挖掘档案和书信等各种文献资料、与口述访谈相互印证校核、严密考证的基础之上形成的，内中还有许多很有价值的照片、手稿影印件等珍贵图片，基本做到了图文并茂，语言生动，既体现了历史的鲜活，又立体化地刻画了人物，较好地实现了真实性、专业性、可读性的有机统一。通过这套传记丛书，学者能够获得更加丰富扎实的文献依据，公众能够更加系统深入地了解老一辈科学家的成就、贡献、经历和品格，青少年可以更真实地了解科学家、了解科技活动，进而充分激发对科学家职业的浓厚兴趣。

借此机会，向所有接受采集的老科学家及其亲属朋友，向参与采集工程的工作人员和单位，表示衷心感谢。真诚希望这套丛书能够得到学术界的认可和读者的喜爱，希望采集工程能够得到更广泛的关注和支持。我期待并相信，随着时间的流逝，采集工程的成果将以更加丰富多样的形式呈现给社会公众，采集工程的意义也将越来越彰显于天下。

是为序。

总序二

中国科学院院长　白春礼

　　由国家科教领导小组直接启动，中国科学技术协会和中国科学院等12个部门和单位共同组织实施的老科学家学术成长资料采集工程，是国务院交办的一项重要任务，也是中国科技界的一件大事。值此采集工程传记丛书出版之际，我向采集工程的顺利实施表示热烈祝贺，向参与采集工程的老科学家和工作人员表示衷心感谢！

　　按照国务院批准实施的《老科学家学术成长资料采集工程实施方案》，开展这一工作的主要目的就是要通过录音录像、实物采集等多种方式，把反映老科学家学术成长历史的重要资料保存下来，丰富新中国科技发展的历史资料，推动形成新中国的学术传统，激发科技工作者的创新热情和创造活力，在全社会营造爱科学、学科学、用科学的良好氛围。通过实施采集工程，系统搜集、整理反映这些老科学家学术成长历程的关键事件、重要节点、学术传承关系等的各类文献、实物和音视频资料，并结合不同时期的社会发展和国际相关学科领域的发展背景加以梳理和研究，不仅有利于深入了解新中国科学发展的进程特别是老科学家所在学科的发展脉络，而且有利于发现老科学家成长成才中的关键人物、关键事件、关键因素，探索和把握高层次人才培养规律和创新人才成长规律，更有利于理清我国科技界学术传承脉络，深入了解我国科学传统的形成过程，在全社会范围内宣传弘扬老科学家的科学思想、卓越贡献和高尚品质,推动社会主义科学文化和创新文化建设。从这个意义上说,采集工程不仅是一项文化工程,更是一项严肃认真的学术建设工作。

中国科学院是科技事业的国家队,也是凝聚和团结广大院士的大家庭。早在1955年,中国科学院选举产生了第一批学部委员,1993年国务院决定中国科学院学部委员改称中国科学院院士。半个多世纪以来,从学部委员到院士,经历了一个艰难的制度化进程,在我国科学事业发展史上书写了浓墨重彩的一笔。在目前已接受采集的老科学家中,有很大一部分即是上个世纪80、90年代当选的中国科学院学部委员、院士,其中既有学科领域的奠基人和开拓者,也有作出过重大科学成就的著名科学家,更有毕生在专门学科领域默默耕耘的一流学者。作为声誉卓著的学术带头人,他们以发展科技、服务国家、造福人民为己任,求真务实、开拓创新,为我国经济建设、社会发展、科技进步和国家安全作出了重要贡献;作为杰出的科学教育家,他们着力培养、大力提携青年人才,在弘扬科学精神、倡树科学理念方面书写了可歌可泣的光辉篇章。他们的学术成就和成长经历既是新中国科技发展的一个缩影,也是国家和社会的宝贵财富。通过采集工程为老科学家树碑立传,不仅对老科学家们的成就和贡献是一份肯定和安慰,也使我们多年的夙愿得偿!

鲁迅说过,"跨过那站着的前人"。过去的辉煌历史是老一辈科学家铸就的,新的历史篇章需要我们来谱写。衷心希望广大科技工作者能够通过"采集工程"的这套老科学家传记丛书和院士丛书等类似著作,深入具体地了解和学习老一辈科学家学术成长历程中的感人事迹和优秀品质;继承和弘扬老一辈科学家求真务实、勇于创新的科学精神,不畏艰险、勇攀高峰的探索精神,团结协作、淡泊名利的团队精神,报效祖国、服务社会的奉献精神,在推动科技发展和创新型国家建设的广阔道路上取得更辉煌的成绩。

总序三

中国工程院院长　周　济

由中国科协联合相关部门共同组织实施的老科学家学术成长资料采集工程，是一项经国务院批准开展的弘扬老一辈科技专家崇高精神、加强科学道德建设的重要工作，也是我国科技界的共同责任。中国工程院作为采集工程领导小组的成员单位，能够直接参与此项工作，深感责任重大、意义非凡。

在新的历史时期，科学技术作为第一生产力，已经日益成为经济社会发展的主要驱动力。科技工作者作为先进生产力的开拓者和先进文化的传播者，在推动科学技术进步和科技事业发展方面发挥着关键的决定的作用。

新中国成立以来，特别是改革开放 30 多年来，我们国家的工程科技取得了伟大的历史性成就，为祖国的现代化事业作出了巨大的历史性贡献。两弹一星、三峡工程、高速铁路、载人航天、杂交水稻、载人深潜、超级计算机……一项项重大工程为社会主义事业的蓬勃发展和祖国富强书写了浓墨重彩的篇章。

这些伟大的重大工程成就，凝聚和倾注了以钱学森、朱光亚、周光召、侯祥麟、袁隆平等为代表的一代又一代科技专家们的心血和智慧。他们克服重重困难，攻克无数技术难关，潜心开展科技研究，致力推动创新发展，为实现我国工程科技水平大幅提升和国家综合实力显著增强作出了杰出贡献。他们热爱祖国，忠于人民，自觉把个人事业融入到国家建设大局之中，为实现国家富强而不断奋斗；他们求真务实，勇于创新，用科技为中华民族的伟大复兴铸就了辉煌；他们治学严谨，鞠躬尽瘁，具有崇高的科学精神和科学道德，是我们后代学习的楷模。科学家们的一生是一本珍贵的教科书，他们坚定的理想信念和淡泊名利的崇高品格是中华民族自强不息精神的宝贵财富，永远值得后人铭记和敬仰。

通过实施采集工程，把反映老科学家学术成长经历的重要文字资料、实物资料和音像资料保存下来，把他们卓越的技术成就和可贵的精神品质记录下来，并编辑出版他们的学术传记，对于进一步宣传他们为我国科技发展和民族进步作出的不朽功勋，引导青年科技工作者学习继承他们的可贵精神和优秀品质，不断攀登世界科技高峰，推动在全社会弘扬科学精神，营造爱科学、讲科学、学科学、用科学的良好氛围，无疑有着十分重要的意义。

中国工程院是我国工程科技界的最高荣誉性、咨询性学术机构，集中了一大批成就卓著、德高望重的老科技专家。以各种形式把他们的学术成长经历留存下来，为后人提供启迪，为社会提供借鉴，为共和国的科技发展留下一份珍贵资料。这是我们的愿望和责任，也是科技界和全社会的共同期待。

周济

宗匠之业　长者之风（代序）

由中国科协方秦汉学术成长资料采集小组编撰的《钢锁苍龙　霸贯九州——方秦汉传》即将付梓，命我作序。乍承荣命，且欣且惧。欣则由于历经一年多的筹备、访谈、采集、编撰，这本展现方院士学术成长历程的传记终于告竣，采集小组不辱使命、为功甚巨。惧则由于作为晚辈后学，为先生的传记作序，兹事体大，不免惴惴。

中国科协开展的"老科学家学术成长资料采集工程"实为一项盛举。通过采访当事人、收集原始资料等形式，可以获得到丰富的、原汁原味的第一手资料，再加之周详的规划、精当的编撰，得以形成翔实、可靠的"信史"，从而收"综其既往、昭兹来者"之功。就本书而言，它首先是方院士个人成长经历的"信史"，内容丰富完整，叙述要言不烦，文风平实朴易，生动地再现了方院士以桥立功、为桥立言、凭桥立德的建桥报国生涯，对年轻的科技人员特别是桥梁科技工作者具有重要的感召和启迪意义。其次，在一定意义上说，它也是新中国桥梁科技事业发展的"信史"。方院士的建桥生涯，以修建万里长江第一桥——武汉长江大桥为起点，历经南京长江大桥、九江长江大桥、芜湖长江大桥等新中国桥梁事业的几座"里程碑"。这一历程，不仅是方院士个人在桥梁科技领域日进日新、终臻大成的过程，更是新中国桥梁科技事业由微至著、开物成务的过程。因而，这本书不仅是方院士的个人传记，也是从一个侧面描绘新中国桥梁科技事业发展历程的写真长卷,具有重要的史料价值。

方院士于我,分则尊长,义为良师,情同挚友。自从参加工作以来,我即与先生朝夕相处,得以亲蒙教诲与提点,对先生的宗匠之业与长者之风体认甚深。《易经》言"君子以言有物而行有恒",数十年的求真不怠、守真不移,使先生形成了自己独特的工作作风、学风和高尚的个人品德,成为在桥梁工程界齿德俱尊的"方老",即便在当选院士之后,他依然"不为繁华易素心"。对待工作,他严谨求实、一丝不苟。先生经常强调两点:一是要严格遵守规范,二是工程师在数目字上不能出错。有的同事认为他对工作的要求近乎"苛刻"。但时间一长,特别是对桥梁工程技术有了一定的深入了解后,大家便都理解并接受了他的"苛刻"。对待学习,他虚心谦和、好学不矜。先生常说,我虽然是院士,但只是在某些领域有所擅长,并不是"万事通"。只要有不明白的地方,他都会向懂行的人请教,绝不敷衍了事或强不知以为知。对待同事,他襟怀坦荡、诲人不倦。只要不是在工作的时候,先生从来都风趣幽默、和蔼可亲。他特别注重人才的培养,注重技术的传承和提升。对于热爱桥梁事业的年轻人,他总是不遗余力地奖掖提携。即使在年逾古稀后,先生依然坚持定期为技术人员举办讲座,并亲任多位博士的导师,毫不吝啬地将自己宝贵的人生经验和技术知识倾囊相授,为新一代桥梁科技人才的培养付出了自己的心血。

桥横江海彪简册,心昭日月报家邦。包括方院士在内的老一辈科学家的覃思德业谱写了新中国科技进步的壮美篇章,为我们开创了更上层楼的坚实基础,也必将激励我们在新征程中奋勇前行。

是为序。

高宗余

(设计大师,中铁大桥设计院副总工程师,教授级高级工程师)

2014 年 2 月 11 日

继承发展
坚持创新
科学试验
与年轻的建桥科技工作
者共勉之

方秦汉
2013.11.26

方秦汉院士为本书稿题字

方秦汉院士

采访方秦汉

走访方秦汉故
乡浙江黄岩

外围采访李瀛沧

外围采访潘际炎

目 录

第四篇　汇——实至名归荣院士

第五篇　传——传承技术获新生

图片目录

导　言

　　中国古代的建桥技术曾经有过辉煌的历史,如举世闻名的赵州桥、卢沟桥等。但到清朝,闭关保守和文化专制使得中国国势逐渐衰微,科学技术日渐落后。19世纪西方兴起的钢桥技术在当时的中国几乎是空白。直到鸦片战争、甲午战争之后,西方列强和日本凭借船坚炮利轰开了中国的大门之后,钢铁工业才慢慢渗入到我国的一些基础设施建设之中来,但我国钢桥建设依然仰赖外国工程师。到20世纪上半叶,我们的东西南北地域已经建起了数条局域性铁路网络,如京汉铁路、粤汉铁路、沪宁铁路、同蒲铁路、陇海铁路、浙赣铁路、南浔铁路、湘黔铁路等,但是因为没有跨江铁路桥梁,这些铁路交通无法实现无缝连接,因而大大地制约了国民经济的发展。这也致使作为一个国家最重要的基础设施之一,国民经济发展、战略安全和人民幸福的重要保障条件之一的中国近代、现代交通受到极大程度的制约。

　　中华人民共和国建国后,在长江、黄河上修建跨江铁路大桥,改变"逢江即断"的铁路交通局面成为摆在新政府面前的急迫任务。方秦汉先生正好有幸赶上了这样的时代。他1950年从清华大学土木工程系毕业后,作为万里长江第一桥——武汉长江大桥的设计助理开始步入新中国钢桥建设事业,到2000年,作为总设计师主持了芜湖长江大桥的修建。在长达50年的建桥岁月中，他不仅主持设计建造了诸如九江长江大桥和芜湖长江大桥等数十座国内顶尖水平的大型跨江跨海大桥，还在此过程中，不断创新建桥材料、发展建桥技术、优化建桥工艺，使得我国建设大型跨江桥梁的理论和技术赶上了世界先进水平。方先生也当之无愧地成为20世纪下半叶中国钢桥建设第一人，被誉为"钢霸"，并当选中国工程院院士。

方秦汉1925年4月出生于著名橘乡浙江黄岩泾岸村。1946年从黄岩中学毕业后，以优异成绩被清华大学录取，攻读土木工程系桥梁工程专业。1950年清华大学毕业被直接分配到国家铁道部工作。当时中国第一大河——万里长江上没有一座桥梁，长江俨然成为中国南北交通的一道天堑。方秦汉一走上工作岗位，就投身于武汉长江大桥的设计行列。基于自己坚实的专业知识基础，加上著名建桥专家王序森导师的悉心指导，方秦汉很快崭露头角，后来又主持设计了衡阳湘江大桥、乌江大桥、重庆白沙沱大桥、南京长江大桥、九江长江大桥、芜湖长江大桥等重要的跨江、跨河大桥。

这些大桥中，尤以南京长江大桥、九江长江大桥和芜湖长江大桥最为重要，不仅因为它们所处的交通枢纽地位，也不仅因为它们的跨度逐渐加大，更是因为它们中的每一座都包含了新设计、新材料和新工艺，都包含了创新成果，并代表了我国当时条件下桥梁建设的最高水平，因此，这三座桥梁是我国自主桥梁建设的三座里程碑，而方秦汉院士是这三座里程碑当之无愧的核心建造者之一。

1985年，作为"南京长江大桥建桥新技术"的研究者之一，方秦汉获得国家科学技术进步特等奖；1987年，参与"天津塘沽海门大桥新技术"的设计研究，方秦汉获得国家科学技术进步二等奖；1992年，获国务院政府特殊津贴；1996年，在建设九江长江大桥的过程中，因设计研究"多个TMD减振技术及其在九江长江大桥的应用"而获得国家科学技术进步三等奖；1997年，方秦汉当选为中国工程院院士；同年，由于他在桥梁界的杰出贡献获得第三届詹天佑大奖；1998年，方秦汉因"京九线九江长江大桥建桥新技术"获得国家级科学技术进步一等奖；此时已满76周岁的方秦汉并未停止建桥技术的研究和开发，2003年，他凭借主持建设的芜湖长江大桥"大跨度低塔斜拉桥板桁组合结构建桥技术"再次获得国家科学技术进步一等奖，同年，荣获何梁何利基金科学与技术进步奖。

虽然已获得了科学界的诸多荣誉和肯定，方秦汉院士并未停止他对发展桥梁技术的执著，晚年的他受聘为多座大桥的技术顾问，同时出任华中科技大学土木学院名誉院长，在教学中默默耕耘，亲自指导了多位建桥专业的博士。80多岁的他，在身体允许的情况下，每天还要去中铁大桥设计院办公。直至近两年，由于身体每况愈下而不得不住院接受长期治疗。方院士重视桥梁技术的自主创新，希望他的建桥理念能够得到传承，因此十分重视本次中科协牵头的学术成长资料的采集项目，他希望借此机会追忆自己的人生历程，总结自己一生的学术思想。即使身体状况不甚好，仍然对小组成员工作的每个环节都悉心过问，积极指导。老骥伏枥，志在千里。方院士在本次采集工作中认真严格的态度也深深感染着采集小组的每一个成员。

2012年的中国科协"老科学家学术成长资料采集工程"正式启动后，方秦汉院士所在单位中铁大桥设计院对此项采集工作也非常重视。采集小组在去面见方院士之前，设计院已编纂好《方秦汉论文集》、《方秦汉证书集》等材料，为采集工作提供了比较翔实的资料。

采集工作的进展分为如下几个阶段。首先采集小组于2012年7月面见方院士，得到其许可进行采集，2012年10月正式启动项目。首先对方院士已发表传记、证书集、论文集和各大网站报道院士的资料进行了阅读和整理，以了解院士的成就和思想。

正式录音访谈于11月开始，方秦汉院士因身体不佳，一直住院疗养，采集小组一方面每周数次探望院士建立互信关系，另一方面为深入访谈打下基础。2012年11到12月先后去同济医院探望院士16次，与院士不断沟通采集采访工作的进展和计划。同时也开展了外围重要同事和项目合作者的采访，以期了解方院士的工作与学术精神。

2013年2月方秦汉院士身体状况急剧恶化，采集小组通过短信和院士保持沟通，采集工作主要围绕人事档案资料的采集，中小学和大学资料采集，以及家乡亲人和同领域专家的采访展开。

2013年4月份，方院士身体状况好转，进行了三次十分重要的音频访谈，访谈围绕他的童年和求学经历，他一生参与建设的四座大桥——武汉长江大桥、南京长江大桥、九江长江大桥、芜湖长江大桥的建设背景、设计过程、建设难度和克服的方法展开了讲述。在取得院士的信任和支持后,方院士还积极捐赠了重要的信件、手稿、照片和讲义 PPT 资料等。

采集小组得到的关于方秦汉院士资料分别来源于采集工作中所获得的口述史料、学术著作、档案资料、手稿和前人研究传记等。一年多来,收获颇丰。在访谈的基础上,采集小组也收集到了大量的实物资料和电子资料,其中包括他的手稿、信件、传记、学术评价、新闻报道、照片、证书、讲义、图纸和讲座 PPT 资料等。而这其中最值得一提的要数方秦汉院士所捐赠的涉及九江大桥的一系列设计原稿。这些设计原稿都写于 20 世纪 70 年代到 90 年代之间,从大桥建设初期的设计论证手稿,到后来争鸣时期的实验材料,接着是建设期间的施工报告,最后到建成之后的论证报告以及论文原稿。所有资料均为方秦汉院士在主持修建九江长江大桥期间设计实验资料的原始留存,许多资料都有修改、批注和评审的笔迹,能清晰地反映出九江长江大桥建设时期的全过程,帮助我们还原和了解院士在九江长江大桥建设中所做的工作。更值得一提的是,这所有的手稿都经过院士的批注和编码,可见院士工作细致与负责的态度。

在仔细研究采集和访谈资料的基础上,我们对方秦汉的建桥一生有了比较深入全面的了解,并撰写了研究报告。

我们将方秦汉院士的建桥人生以时间顺序分为了五个阶段,用五篇十一章来进行介绍,具体的篇章目录是:

研究报告的写作思路是以白描式的手法将方秦汉院士的主要经历和学术思想呈献给读者,尽可能提供丰富的历史细节,以史料支撑研究报告,而不是向读者灌输某种观点。本传记在力图还原时代背景、生活与学习情景的前提下,重点详述方秦汉以创新为主线,以一丝不苟的精神设计建造我国数十座大型跨江、跨河铁路和公路桥梁的学术故事。

希望方秦汉院士的学术传记可以让更多的年轻人,特别是从事桥梁建设的青年科技工作者能够从中得到学习和获得感悟。

第一篇

会——求学生涯夯基础

第一章
初蒙西学

橘农幼子新学蒙

1925 年 4 月 20 日(农历 3 月 28 日),方秦汉出生在现浙江省台州市黄岩区泾岸村的一个较为富裕的橘农家庭。

台州市黄岩区位于浙江黄金海岸线中部,东界椒江区、路桥区,南与温岭市、乐清市接壤,西邻仙居县、永嘉县,北连临海市,距省会杭州 207 公里。全区总面积 988 平方公里,人口 57 万余人。黄岩因为盛产贡品蜜橘,被誉为"蜜橘之乡"。唐上元二年(公元 675 年)于此始设永宁县,天授元年(公元 690 年)改名黄岩至今,建制几经更迭,1989 年撤县设市,1994 年又撤市设区,今为台州市主城区之一。黄岩县名的由来,最早源自南朝《临海记》所载:东汉末年,中国道教名人"西城真人"王远(字方平)隐居于山顶(即今县西 50 公里圣堂乡萌菜垟村后)因山顶有黄石,故名黄岩山(仙石山)。又因王方平的名字显赫,在永宁县设立后 16 年,以他所隐居之山名作为县名,即黄岩县。现在,三面壁立的"仙石"仍在。

黄岩的柑橘栽培历史悠久,最早可以追溯到 2 300 多年之前[1]。但有明确典籍记载的来自三国时期吴国将军沈莹的《临海水土异物志》:"鸡桔子,大如指。味甘。永宁①界中有之"。说明在三国时代黄岩就盛产一种个头不大,颜色金黄,味道特别甜的柑橘。到了唐代,黄岩蜜橘被列为贡品,因而驰名天下。黄岩蜜橘不仅甘甜醉人,而且品种多样,是全国柑橘品种最多的生产基地②。据《嘉定赤城志》、《橘录》、《柑子记》等古籍记载,黄岩原有榈橘、绿橘、乳橘、朱橘、青橙、乳柑、绉橙、香锦橙、朱栾、香栾、蜜罩等数十个橘种。晚清至中华人民共和国建国初逐渐形成早橘、榈橘、朱红、本地早、乳橘等五大品种。中华人民共和国的开国主席毛泽东的一句话更是大扬了黄岩柑橘的名气。那是 1953 年 8 月,一位参加过抗美援朝战地服务的舞蹈演员——黄岩人张美霞,受邀到中南海"春藕斋"给毛主席汇报抗美援朝慰问演出情

图 1-1 黄岩橘神雕像(2013 年 3 月 28 日,摄于浙江省台州市黄岩区新前镇)

况,当得知张美霞的家乡是浙江黄岩时,毛主席亲口夸赞黄岩蜜橘③。此事一经报道,黄岩柑橘名气更是响遍大江南北。不仅是毛泽东主席对黄岩蜜橘印象深刻,就连苏联共产党中央总书记斯大林在品尝过黄岩蜜橘后也对之赞不绝口。1949年 12 月,毛泽东第一次出访苏联,在莫斯科克里姆林宫,斯大林会见毛泽东时,茶几上就放着一盘黄岩蜜橘,毛泽东亲手递上一只橘子给斯大林,斯大林品尝后赞赏道:"黄岩蜜橘是橘中之王!"④

方秦汉出生的泾岸村归属该区西北部的新前镇。泾岸村人口不多,但风景优

① 永宁即现在的黄岩。

② 《中国蜜橘之乡黄岩柑橘节欢迎您》,新华网浙江频道,2005 年 11 月 19 日,http://www. zj. xinhuanet. com/newscenter/2005 - 11/19/content_5625212. htm

③ 根据报道《一九五三年八月的一天,我在中南海见到了毛主席》整理,载于《黄岩报》,1993 年 10 月 9 日,记者为叶圣敬,邓岩平,陈瑶质。

④ 戚永晔.《从黄岩到临海:蜜橘兴衰启示录》. 2009 年 2 月 19 日,载于新华网浙江频道,http:// www. zj. xinhuanet. com/website/2009 - 02/19/content_15741331_3. htm

美，西边是黄褐色的连片田地，东边是整齐别致的典型浙江农家宅邸。北面有座不知名的小山，山上常年流水淙淙，绿树葱葱，树木下面春初时有漫山的杜鹃花，很多家族的祖坟就坐落其中，每到清明，村民们都会自发地整理出一条上坟祭祖的小路，绵延到山林深处。村南面是波光粼粼的澄江，江两岸种植着大片橘树，橘林面积达5 000亩之多。橘树错落有致，打理精致，风景甚美。橘园靠近村口的位置有一座7～8米高的橘神雕像，这位神态柔美的女子手持蜜橘凝视远方，眼神中饱含对这片土地的眷恋与祈福。雕像后座刻有黄岩籍名家朱幼棣先生的《橘神赋》："……问洞庭罗浮，九州佳果，谁为第一？看断江凤洋，黄岩蜜橘，天下无双……"。雕像右边靠近村庄处建有"中国柑橘博物馆"，它是中国最大的柑橘产业的文物史料收藏、展示、保护、研究和教育中心；左边是黄岩名人馆，其中记录着黄岩历史上出现的璀璨名人。现在的泾岸村人显然利用了黄岩贡橘的名气开发出了黄岩独特的农家旅游项目。

　　据当地村民介绍，方秦汉的祖先可能源于黄岩地区的前洋方方氏[①]。根据《黄岩新县志》[②]记载，黄岩此地的方氏家族共有三支，分别是前洋方方氏、中巷方氏、梅梨巷方氏。现在，离泾岸村不远的地方，还有个前洋方村。因为查不到方氏族谱，无法考证方秦汉的家族何时由前洋方村搬迁至现在的泾岸村。方秦汉的父亲方乾春（1886—1954），念过几年私塾后即回家帮助祖父种橘。母亲王桂芬（1889—1980），是一个温婉贤淑的女子。方乾春靠着自己的一点学问和勤奋，渐致富裕，因此他也希望自己的子女复制自己的成长道路。一次访谈中，方秦汉对自己父亲的回忆是："他不知道外面有什么……因此，对自己孩子的期望便是将来同自己一样。"方秦汉兄妹四人，他排行第四，上面有两个哥哥和一个姐姐。方乾春虽然不支持子女读很多书，但仍然开明地尊重子女自己的选择。令父亲方乾春没有想到的是，大儿子方适源和小儿子方秦汉都读到了大学毕业，这在当时的中国已经是相当了不起的了。

---

① 前洋方现为前洋方村，位于新前西街道南部，而泾岸村位于新前街道中部，两村距离较近。
② 《黄岩县新志》第四册氏族。存于黄岩区档案馆。

方秦汉的大哥方适源,读书很聪慧,一直读到上海医学院毕业。二哥方适中,正如父亲期望的那样复制了父亲的成长模式,读了几年私塾之后就跟着父亲方乾春照料家中的橘园,因而最得父亲的喜欢。但是在那个动荡不安的年代,无论求学和务农,日子都不好过,所以方秦汉的两位兄长去世都比较早。大哥方适源在 1940 年左右去世,那时方秦汉还在上中学,二哥方适中 1948 年去世时还不到 30 岁,那时的方秦汉刚去清华大学上学。方秦汉的姐姐比较长寿,活到 89 岁。方秦汉家中以种橘为生,有橘园近 20 亩,还有一些其他的土地,因此日子过得还算富裕。2013 年春天我们去方院士家乡寻访旧迹时,还能见到家中的八九间老屋,虽然因无人居住和打理,房子已经破败,但那厚重的瓦片、敞亮的堂屋,以及门前宽敞的小院,还是可以想见当年较为富足的模样。伫立房前,穿越历史时空,我们仿佛看到童年的方秦汉和两位兄弟在院中嬉闹,母亲和姐姐在家中帮忙做饭,不时传来父亲严厉的呵斥之声。这就解释了我们访谈方院士时,每每提到童年,他总有一种温暖而甜蜜的回忆的原因。也许,他的这种回忆正如他家乡的柑橘,虽然间或有些苦涩,但主要还是悠远的甜味吧。

与同时代大多数学童入私塾启蒙不同,方秦汉 7 岁入学,1933 年 8 月到 1937 年 7 月在村里的泾岸初级小学读书,大哥方适源看到方秦汉成绩不错,便提议送他到县里读书。1937 年 8 月到 1938 年 7 月方秦汉就读于黄岩县

图 1-2 方秦汉出生地老宅,已废弃(2013 年 3 月 28 日,摄于浙江省台州市泾岸村)

立第一中心小学。该小学位于黄岩县郊区，因为离家较远，只能周日回家一趟。这对幼年方秦汉而言，更有利于锻炼其自立，有助于培养其独立思维。方秦汉所接受的小学教育，帮助他打下了较为坚实的数学基础，并更有助引发他对自然科学的兴趣。这从开设的课程便可看到，据《黄岩县教育志》①记载："民国 24 年(1935 年)一度推行的短期小学教育科目有国语、作文、写字、算数、公民训练，还有课间操。[2]国语包括常识；算数包括心算、珠算及笔算；课间操包括唱游。民国 25 年(1936 年)，根据教育部新颁布的《修正小学课程标准》，将低、中年级的社会课改为常识，取消卫生课，低年级的音乐、体育合并为唱游，美术、劳作合并为工作。"因为学习成绩优异，方秦汉经常得到大哥方适源夸奖和鼓励，这成为方秦汉少年时代最甜蜜的回忆之一，可能也是他努力学习的重要动力。

可是好景不长，1937 年 7 月 7 日，中华民族抗日战争全面爆发。抗日战争前，黄岩的橘果一般通过轮船运到上海再转销各地。1938 年，日军南下，进攻上海，日军军舰封锁东海海岸，平时运输橘子的班轮停航，橘子想运出去卖很难，直接影响当地橘农的生计。据管先进在《橘果运销追忆》②中记载："1938 年，橘商为了把柑橘销往上海，原先考虑租用木帆船载运柑橘，当时椒江北岸有王道中、王雅斋、大亨、小亨等八艘冰鲜船，这些帆船停靠在陶家闸等小水埠。因为没有日军发的通行证，只好等机会偷偷载运。但橘子放船上太久容易腐烂，损失太大，于是放弃了这种选择。只好通过英国商人马勒公司的'宝林'、'麦加利'等商船抵达椒江载运柑橘。不料首次载运就被海门江防司令蒋志英扣留，橘商不得已找人斡旋，花了活动费万余元，才得以放行。"可见虽然有各种船只往返黄岩至上海等地，但是这些运输路线被英国、日本等国家把持，需要金钱打点，再加上当时战事不断，海运也不正常，柑橘的运输受到严重影响，"尤其是乡下橘区，外销橘子缺少办法。柑橘长期积压，运不出去，严重影响橘农生活。直到 1949 年宁波解放后，这种状况才有所好转。这期间方秦汉家的橘园也受到波及，平时还算富足的家庭

---

① 浙江省黄岩市教育委员会.黄岩县教育志[M].黄岩:团结出版社,1991,8:61.
② 管先进.橘果运销追忆[M].黄岩文史资料,11.

一下子变得拮据起来。父亲方乾春想让方秦汉停止学业去镇上当学徒,却遭到大哥方适源的强烈反对。方适源读过书,他知道知识的重要性,也不忍心看到自己弟弟这么好的读书资质浪费掉,于是最终说服了父亲支持方秦汉继续读书①。幸好此时方适源已经从医学院毕业,回家开了诊所和药铺,有了大哥的支撑,家中的生活虽然艰苦但还可以维系,方秦汉得以顺利完成小学学业。可见,方秦汉能够成长为院士,从少年求学的角度来看,大哥方适源确实功不可没,只可惜他英年早逝,没能看见方秦汉后来达到学术成就高峰的那一天。难怪方秦汉每次提到大哥,都是既甜蜜又叹息。虽然方院士没有明确表示,但从他的人生经历来看,童年家中所遭困难,对其幼小心理必然产生影响,使其日后矢志发展我国科技,尤其是交通事业,虽遇困难而仍百折不回。

对于正夯实其知识基础的方秦汉而言,虽然童年时期家庭的经济曾经有过危机和困难,但得益于先前较为殷实的家底和后来哥哥药铺的支撑,家中年岁最小的方秦汉的童年还是过得较为开心,启蒙教育也比较规范和完整。放在那个时代那个地方来看,可以说方秦汉的童年应该有其家乡柑橘略带苦味的甜甜味道,正所谓"橘味中的生与长"。

一方水土养一方人,这个小村落充满了方秦汉儿时的记忆,这个橘园长大的孩子虽然没有机会常回家看看,但心中对家乡的思念却时刻没有停过。2001 年 4 月 20 日,方秦汉在黄岩区领导的陪同下参观故乡。看到故乡的发展和变化,方秦汉忍不住连声道:"故乡好,故乡好……",并即兴提笔写下了"愿家乡更美好"六个字送给故乡人民②。

---

① 方秦汉自传,铁道部设计局,1950 年 10 月。存于武汉中铁大桥勘测设计院档案处。

② 《方秦汉来故乡访友》报道,报道来自新前镇期刊《新前宣传》,2001 年 4 月 16 日一期。资料原文存放于黄岩区新前镇。

名校求学度战火

1938 年 8 月方秦汉小学毕业后进入现在的浙江省黄岩中学初中部读书,1941 年 7 月初中毕业升入该校高中部,1945 年 1 月高中毕业①。他的中学生活几乎与中国的八年抗战重叠,他也与黄岩中学一起亲历了那个时代的炮火与硝烟。

黄岩中学历史悠久,可以追溯到距今二百一十多年前初创于清朝乾隆五十四年(1789 年)春的"萃华书院"。由当时的黄岩县令路邵建立,校名有聚集精英之意。随后黄岩中学多次更名,学制也不断变化。1939 年方秦汉入学时,学校名为黄岩县立中学,到 1952 年又更名为黄岩中学。这段时期中学的学制是初中、高中各 3 年的"三三"分段制②。黄岩中学作为一个百年名校,培养出众多人才,文化底蕴深厚。书院时期便人杰辈出,清末出有榜眼喻长霖③、进士朱文劭④、国学大师王舟瑶⑤等。近代更是人才济济,有"两弹一星"功勋获得者陈芳允、药理学家池志强、电子物理学家吴全德、高分子化学家黄志镗、澳大利亚工程院院士章亮炽等连同方秦汉在内的六位院士,有刑事法律专家孙家平、法医学家吴美筠、经济学家牟益斌、著名作家叶文玲等各种专家,还有国民党上将、蒋介石第一侍从室主任林蔚、国民党少将王庚等三十多位将军。一直以来,黄岩中学都将"修身、立品"作为学问之基、立身之本,铭记校训"明德格物",尽心培养着一代代学子。

---

① 方秦汉自传,时任设计总局大桥设计事务所工程师,1956 年 7 月 9 日。
② 浙江省黄岩市教育委员会. 黄岩县教育志[M]. 黄岩:团结出版社,1991:58 - 59.
③ 喻长霖(1857—1940),字志韶,浙江黄岩人,清光绪二十一年(1895)登一甲第二名榜眼。
④ 朱文劭(1880—1955),字劫成,浙江黄岩人,清朝及中华民国政治人物。光绪三十年(1904 年)进士,高中二甲第四名,授翰林院庶吉士。
⑤ 王舟瑶(1858—1925),字星垣,浙江黄岩人。著有《中国学术史》、《读经札记》、《群经大义述》、《默庵集》等。

图 1-3　浙江省黄岩中学（照片拍摄于 2013 年 3 月 29 日）

1938 年 9 月 24 日上午 7 时,5 架日机首次轰炸黄岩县城,城中十几处被炸。之后数日,空袭持续,黄岩中学数次落下炸弹。一次是 1939 年 7 月 22 日,3 架日机进入黄岩进行低空轰炸,学校"仰山堂"被毁;另一次有枚炸弹投到学校东边的城墙边,但没有爆炸。还有一次,据方秦汉回忆,那是一个普通的早晨,他正跟同学们一起在教室读课文时,突然听到外面"轰"的一声巨响,房子也跟着晃动,教室里顿时乱成一团,尖叫声、哭声、桌椅倒地声混成一片,大家惶恐地挤出教室往家里跑。回家的路上,方秦汉看到路边到处是被炸死、炸伤的人,心中充满不安和惶恐。

方秦汉回家不久,学校为保证学生安全和安定的学习环境,决定迁入黄岩西乡灵石书院①授课。1938 年 10 月 10 日,将初中部 4 个班,计学生 200余名,迁往旧灵石书院上课。到 1939 年 2 月,学校师生全部迁入②。黄岩中学也开始了历时 7 年的西迁灵石历史。

灵石书院位于黄岩永宁江畔的灵石山下,建于同治九年(1870 年),原为灵石寺,后由当时县令孙憙废寺改为灵石书院。灵石书院因原为寺庙,又地

---

① 灵石书院,建于同治九年(1870 年)。现为灵石中学所在地。
② 浙江省黄岩市教育委员会. 黄岩县教育志[M]. 黄岩:团结出版社,1991,52.

处山中,景色十分优美。20世纪80年代末至90年代初,章云龙①主任曾在灵石中学任教,当时灵石中学的布局与40年代黄中在此办学时相差不大,据他的回忆:"校门进去首先看到的是古樟,最大的需两三人合抱……周围到处是有了年份的古樟围着两口莲池……沿中轴线向里走,曲桥、小池,古井、灵石寺塔……拾阶而上,是学生宿舍,两层楼四面围拢的木结构楼房,正对着的西边是大雄宝殿,周边不少古墓;学校周围、背面,群山逶迤,东西两边有两条小溪,潺潺流水经年不息……"[3]方秦汉回忆这里读书的情况时也总会提到这里的景色:"书院风景很好,有山有水……平时喜欢看山,看水,看落叶,看春天长叶子,冬天下雪,小溪边捉鱼、虾,竹林里散步、说笑……"灵石书院为学生们提供了相对安定的学习环境,由于地理位置隐秘,1941年4月15日、16日,日军连续轰炸黄岩后,企图轰炸灵石,但灵石位于山脚下,周围树木茂盛,日军的飞机始终没有找到目标。战火中一方远离硝烟的净土,对于少年方秦汉而言,有了安心打牢现代科技知识的环境,为其日后继续深造,成长为一名合格工程师,主持各项工程设计奠定了良好的基础。

灵石书院初中开设的科目有:公民、体育、童子军、国文、算数、博物、生理卫生、化学、物理、历史、地理、劳作、图画、音乐及选修等。高中开设的科目有:公民、体育、军训、国文、英语、算数、生物、历史、地理、化学、物理、劳作、图画、家事、救护等。学校还实施战时教育,对学生进行"国防、体格、德性、政治、社会、服务"等多种训练。除了多样的课程,学校也会组织一些活动丰富学生的业余生活,邀请名师做一些讲座,扩大学生们的视野;重视音乐、美术、体育、书法等课程,还定期举行相关比赛;军训教官也会定期把高中学生带到雁荡山露营拉练,童子军教练则会带初中生定期野外露营,这些均是为培养吃苦耐劳、遵纪严谨的学习态度②。学校也有各种社团,比如孙一之先生成立的"觉社"、林忠良同学组织的"啸社"等都给方秦汉留下了印象;更让方秦汉印象深刻的是,中学时代还能听到一些全国各地来此避难的

---

① 章云龙,中学高级教师,中国散文家协会会员,黄岩区文联委员兼副秘书长等。在《华夏散文》、《浙江作家》等报刊上发表文章约200万字。时任黄岩中学校办主任,曾任教于灵石中学。
② 浙江省黄岩市教育委员会.黄岩县教育志[M].黄岩:团结出版社,1991,62.

大学老师的授课,如北平燕京大学的苏松涛老师、浙江大学物理系的马启义老师、复旦大学国文系干人俊老师等,这些老师教学经验丰富,灵活变通,能充分调动学生的学习积极性。从黄岩中学课程设置来看,已是现代化正规中学教育。此外,除了正规中学教育所需开设的科技、人文知识教育外,还与中国当时的实际情况相结合开展了多样化的军事训练。这些现代化的科技与人文知识教育,对于方秦汉先生日后的工程设计来说,是至关重要的基础训练;而这些军事训练,对于日后从事桥梁设计而需大量野外作业的方秦汉先生而言,也是一笔重要的财富。

　　黄岩县立中学迁入灵石之后,因为离家较远,方秦汉只能住校。由于战争的影响和办学经费拮据,学生们的学习和生活条件很艰苦。灵石学院原是寺院,房屋不多,上千名学生在此上学,教室和宿舍都很紧张。白天,多数学生在四面通风的简陋草棚里上课。晚上,同学们点着菜油灯在教室中复习。晚间,睡室内拥挤的双人床。吃的主食是糙米饭,辅食是盐菜、冬瓜、青菜、萝卜,早餐以稀饭为主。逢年过节偶尔才会吃到肉、禽、蛋。营养和卫生条件均较差①。方秦汉家中的经济条件也不同以往,无法为方秦汉额外补充些营养,加上从小身体就不好,终于在高中二年级的时候因痢疾而大病一场,休学半年,并患上了严重的胃病。这一胃病伴随他一生,给以后的工作、生活带来长期的痛苦和不便,但也给他带来了更多精神磨砺。

　　黄岩县立中学迁至灵石的这几年,教学达到了一个高峰②。1943 年 7月,高中学生参加全省高中毕业会考,获得第一名,其中张友仁、吴全德两位获得第一名、第二名,可以任意选择所要上的大学。这期间还培养出包括方秦汉在内的 3 名院士,另外两位分别是药物学家池志强、无线电电子学家吴全德。还有一些著名的专家如经济学家张友仁、法医学家吴梅筠等。至于原因,曾在此时期任教的章云龙主任认为有四个方面,一是由于书院离城市较远,环境优美,校园宁静,受干扰较少,能给学生营造相对安定的学习环境。二是学校引进了一大批来自全国各地的优秀教师。其三是抗战时期学

---

① 章云龙,《灵石岁月》选自章云龙、陈建华主编的《叩访历史》. 西泠印社出版社,2010:34 - 35。
② 根据章云龙访谈整理,2013 年 3 月 27 日。资料存于采集工程数据库。

生的学习热情也高。章主任还回忆道,方秦汉在黄岩中学和灵石书院时学习非常用功,成绩非常突出。我们在方秦汉的高中成绩档案中发现,他的理科成绩很好,数学和物理成绩每学期都在 90 分以上,有一次两门都得了 98 分。这也为方秦汉从事桥梁方面的学习和工作打下了坚实的基础①。

---

① 黄岩县立中学学生学业操行成绩表,1941 年 9 月—1945 年 1 月。存于黄岩中学档案处。

第二章
水木清华夯根基

入学清华小波折

　　1945 年 1 月方秦汉中学毕业了,按照大哥方适源的期望和自己的理想,接下来当然是考大学。但当时"考学校是非常不便的,期间在家准备功课。觉得很无聊,就在家乡一所小学——泾岸小学教过几个月的书。后来又转到浦西小学教书,因为同学林华寿①在那边教书,他也准备升学的。两人在一起,准备升学功课就方便些……"②。这样的生活持续到 1945 年 8 月③。

　　1945 年 8 月 15 日,日本天皇宣布无条件投降。中国的抗日战争胜利了,很多大学开始迁回原址,恢复公开招生。方秦汉和林华寿决定去上海参加高校招生考试,之所以选择去上海,是因为当时在上海设置招生点的学校

---

① 林华寿,方秦汉中学同学,1946 年考入唐山铁道学院,后在戚墅堰铁路机关任工程师。
② 方秦汉自传,1956 年 7 月 9 日,时任铁道部设计总局大桥设计事务所工程师。
③ 方秦汉自传,1956 年 7 月 9 日,时任铁道部设计总局大桥设计事务所工程师。

较多,加上上海离家乡相对其他大城市较近。当时每个学生可以报考多所学校,每个学校都是单独考试,所以许多学生天天都出去参加多个学校的招考。方秦汉由于身体不好,每隔几天才出去考一次。当时在上海招生的学校有西南联合大学、上海交通大学、厦门大学等。西南联合大学在当时可以说是中国教育水平的顶峰,美国弗吉尼亚大学历史学教授易社强曾评价说①:"西南联大是中国历史上最有意思的一所大学,在最艰苦的条件下,保存了最完好的教育方式,培养出了最优秀的人才,最值得人们研究。"西南联大由当时的国立北京大学、国立清华大学和私立南开大学联合而成。1937年抗日战争爆发,为使中华民族教育精华免遭毁灭,华北及沿海许多大城市的高等学校纷纷内迁,三校先迁至湖南长沙,组成长沙临时大学,同年 10 月25 日开学。1938 年 4 月又西迁到昆明,改称国立西南联合大学。组成联大以后,汇集了一大批著名专家、学者、教授,师资充实,人才济济,是当时中国规模最大的著名高等学府。直到 1946 年 5 月 4 日,三校才分别迁回北京、天津复校②。对于这所声名显赫的高等学府,方秦汉向往不已,加上中学的理科成绩不错,就报考了其中的清华大学,除此之外还报考了上海交通大学和国立唐山工学院(后先后改名为唐山铁道学院、西南交通大学)等学校。不同的学校方秦汉报考的专业也不一样,清华大学报考的是土木工程方面的,唐山工学院则是与矿学相关的专业。从方秦汉所选的专业,可看出他实业救国、工业救国的理想。虽然,方秦汉院士在访谈中一再以"懵懂"言己,称自己"小的时候什么都不懂!什么都听老师的。等我到大学里面还是懵懵懂懂,一点竞争的意识都没有。我可以说是大器晚成,早些年一直没有目标,也不知道学完了做什么用。不像现在,现在技术娴熟。那时候社会和现在不一样,就是懵懵懂懂,所以现在编不出励志故事来。"③但是,从其童年时家境衰败的经历和八年抗战我们民族遭受的苦难到大学报考志愿等

<hr />

① 西南联大:文化大师的坚守一所大学的精神遗产[R/OL]. http://www. yn. xinhuanet. com/newscenter/2013 - 09/16/c_132723383. htm
② 联大校史编辑委员会.国立西南联合大学校史资料[M]. 北京:北京大学出版社,1986.
③ 方秦汉访谈,2013 年 3 月 19 日,武汉.资料存于采集数据库.

联系起来看,还是可以看出方院士当时的拳拳爱国之心以及工程报国之志。

　　根据方秦汉的回忆,当时每个学校都是单独命题,各学校考试的时间安排以及录取名单等信息都会登在报纸上。上海交通大学的题目在当时是"出了名的难",清华大学思想文化研究所何兆武先生曾在《上学记》一书中回忆了抗战期间考大学的情况①:上海交通大学的语文题目由清朝末年的老国文先生所出,作文考文言文。有一年的作文题目是《"形而上者谓之道,形而下者谓之器"论》。方秦汉回忆说,那年考上海交通大学语文试卷时甚至连作文题目都没有看懂,考完后自然觉得上海交通大学是肯定考不上的了。而清华大学的作文题目则是白话文,相对简单。我们在方秦汉整理的剪报集中看到一篇关于当年考试的报道,报道中提到西南联大 1946 年联合招生的国文试题只有一页纸:第一道题目是作文,题目为学校与社会(文言语体不拘,但须分段,还须加标点);第二道题目是解释下列成语的意思,给出的成语有四个,分别是指日可待、变本加厉、隔岸观火和息息相关②。考完后,方秦汉对清华大学和唐山工学院两个学校自觉把握较大。

　　随后便是耐心等待学校发榜,这个时候发生的一件戏剧性事情使得方秦汉差点与清华大学失之交臂。也对其日后的工程人生一定程度产生了潜移默化的影响。

　　招生学校发榜的这一天,上海的几家报纸同时刊登了各个学校的录取名单,方秦汉买了一份《申报》,在清华大学这一栏中仔细搜索着,突然看到了自己的名字,心一下子兴奋起来,可是仔细一看却是"方泰汉",中间的那个字是"泰"而非自己名字中的"秦"。又反复仔细看了几遍,确实是"泰"不是"秦",心就慢慢凉了下来,确认没被最心仪的清华大学录取。便接着查看报考的其他院校的录取情况。所幸终于在唐山工学院录取名单中看到了自己的名字,心中才有些安慰。恰好同学林华寿也考取了这所学校,两人便商量了一下,准备择日一起去唐山报到。几天后,两人提着行李在码头等待去

---

① 余启新. 桥的交响[M]. 武汉:武汉出版社,2012:20.
② 史真. 当年清华北大的考题[G]. 文学故事报,30.

唐山工学院的船,此时遇到了去年考取浙江大学的原黄岩中学毕业的一位学长(具体名字方秦汉已记不清楚了)。该学长见到方秦汉后立马恭喜他考上了清华大学,让方秦汉一时丈二和尚摸不着头脑,忙解释说没有考取,现在准备去唐山工学院报道呢。学长感到很诧异,说自己在报纸上清华的招生录取名单中清清楚楚见到了方秦汉的名字了啊！这时候方秦汉猛然想起《申报》上清华大学录取名单上的"方泰汉",心思顿时活了起来:或许是《申报》报社的打字员把字打错了,其他报纸兴许不一样。此时方秦汉赶紧询问这个学长是在哪个报纸上看到的自己名字,一听是《新闻报》,就赶紧买了一份。果然清华大学的录取名单中有自己的名字,当中一个"秦"字清清楚楚,顿时喜出望外,竟然有种不真实的感觉。毕竟,清华大学才是自己最想去的学校啊！唐山工学院虽然也很出名,但是比着清华还是有些距离的。反复看了几遍,心里还是不踏实,随后又跑到位于南京路的承办清华大学招生事务的清华同学会再次确定了一下录取名单,得到自己被录取的肯定回答,才长长地吁了口气,心中的忐忑不安由此慢慢散去,整个人轻松不少。

真是戏剧人生啊！如果不是码头恰好遇到黄岩的那位学长,如果那位学长不认识方秦汉,如果那位学长看报纸时没有关注到清华大学的录取名单,或许方秦汉的命运就因一字之差是另外一种情形了！采访时,方秦汉自己也很感慨地说:"若没有碰到那个同学,现在就去采矿了！"。这次戏剧化的码头会面和随后的清华大学录取通知书,改变了方秦汉的一生。虽然方院士没有对这一字之差所产生的命运玩笑发过多的感慨,但我们也应能对他工程人生中杜绝错误的些微影响有所感受。

在确定被清华录取后,方秦汉回家报了喜讯,几天后回到上海和其他被清华录取的同学一起乘船北上,先到塘沽,然后再乘车去北平。船是一艘煤船,睡的是大通铺,吃的是面包、罐头等。经过几天的颠簸到达塘沽后,一群年轻人站在甲板上激动异常,看到碧蓝的海面、天空盘旋的海鸥,纷纷将没有吃完的面包和其他食物喂食海鸥。走上岸后方秦汉回望碧海蓝天,拍拍胸口的通知书,顿有一种壮志凌云之感。

新思想洗礼和专意学业

1946 年 8 月,方秦汉乘车抵达北平。当终于站在清华大学的门前,看着忙碌进出的清华学子,摩挲着手中的大学录取通知书,心中感慨万千。感慨几年的中学学习没有白费,感慨虽经波折但仍然幸运地达到现在的理想目标。

图 2 - 1 方秦汉在清华园门口的留影 (1948 年)

初入大学,方秦汉对一切都充满好奇,他没有想到的是清华大学带给他这个农村来的孩子首先的冲击既不是美丽的校园,也不是传说中的博学,而是新思潮的冲击。"1946 年进入清华,接触了一些进步势力,参加了一些群众性的活动,思想受到启蒙。'一二·一'运动纪念会,闻一多①教授、李公朴②教授被刺纪念会等启迪了我的思想。而且常常有民主教授吴晗③,

① 闻一多(1899—1946),原名闻家骅,又名多、亦多、一多,字友三、友山。湖北浠水县人(现黄冈市浠水县)。诗人、学者、爱国主义者和民主主义者,中国民主同盟早期领导人。1922 年毕业于清华学校后赴美留学。先入芝加哥美术学院,次年转入科罗拉多大学美术系。1925 年回国后任北京艺术专科学校教务长。1927 年,任南京国立第四中山大学(后改为中央大学,1949 年又更名南京大学)外文系主任。
② 李公朴(1902—1946),号仆如,原名永祥。江苏扬州人。中国现代伟大的爱国主义者、民主战士,中国民主同盟早期领导人,杰出的社会教育家。1946 年 7 月 11 日在昆明市遭国民党特务开枪暗杀,次日凌晨因伤重、流血过多牺牲。
③ 吴晗(1909—1969),原名吴春晗,字伯辰,笔名语轩、酉生等,浙江义乌人。中国著名历史学家、社会活动家、现代明史研究的开拓者和奠基者之一。曾任云南大学、西南联合大学、清华大学教授,北京市副市长,中国科学院历史研究所学术委员,中国科学院哲学社会科学学部委员,北京市政协副主席,北京市副市长等职务。

张奚若①、费孝通②等的讲演会,都公开揭露了国民党对进步人士的阴谋残害和腐败专制,激励了我们的爱国热情"。③

　　特别是"一二·一"运动纪念会的展览极大地震动了当时的方秦汉。1945年11月25日晚,昆明几所大学的学生自治会在西南联合大学举行时事晚会,到会者达6 000多人,民主战士吴晗、闻一多等参加了讨论会,费孝通等四位教授④就和平民主、联合政府等问题作了讲演。12月1日,国民党军警冲进云南大学、西南联大等学校,对学生、老师进行了残酷的镇压,一天之内有4名师生被炸死、60余名学生被打伤,这就是震惊中外的"一二·一"惨案。惨案发生后,民盟中央执行委员李公朴、著名诗人闻一多等民主人士积极奔走,呼吁和平、民主,要求惩治凶手。1946年6月底,两人与各界人士在昆明发起万人签名运动,要求民主和和平,他们因此被当政的国民党列入暗杀名单。1946年7月11日,李公朴被国民党特务杀害。几天之后的15日上午,闻一多先生在云南大学致公堂为纪念李公朴举行的报告会上,慷慨激昂地发表了名为《最后一次讲演》的演说之后,下午也遭杀害。方秦汉是在新生招待会上看到关于"一二·一"惨案的展览,展览上陈列着一些血衣和照片,以及闻一多教授被刺的史实资料。方秦汉看着照片中衣服上大片的血迹、子弹穿过的痕迹,第一次认识到了当政的国民党对民主人士的狠毒迫害、对民主运动的残酷压迫,在心中受到触动的同时也被这群坚持真理的战士们的精神所打动。

　　1946年12月25日,沈崇事件发生,学校里更是一片哗然。沈崇事件发生于1946年12月24日晚,北京大学先修班女生沈崇在去看电影的路上被

---

① 张奚若(1889—1973),字熙若,自号耘,陕西大荔县朝邑镇人。中国政治学家,爱国民主人士。早年参加同盟会。辛亥革命后,赴美国哥伦比亚大学学习,获政治学硕士学位。1947年,《清华周刊》请张奚若为36周年校庆题词:"学问要往大处着眼,不然就是精深也是雕虫小技。"

② 费孝通(1910—2005),江苏吴江人。著名社会学家、人类学家、民族学家、社会活动家,中国社会学和人类学的奠基人之一,第七、八届全国人民代表大会常务委员会副委员长,中国人民政治协商会议第六届全国委员会副主席。1945—1952年任清华大学副教务长、社会学教授。

③ 方秦汉自传,1965年7月9日,时任铁道部设计总局大桥设计事务所(工程师)。资料存于武汉大桥勘测设计院档案处。

④ 讨论会上做演讲的四位教授是费孝通、钱端升、伍启元、潘大逵。

美国海军陆战队伍长威廉斯·皮尔逊和下士普利查德轮奸。第二日,北平民营亚光通讯社获悉这一消息后,立刻披露事情真相。28 日北平《新民报》等几家报纸冲破国民党当局的封锁,公开报道了这一事件。当日,北京大学的民主墙上贴满了表示要誓雪耻辱的壁报。随后北京的清华大学、朝阳大学、北京师范学院等大学也相继行动起来。一天早晨,方秦汉去吃早餐,看到民主墙上贴着各种慷慨激昂的标语,还有同学在组织召集同学们进行示威游行,愿意参加游行的便在签名簿上签字。方秦汉在目睹了"一二·一"惨案血的事实后,心中已经愤慨异常,此时毅然决然地在签名簿上签名,决定与广大热血青年一起贡献自己的力量。方秦汉签名参加示威游行后,跟随一同报名的热血青年们走上街头,边走边呐喊:"美帝国主义滚出去!"等口号。一天下来,腿酸了,嗓子哑了,精神却依然兴奋异常:"这是我生平第一次所做的大事,也是第一次我与北京的青年、全国的青年,以至全世界爱好民主自由的青年心连着心给予侵略者以迎头痛击。"①

　　清华大学当时还有老师或学生时常组织部分师生学习马克思主义理论,聘请专家前来演讲,其中让方秦汉印象较为深刻的是艾思奇讲授的社会发展史。艾思奇原名李生萱,是著名的马克思主义哲学家、教育家和革命家。1925 年考入云南省立一中,开始接触马克思主义,并与聂耳结为好友。1935 年参加中国共产党,之后长期从事马克思主义哲学研究,注意把马克思主义哲学通俗化和大众化。其著作《大众哲学》将抽象的哲学观点和理论通俗易懂地传递给大众,使读者读起来简单轻松,较为全面系统地传播了辩证唯物主义的基本原理,深受广大青年和人民群众的欢迎。他的演讲如同他的作品,简单通俗又发人深省,给方秦汉留下了深刻的印象。

　　初入大学,方秦汉便经历了一系列民主事件,不只是"一二·一"惨案、沈崇事件,还有后来发生的"五二〇"反饥饿反内战运动、"七五"血案等事件,深深冲击着方秦汉这颗"懵懂"(方秦汉常自嘲自己的词语)的心。学校

---

① 方秦汉自传,时任铁道部设计局实习生,1950 年 10 月。资料存于武汉中铁大桥勘测设计院档案处。

对于马克思主义思想的宣传和讲座,也使方秦汉的思想得到启蒙。方秦汉将这些事件和感受写信告诉家人,以为会得到同情和支持,结果却遭到二哥方适中的严厉批评。方秦汉的自传中这样描述:"他寄来洋洋四页的信,把我骂得狗血淋头,说我不懂世事。读工学的人,不应该多管闲事,应该好好用功读书,以后的民主运动,我都是以第三者的态度告诉他……"①方秦汉是个听话的孩子,随后便减少了参与活动的时间,把全部的心思放在了学习上。方适中的来信已无从获悉,但从方秦汉自传中的描述,可见他并没有真的放弃对祖国前途的关注,但已经开始真正理解作为一个工科生的历史责任所在以及当前任务所在。

方秦汉听从二哥方适中的建议,开始远离政治运动,一门心思扑在学习上。方秦汉入学时清华大学刚刚恢复,设有文、理、法、工、农5个学院,26个系,23个研究所。方秦汉就读的是清华大学工学院的土木工程学系。其中,清华大学工学院创建于1932年,是清华创办较早、规模较大的学院。创建之初,共分为三个系②:土木工程学系(下设铁路及道路工程组、水力及卫生工程组)、机械工程学系(下设原动力工程组、机械制造工程组及航空工程组)和电机工程学系(下设电力组及电讯组)。时任校长梅贻琦③曾针对工学院的办学理念和方针提出建议:"工学院各系的政策,我们应当注重基本知识。训练不可太狭太专,应使学生有基本技能。"④在此方针的指导下,工学院将总体课程设置为:一年级课程大致为自然科学、国文、外语和经济学概论;二年级课程则多系一般工程学的基本训练,如测量、静力学、动力学和材料力学等;三年级开始接触本学科专业的一般科目;四年级则进一步将学生按上述不同专业方向分组,进行更有针对性的专业教育。作为工学院最早设立的土木工程系,名师汇集,学风严谨,十分重视基础知识和理论的培养,同时

① 方秦汉自传,时任铁道部设计局实习生,1950年10月。资料存于武汉中铁大桥勘测设计院档案处。
② 顾毓琇. 中国工程教育的前途[J]. 教育杂志,1935,25(10):8-9.
③ 梅贻琦(1889—1962),字月涵,天津市人。1931年,梅贻琦出任清华校长,自此后一直到他在台湾去世,一直服务于清华,因此被誉为清华的"终身校长"。
④ 梅贻琦. 关于组建工学院问题[J]. 国立清华大学校刊,1932:379.

注意理论与实际相结合,因此在课程设置上也是煞费苦心,按照建院时土木工程系主任施嘉场先生①的说法:"训练专业人才有两种政策:一种是广阔政策,即使学生对各种科目均有相当训练,将来无论在土木工程哪一门上做事,均能做有把握的处置;另一种政策即在各种科目中只研究一种,求专精一门,使其对于该门学问有特别的成就。这两种政策,各有利弊。本校土木工程系,则折中此二者:即各门基础课目都有,同时在最后一年设有高深课程,使能专精一门。换言之,即头三年务求广阔,期使学生多了解各种工程的性质与门径;最后一年力求精细,学生可以各就性能之所近,深造某一门类,以期成专门人才。"②土木工程系在工学院治学总方针的指导下,结合专业特色,对课程做如下安排:第一学年开设有国文读本、国文作文、英文读本及作文、微积分、普通物理、简要经济学、画法几何、工程画图、普通物理实验和体育;第二学年开设普通化学、普通化学实验、测量、微分方程、工程制图、应用力学、热机学、材料力学、铁路曲线及土工、大地及地形测量、锻铸实习、制模实习、水文测量实习等;第三学年有结构学、工程材料学、道路工程、铁路工程、水力学、工程地质、电力工程、实用天文、结构设计、钢筋混凝土结构、材料试验、水力实验、给水工程、电机试验等;第四学年则开设有高等结构学、高等材料力学、基础工程、水文学、结构设计、钢筋混凝土结构、下水工程、辩证唯物论与历史唯物论③。从清华大学工学院土木工程系的课程设置来看,一方面对于普遍的科技工程基础知识异常重视,为学生打下了工科生多学科共通的基础,帮助他们具有更宽广的专业拓展能力;另一方面,在最后一年进行针对即将从事专业的精深训练,使其能更快进入未来从事的专业。此一方针对工科学生的训练而言,甚为科学。而辩证唯物论与历史唯物论的教育,看似是时代特色的产物,但在当时的时代背景下,可以想见学

---

① 施嘉场(1902—2001),福建省福州市人。水力发电学家、工程教育家。1930 年,被学校任命为土木工程系教授兼该系主任。1937 年被聘任为清华大学工学院院长,兼任西南联合大学工学院院长。

② 施嘉场. 土木工程学系[A]. 清华大学校史研究室. 清华大学史料选编[Z]. 第 2 册下. 北京:清华大学出版社,1991:467 – 470.

③ 国立清华大学学生历年修习学程记载表,1946—1950 年。资料存放于清华大学档案处。

生对此课程如饥似渴地学习。这也为新中国最早一批大学毕业生掌握先进的方法论和科学的唯物史观奠定基础,使其不仅在工作中事半功倍,还帮助他们更善于从工人群众中吸收营养,完善工程设计。

方秦汉回忆说,在土木工程系学习的四年,不仅收获了大量的知识,更是从一位位名师身上学习到了宝贵的学习和工作方法,这些东西使其受益终身。

其中,有四位老师的教学给方秦汉留下深刻印象。

首先是张维教授。张维(1913—2001)教授出生于北京市一个普通的税务职员家庭。2 岁时父亲去世,靠父亲的积蓄及兄长的工资维持生活。16 岁考入唐山交通大学(当时名为国立交通大学唐山工学院)土木工程系。1934 年毕业后被分配到当时仍在向西延伸的、贯通东西的铁路大动脉陇海铁路实习,辗转于潼关至西安的潼西段工地,在华阴、坝桥协理铁路施工。同年 4 月回到母校任结构力学与结构工程助教。1933 至 1934 年,美国公布了新版的铁路桥梁规范,张维查阅了大量力学著作和文献,撰写了对该规范内容力学理论根据的探讨论文。该论文以其独特的见地在中英庚子赔款留学的报考与录取过程中,受到主审教授的高度评价。1937 年,张维以优异的考试成绩作为第 5 届中英庚子赔款公费生,留学英国。9 月抵达英国的帝国理工学院土木工程系学习,一年后毕业到柏林高等工业学院(今柏林工业大学)土木工程系工程力学教研室进行壳体理论的研究。由于第二次世界大战的爆发而留在德国,并于 1941 年与留学德国的陆士嘉(著名流体力学专家、航空学家)女士结为伉俪。1944 年 10 月,他以优秀的成绩通过论文答辩,获得工学博士学位。这篇论文在国际上最先解决了圆环壳受任意旋转对称载荷作用下的应力状态求解问题。随后为了掌握祖国建设需要的先进技术和等待回国的机会,于 1945 年 9 月移居瑞士,在当地一家很有名的机械厂研究部任研究工程师。

1946 年 5 月,得知可以回国的消息之后,张维与厂商协商,毅然中止了合同,不等银行解冻,就带着身边仅有的一点钱,在中国驻巴黎使馆的帮助下,全家三人从马赛港坐船,途经西贡、香港,历经艰辛,回到祖国的上海。他回国后,先后受聘于同济大学、北洋大学。1947 年,转到清华大学,与已在清华执教的钱伟长分担全校的力学课程教学。他先后讲授过材料力学、高等材料力学、结构力学、弹塑性力学以及板壳理论等课程。他的授课深受学生欢迎。曾经听过张维教授讲过课的方惠坚[①]回忆道："他讲课思路清晰、深入浅出,一口洪亮标准的北京话,给同学们留下深刻印象。他在教学中注重理论联系实际,经常引用工程实际中的问题,让学生思考,把比较枯燥的力学课讲得生动活泼。"1955 年,张维被选为中国科学院学部委员(院士),1994年,中国工程院建立,他又被选为首批中国工程院院士[②]。张维老师承担方秦汉班级的材料力学和应用力学等课程,讲课深入浅出,方秦汉印象尤为深刻。张维老师还负责班级的考试工作,方秦汉回忆大学一年级的数理化考试,公式代入就可以得到 60 分,到了大学二年级,张维老师规定,公式代入后,最后数字结果要求保留三位有效数字,如果错了,就一分没有。张维老师经常对同学们说:"工程师是不能出错的!"这句话让方秦汉牢记终身,也受益终身! 在以后的工作中,方秦汉时刻提醒自己作为一个工程师的责任。张维先生作为方秦汉院士的授业恩师之一,他不仅仅以其丰厚的学术积淀帮助他的学生打牢了未来从事科研工作、工程设计所必需的理论基础;还依其丰富的工程实践经验,将工程师所必备的职业素质、职业品德、职业箴言传授给了方秦汉们。

其二是刘仙洲教授。刘仙洲(1890—1975)教授,生于河北省完县(现为顺平县)一个农民家庭,是我国著名的机械学家和机械工程教育家,是中国科学史事业的开拓者。1913 年考入北京大学预科,1914 年考取公费生赴香港大学工学院机械系学习,1918 年获得香港大学工程科学学士学位,毕业试卷经英国伦敦大学审查,评为"头等荣誉"(First Class Honours)。香港大学毕业后,刘仙洲本来有条件到英国留学,或者去河北省高等工业学校教书(该校高薪聘任他为讲师),但为了培养大批清寒有志青年出国深造,他却毅然回到母校崇实中学,担任留法勤工俭学高等工艺预备班的教员。1924 年,

---

① 方惠坚(1933—　),浙江省杭州市人,21 世纪发展研究院院长。1955 年毕业于清华大学土木工程系。与张维院士相识近 50 年,清华期间听过张院士的弹性力学课。

② 方惠坚.张维先生是德高望重的工程教育家[R/OL].载于清华大学新闻网,2001 年 10 月 22 日。

年仅 34 岁的刘仙洲就担任了中国近代第一所大学——天津北洋大学的校长。1928 年,他辞去北洋大学校长职务,受聘为东北大学教授兼工学院机械工学系主任。1931 年"九一八"事变,日本帝国主义侵占我国东北三省,刘仙洲不愿做亡国奴,随即到唐山,受聘为唐山交通学院(今西北交通大学)教授。1932 年底,刘仙洲受聘为清华大学教授,参加了工学院和机械工程系的筹建工作,1946 年赴美国考察,1947 年回国后继续在清华大学任教,并先后担任副校长、第一副校长。1955 年选聘为中国科学院院士(学部委员)。

刘仙洲作为一名工程教育家,为祖国培养了很多人才。在教书育人工作中,刘仙洲素以勤奋、严格、海人不倦著称。授课期间,从不迟到早退,更不轻易缺课;他总是天一亮就起床备课,遇有比较复杂的图,就提前来到教室,先在黑板上画好,甚至在前一天晚上就去教室画好,而且尽量用不同颜色的粉笔画,以求层次分明。讲课语言条理清晰,论述透彻;在黑板上写字和作图极其工整,一丝不苟。他在严于律己的同时对学生的要求也比较严格。他规定学生不得无故缺课,作业和考卷过时不收。考试时,他更是铁面无私,奖罚分明。他总是站在考场门口,一边一份一份地收答卷,一边对每份答卷都注上时间,对提早交卷的则会有奖励加分,而对延迟交卷的则会扣分,对过时太久的卷子,就不收回而是作废。① 方秦汉回忆当时刘仙洲老师教授的课程虽不是主课,但考试方式很特别。从中方秦汉体会到"守时"二字并铭记于心。这两个字也始终扎根于方秦汉的工作和生活之中。我们每次采访方秦汉时,他总是提前收拾好,坐在桌前或病床前等我们。此外,为守时而提前进行详尽准备、在工作过程中尽一切可能提高效率等工程师必备的素质,也在刘先生的言传身教中传递给了方秦汉。

方秦汉回忆大学生活时,喜欢将张光斗与刘仙洲一起回忆,两人的考试方式截然相反,但同样给方秦汉留下了受益终身的东西。

之三是张光斗教授。张光斗(1912—2013)教授,出生于江苏省常熟县鹿苑镇(今属苏州市张家港市)一个贫寒家庭。1934 年毕业于上海交通大学。1934 年秋,考取清华大学水利专业留美公费生后赴美留学,到达美国

---

① 牛军校. 刘仙洲:新中国成立初期入党的知名教授[J]. 百年潮,2012(1):73−76.

后,他先后在伯克利加利福尼亚大学和哈佛大学攻读硕士学位。由于学习成绩优异,获得了哈佛大学攻读博士学位的全额奖学金。1937年抗战爆发后,张光斗婉拒导师的再三挽留说:"中国如果亡了,我得个博士学位也没啥意思,没用!"1937年秋天,25岁的张光斗主动中断学业,回到当时风雨飘摇的祖国①。回国后,张光斗与工程技术人员、工人们一起艰苦奋战,为中国建造第一批完全依靠自己力量设计、施工的水电站,为军工生产提供电力,支援抗战。1947年,中华民国资源委员会全国水力发电工程总处美籍总工程师柯登期满回国,临行前多次邀张光斗去美国工作,被张光斗谢绝。1948年下半年,在台湾的同学和友人也纷纷来电,催促他去台工作,也均被他婉辞。当国民党资源委员会命令他将全部水电资料上缴时,他也敷衍推诿,而在中国共产党地下党组织的帮助下,将20大箱资料埋藏到地下予以保存。解放后,他将这些资料全部贡献出来,成为国家"一五"期间水电建设的重要依据。1949年10月起在清华大学任教,率先在国内开设水工结构专业课,编写了第一本《水工结构》中文教材,建立了国内最早的水工结构实验室。随后历任清华大学水利工程系副主任、主任,清华大学副校长、校务委员会名誉副主任。1955年当选中国科学院学部委员(院士),1981年被聘为墨西哥国家工程科学院国外院士,1994年当选中国工程院院士。张光斗执教58个年头,学生逾5 000人,许多人已成为国家水利水电事业的栋梁之才,其中包括一批国家重大水利水电工程设计和建设的总工程师、多名国家设计大师,还包括10多位两院院士。张光斗重视学生工程实践的作用,注重理论与实际相结合。他的学生、水利系教授张仁至今还清晰地记得张光斗上课的情形:"张先生讲专业课非常生动,带来了一股新鲜空气。"张仁说,过去的专业课讲理论比较多,实际内容少。张光斗有非常丰富的实际经验,从规划设计到施工都非常了解,所以他经常会讲些具体生动的例子,学生们都非常感兴趣,觉得与实际联系得很紧密。张光斗常常告诫学生:"理论计算、设计图纸,必须在实际中得到落实和验证,如果现场施工控制得不好,再好的设计也是白费!"他反复强调说:"工科生不能只待在学校和实验室里,要走出去,

---

① 郝俊.张光斗:一生水利情[N].中国科学报,2013 - 6 - 28。

到工地上去,和工人们一起劳动,要获得真本事。"①张光斗老师让方秦汉铭记至今的不仅是他生动的授课风格,还有对学生的爱护。方秦汉回忆,当时张光斗带的课在晚上考试,停电的时候,张光斗会为学生准备蜡烛,不让学生动手,亲自一个一个给他们点上。与刘仙洲老师的考试严格限制时间不同,张光斗的考试没有时间限制,意在慢工出细活。这一教导方秦汉也铭记了一辈子,工作后更加严谨自持。张先生理论紧密联系实际,对学生的爱护以及质量至上的要求,对方秦汉院士的一生也起到了至关重要的影响,回忆方秦汉院士所参与的工程设计,无不紧密结合当地的水文、地质、气象条件,无不以确保其质量为原则进行过充分的试验。

后来,方秦汉在出席中国工程学院院士大会上时,遇到了这位可亲的老师。当时,张光斗老师已年近 90,他颤颤巍巍走到报名处,准备缴纳 150 元的会议伙食费,方秦汉见他掏了几次,急忙走上前去要代老师缴费。老师谢绝方秦汉的好意,终于掏出了钱,那钱用一块布巾包了好几叠,方秦汉看到老师慢慢一叠一叠的打开,70 多岁的方秦汉眼睛湿润了。②

方秦汉最忘不了的还是钱伟长教授。

钱伟长(1912—2010)教授,出生于江苏无锡,是我国近代力学之父,世界著名的力学科学家、高等教育家,同时也是杰出的社会活动家,中国科学院资深院士。1946 年至 1948 年任清华大学教授兼北京大学、燕京大学教授。1949 年至 1983 年任清华大学教授、副教务长、教务长、副校长。方秦汉进入大学后,当时工学院每学年有 800 多名学生,分 4 个大教室上课,张维教授与钱伟长教授一人带两个班,每个星期还要举行一次考试,两位老师交叉出题,一人出两道题,题目很难。方秦汉的清华大学的同学兼好友潘际炎回忆说:"当时清华大学的教育与现在不一样,现在学生不及格是老师的问题,而在当时,学生都及格反而是老师的不行,尤其是重要的科目,起码要三分之一的学生不能及格。不过这样的环境下培养出来的学生都是经过千锤百

① 高靓. 有江河处就有他的目光——记中国水利水电泰斗、两院院士张光斗[N]. 中国教育报,2013 - 6 - 25。

② 余启新. 桥的交响[M]. 武汉出版社,2012 年 5 月,第 37 页。

炼的。"方秦汉经过这样的训练后,专业知识十分扎实,为以后的工作打下了良好的基础。

大学四年,方秦汉从来没有做过笔记,这虽有方秦汉从小记忆力很好的原因,在另一方面也充分体现出老师的授课重点清晰易懂,彰显了名师风范。上课时,方秦汉的注意力很集中,所以老师讲过一遍便能记住,工作后也沿袭这一习惯,可以说方秦汉这一辈子都没有什么笔记。这给我们收集实物资料带来一定困难,传记之中很多引用的数据、技术指标、图纸等,都是从一座座桥梁建好之后总结的技术报告中截取出来的。方院士不记笔记的习惯,在很多读书人,特别是从事科研工作的人看来,是不可思议的,甚至认为是不大科学的习惯,违背了"好记性不如烂笔头"的俗谚。持此观点者或许忽视了科学工作与技术工作、工程设计的工作环境差异。在技术工作和工程设计中,如果脱离实验室便进行记录,以笔记代替人脑进行数据、方案记录,并进而进行全面分析,这种习惯将为问题的解决带来时间延误和数据记录偏差等多方面不利之处。可见,方院士这一好习惯,实已成其日后工作之利器。

每每问及方秦汉院士在清华时的学习动力和拟定的人生目标时,他总说自己当时并无大志,是"懵懵懂懂"的,是个"逍遥派",喜欢找几个同学一起散散步,潘际炎①便是那时经常一起散步的好友,后来又一起到铁道部工作,成为一生的挚友,清华园、燕园、圆明园到处都有他们的足迹。但在我们采集小组工作成员来看,清华时期的方秦汉其实并不"懵懂",也不"逍遥",他深深懂得作为一个工科生未来对祖国肩负的责任。只有沉下心来,扎扎实实学好专业知识,才能将来有所作为,才能真正谈得上报国。我们还感到,正是他这种看似"逍遥"、清心寡欲的个性,才使得他在后来的大风大浪中能洁身自好,排除私心杂念,一心一意扑在建桥事业上,最终创造出辉煌的人生价值!

清华四年,方秦汉不仅收获了满满的知识,也收获了许多的感动,方秦

① 潘际炎(1924—),江西省九江市人。桥梁专家,中国铁路栓焊钢梁的奠基人之一。1946—1950年就读于清华大学土木工程系,与方秦汉是同学。

汉深深怀念那些教书育人的老师，深深地怀念着清华大学这片宁静的求学之地。对于在清华的收获，方院士虽然没有具体讲述，但他的好友潘际炎，也是方秦汉在清华大学的同班同学，毕业后一起分到铁道部武汉桥设计组共事，后断断续续地又一起工作了40年，与方秦汉的联系也从未断过的一生挚友把清华求学生涯对方秦汉院士的影响总结道："他这个人，做事很认真，很有把握，不都讲他是钢霸嘛，他为什么是钢霸呢，他讲什么你就得干什么。这是由于我们当时受的教育跟现在不太一样。进清华大学时我们俩是一班，我们土木系一百多人，毕业只有48人，为什么是这样子呢，有的中途去搞革命去了，但是还有一大部分人，是被淘汰的。现在的你们要是哪门功课不及格是老师的责任，当时，一般地讲，学生都及格，就是你老师不行。我们那个年代念书的，尤其是比较重要的课程，起码是三分之一不及格，全班都学得很好也要三分之一不及格，有的时候出的题很难，都不及格，老师有老师的打分办法，有开放测试之类的。在这样的教育环境下有好处也有坏处，坏处是进去一百多人，出来才四五十人，浪费国家的教育资源，但也有好处，培养出来的这些人，都经过千锤百炼，在学校里是这么练出来的，进入社会也就这么干，方秦汉就是在这种环境下锤炼出来的。"[1]

图2-2　方秦汉游览颐和园（1946年）

① 潘际炎访谈，2013年6月21日，北京。资料存于采集数据库。

第二篇

懂——工程实践炼真金

第三章
武汉长江大桥学真章

　　武汉长江大桥是中华人民共和国建国后建成的第一座跨长江公铁两用桥,其作用和成就至今仍是中国人的骄傲,刚从清华大学土木工程系毕业的方秦汉非常幸运地参与了这一伟大工程的设计和建设工作。

武汉长江大桥修筑背景

　　新中国成立时,中国的铁路建设是非常落后的。1949 年新政府成立时仅有黄河上两座铁路桥,长江上一座都没有。这样的铁路交通网络的一个重大缺陷是只有局域铁路网,这些局域网因为大江大河阻碍无法连成一片,如京汉、粤汉在武汉,津浦、沪宁线在南京,同蒲、陇海线在风陵渡,粤汉、广三线在广州,浙赣、南浔线在南昌,粤汉、湘黔线在湘潭等地,都是隔江相望,不能直接连通,中间要靠船舶运输,物资和人员运输效率极低。因此,建国后的首要任务是要在这些咽喉要津修建大桥,改变铁路线"逢江即断"的局面。

　　长江在湖北流域经由宜都市枝城至岳阳市的城陵矶江段,因流经古荆州地区,通称为荆江,长度为337千米。"万里长江,险在荆江",就是指的这一段。这段中湖北荆州之上流域是高山峡谷和丘陵地区,落差大,冲力强,到荆州一个回水湾,形成冲积平原——江汉平原。荆州往下跨越江汉平原逐渐进入湖北武汉市,在武汉龙王庙地带与注入长江的汉水一起将武汉分割成武昌、汉口、汉阳三镇。武汉位居中国腹地、长江中游,拥有重要的地理位置优势,曾被孙中山誉为"内联九省、外通海洋"的大商埠,也因此有"九省通衢"交通枢纽的美誉。至清末时期,武昌为湖北省会,汉口为商埠,汉阳也发展了一定的工业基础。但由于两江阻隔,武汉、汉口和汉阳三镇陆路上不能相互连接,通达到武汉的京汉和粤汉铁路也不能联网互通,不仅给武汉三镇,也给整个长江中下游地区的经济发展造成了很大的阻碍。所以,历代政府和人民都期盼能征服长江天堑,促进物资、经济和文化的更快流通。

1906年,京汉铁路全线通车,粤汉铁路也在修建当中,这时候建座跨江大桥跨越长江、汉水以连接京汉、粤汉两路的构思即为各方所关注。清末的湖广总督张之洞、民国开国总统孙中山等人均提出在武汉建设长江大桥的设想。1912年5月,中国铁路工程师詹天佑被北洋政府聘为粤汉铁路会办。詹天佑在进行粤汉铁路复勘定线的过程中,考虑到将来粤汉铁路与京汉铁路会跨江接轨,为此在规划武昌火车站(原通湘门车站)时也预留与京汉铁路接轨出岔的位置。

从1913年到1937年,跨越清末和民国,关于武汉长江大桥的建设,曾先后进行过四次讨论设计。第一次是北京大学德籍教授乔治·米勒在当时川汉铁路督办詹天佑的支持下,提出了自龟山与蛇山间的桥址线及桥式三种,均为公铁两用桥。第二次在1929年,当时中华民国铁道部委托美国顾问华德尔做武汉长江桥的计划。华德尔和铁道部设计科的人员开始进行筹划并作桥址钻探。提出了汉阳凤凰山至武昌蛇山的桥址线,及简支梁公铁两用活动桥桥式方案。1934年,茅以升主持的钱塘江桥桥工处又对长江大桥的桥址作测量钻探,并综合各方意见拟出计划:桥址在武昌黄鹤楼到汉阳莲花湖北刘家桥码头,桥长1 932米,设两台7墩8孔,6、7号墩间主跨237.74米,以拱形钢梁架设于6、7两墩之上;桥面一层,公路铁路并列;桥下在最高洪水位时净高 30 米,可通航最大江轮;在汉江上分设铁路桥和公路桥,工期 4 年。这是第三次设想。第四次设想是 1937 年,中华民国平汉铁路局再次选线测量,选定龟山—蛇山线,拟采纳中国桥梁公司汉口分公司提出的五孔悬臂拱桥桥式。然而因为历史、经济等各种因素,长江上建设桥梁的梦想在清末和中华民国期间终未能实现。

1949 年中华人民共和国建国伊始,中央人民政府就决定修建武汉长江大桥。1949 年 9 月 20 日,由桥梁专家梅旸春①提出"武汉长江大桥计划草案",1950 年政务院责成铁道部进行勘测和设计,正是在此背景下,1950 年 8 月铁道部设计局成立武汉长江大桥设计组,由设计局副局长梅旸春兼任组长,胡世悌任副组长,筹措在武汉建立长江大桥的具体工作。

初入桥梁设计之门

方秦汉在二哥方适中的劝导下,专心致志学习专业知识,不知不觉间完成了 4 年大学生活,1950 年 7 月在校园一边继续学习,一边等待分配。8 月初的一天,方秦汉在清华校园里的一颗树荫下看书,突然听到校园广播通知,让他与同班同学程庆国②、潘际炎③、李立④四人去北京大学西校门集合,

① 梅旸春 (1900—1962),名炳洋,字秀珊,著名桥梁专家,设计主持了钱塘江大、澜沧江大桥,武汉长江大桥的修建,后病逝于南京长江大桥工地。
② 程庆国(1927—1999),1950 年毕业于清华大学土木系,1956 年获苏联列宁格勒铁道学院副博士学位。历任丰台桥梁厂工程师、铁道部铁道科学研究院桥梁室副主任、研究员、副院长、院长,长期从事预应力混凝土桥梁研究和工程建设。曾先后主持成昆铁路悬臂施工及串联式预应力桥梁和湘桂线红水河铁路斜拉桥的设计和修建。1993 年作为桥梁和铁道工程专家,当选为中国科学院院士。
③ 潘际炎(1924—),桥梁技术专家,中国铁路栓焊钢梁的奠基人之一。长期从事铁路桥梁工程设计和科研工作,曾参与主持我国高强度、高效能铁路桥梁用钢的开发研究,形成国产铁路桥梁钢材系列。研究编制了铁路钢桥极限状态法疲劳设计规范,更新了容许应力法疲劳设计方法。参加筹建了国内第一流的大型结构试验室。为填补和发展中国钢桥的新材料、新工艺、新结构、新理论做出了重大贡献。
④ 1950 年毕业于清华大学,在铁道部工程局工作。

接受毕业分配安排,但广播里并没有说被分配到哪里去。方秦汉立即回宿舍收拾行李匆忙往北大校门赶去,一路上心情忐忑,不知接下来的命运如何?因为早前听说"分配单位是保密的"①。在四位同学一起坐车去北大的路上彼此也都不敢讨论会被分配到哪里去这个问题,潘际炎后来回忆说"当时车上的气氛很是严肃"。到目的地之后才被告知到铁道部去报到,方秦汉、程庆国和潘际炎去铁道部设计局,李立到铁道部工程局。1950 年 3 月,为适应新中国建设需要,铁道部成立了铁路设计局和铁路工程总局,负责新建、改建和恢复②铁路的基本建设工作。铁路网络是一个国家的交通命脉、经济命脉和生活命脉,是国防建设的重要组成部分,方秦汉和他的同学们虽然还不清楚他们未来的具体职责和任务,但一想到能在如此重要的部门工作,就对未来升起了美好的期待和憧憬。

　　1950 年 8 月 6 号,在北京王府井铁道部设计局报到才两天的方秦汉就被分配到武汉长江大桥设计组实习,实习期一年。这个设计组,连同组长梅旸春、副组长胡世悌,加上刚分来的方秦汉和潘际炎,只有寥寥 9 人,所以实习生也算是稀有人才,因而有机会接触到当时的铁道部副部长吕正操将军。设计组的工作不仅限于设计武汉长江大桥,还要负责其他铁路桥的技术指导。其中,1905 年建成的郑州黄河老铁路桥由于当时施工技术有限、建桥桥基又浅,加之常年洪汛不断,数次被洪水将桥梁局部冲垮。该桥从 1948 年到 1952 年期间,先后进行过五次加固改造。1950 年黄河桥加固工程开始的时候,铁道部指派了一部分技术员参加,方秦汉是其中之一。在这次加固工程中,他有幸数次随吕将军的专车参加相关会议。方秦汉对这一段经历有两点印象深刻:一是吕将军的秘书常会跟他讲当年吕正操将军参加地道战抵抗日军的故事,二是陪同吕将军参加的鲤鱼宴(所有的菜都是由黄河鲤鱼做的),方秦汉回忆说这是他一生中唯——次吃鲤鱼宴。吕将军的平易近人和对下属的关心,在很大程度也影响了方秦汉,使他在日后的工程实践中,能

----

① 方秦汉访谈,2013 年 4 月 17 日,武汉。

② 抗日战争和内战时期,中国主要铁路干线遭受战火的袭击,为了恢复铁路运输,1946—1955 年对路线桥梁进行抢修和恢复工作。

更好地与其他工人、技术人员相处,并更好地利用集体智慧解决重大技术问题;也使其能更好地培养建桥事业后来人。

实习工作开始时,方秦汉发现大学期间接受的专业教育不能满足现在工作的需要,因为所学专业多限于土木工程,桥梁设计方面的知识还很缺乏。所以,实习的首要任务就是将在学校里学到的基础知识与现在要解决的工作实际相结合,协助带教老师提出合理、安全、符合交通运输要求的设计方案。在任务牵引下,方秦汉如饥似渴地学习钢梁结构设计,对新事物进行消化、理解和吸收,这为他日后成为一名卓越的钢梁设计工程师奠定了扎实的基础。

在一年的实习期间里,方秦汉了解了桥梁建设的各个环节,并对桥梁设计的基本过程、原则、方法,所涉及的学科领域等有了深刻认识。桥梁建设可以分为结构设计、施工设计和施工过程。结构设计是根据桥梁设计来确定结构体系、结构选材、平面布置、材料类型和强度等级、结构荷载计算及各种荷载作用下的内力分析和构件的截面设计等。施工设计是提供各阶段的施工准备工作内容,协调施工过程中各施工单位、各施工工种、各项资源之间的相互关系。施工过程则是按照设计方案,运用工艺、技术等方法将指定材料按照一定规则进行连接并建成桥梁的过程。方秦汉认为结构设计是建设工作的龙头,指导施工设计和整个施工过程。

方秦汉在武汉大桥设计组的主要实习范围是钢结构设计、材料选取、加工工艺以及钢梁架设技术。他回忆说,当时他体会到,钢梁结构设计是一个桥梁建设的重点,而桁梁初步设计更是重中之重,在设计工作中要有以下几点考虑:桥梁跨度与通航净空的关系;桁梁节间与钢材生产规格的关系;桁梁高度与重量经济比较;工厂设备、工艺条件要求;安装简便性;材质和互换性问题。

在此期间他还响应时代号召,为满足专业兴趣①,加入了一些组织协会,

---

① 方秦汉档案,年终鉴定表,1954 年 3 月 9 日。存于中铁大桥勘测设计院。

如 1950 年参加中苏友协①和铁路工会②, 1951 年参加中国的土木工程学学会③等。虽然, 在对方先生的访谈中, 我们没有直接搜集到这些组织对其成长所发挥的作用如何, 但我们可以很清楚一点, 正是大范围的学术交流, 帮助方秦汉院士在其青年期获得了更快地成长。

师从王序森扎实钢梁设计基本功

从一个土木工程的通才锻炼成一个桥梁设计的专才, 需要跨越理论知识和实际经验之间的鸿沟, 这个过程中, 著名桥梁工程专家王序森老师给了方秦汉很多非常宝贵的引导。

当时, 每个实习生进入设计组, 都会跟随一位工程师辅导员进行学习, 单位安排给方秦汉的辅导员是王序森。对刚开始进行设计工作的方秦汉来说, 会碰到一些在大学阶段没有接触过的设计原理。方秦汉很好学, 在工作中常常会有一些疑问, 便请教王序森, 王序森都会耐心进行讲解。方秦汉说, 王老师的讲解总能深入浅出。许多问题虽然颇具难度, 但一经他解释, 方秦汉往往很快就能明白其中的道理。方秦汉常常感叹自己很幸运, 学习的时候遇到了好老师。

王序森, 1935 年 8 月毕业于上海交通大学土木科学专业。1935 年 10

① 中苏友协(现为中俄友协), 成立于 1949 年 10 月 5 日。它是由中国社会各界代表组成的专门从事对俄罗斯友好工作的民间团体, 其宗旨是发展中俄之间的友好往来, 促进相互社会、经济、科教、文化以及地区、城市的交流合作, 在国际舞台上推动多极化, 维护世界和平, 增进中俄人民友谊。

② 中国共产党领导的全国铁路工人的群众团体。1924 年 2 月 7 日在北京秘密成立。其宗旨是:改良生活, 增高地位, 谋全体铁路工人之福利;帮助各路工人组织工会, 并与全国各业工人和全世界工人建立密切联系。

③ 中国土木工程学会成立于 1912 年, 是全国土木工程科学技术工作者的全国性学术性群众团体, 是中国科学技术协会的组成部分, 挂靠在建设部。在建设部、铁道部、交通部指导下进行跨行业、跨部门、跨学科的土木工程领域学术活动。

月,被分配到上海的津浦铁路工务处设计科,参加旧桥检定和加固设计。1938 年 5 月,王序森参加了一系列的钢梁标准图设计,如澜沧江跨长 135 米的公路悬索桥、跨长 120 米的铁路双铰钢拱方案和钢骨架混凝土伸臂梁方案的设计工作,打下了桥梁理论和绘算工作的基础。1940 年 5 月至 1941 年 2 月,王序森被派驻香港监制滇缅铁路钢板梁,在此期间掌握了钢梁配制中的主要技术。1944 年 2 月,王序森到中国桥梁公司任副工程师,同年 12 月,考取公费去美国芝加哥北伯灵顿-圣塔菲(Burlington Northern SantaFee)铁路公司桥梁部实习。1946 年王序森回国后,任职于中国桥梁公司上海分公司,并晋升为正工程师。他是钱塘江大桥基础修复设计的主要参加者和黄浦江越江工程(固定桥、活动桥、水上隧道)可行性研究报告的主要完成者。1949 年 5 月上海解放,王序森被任命为上海铁路局张华浜桥梁厂技术副厂长,主持沪杭线几座大桥的修复设计和钢梁配制工作,其中包括被破坏的跨长 92.4 米的 41 号桥[①],为落水钢梁补充配制半孔,并提出安装方案,为这几座大桥很快修复通车做出了很大贡献。

　　1950 年 4 月,王序森被调往铁道部设计局任工程师。聪明好学的方秦汉跟随王序森掌握了不少书本上学不到的知识。王序森的博学多才、谦虚谨慎给方秦汉留下了深刻印象。1950 年,王序森担当了武汉长江大桥钢梁设计组组长,配合苏联专家进行武汉长江大桥的钢梁设计。为了和苏联专家合作,他刻苦自学俄文,认真研读苏联桥梁规范。研读时,他发现过去所习惯的美国桥梁标准与苏联的有较大差异。于是,他通过对比美苏技术标准,结合武汉的具体情况,提出了让苏联专家满意的设计方案。他的这种既尊重规范,又不拘泥于此;既认真汲取前人经验,又敢于结合实际情况进行创新的精神深深影响了年轻的方秦汉。而王序森先生进行两大设计规范、技术标准对比分析,而后结合具体地形条件、地质条件、气候条件等进行技术创新的方法,也在方秦汉后续工作中体现得淋漓尽致。

　　就这样,在王序森这样一个通才硕学的老工程师的引导和雕琢下,方秦

---

① 根据历史资料,在 1949 年间上海铁路局抢修的沪杭线上的七座桥中,只有角钓湾桥与此桥跨度接近,角钓湾桥为 1 孔 92.96 米下承桁梁。

汉得到了走出校门,脱离书本的最佳训练。在武汉长江大桥设计之初,很多专家都会参加桥址的选择、桥型方案的确定等问题的讨论会议。王序森在开会的时候要求方秦汉坐在他的旁边,就会议内容对他进行提问,一来考察方秦汉对专业知识的应用,二来培养他观察问题、分析问题的能力。王序森有针对性的培养促进了方秦汉业务能力的迅速提高。正如好友潘际炎所形容的那样,方秦汉看问题很尖锐,总是能找到解决问题的关键。直到现在方秦汉提起王序森,语气中仍然流露着尊敬和感激。方秦汉多次强调自己是一个工程师,而不是一个科学家。他认为工程师就应该像王序森一样,精益求精,学有所用。

1950 年 9 月,铁道部在北京召开了"第一次武汉大桥会议",参加会议的有铁道部领导、教授、专家及工程师三十余人。会议由副部长吕正操、石志仁主持,会议得出以下主要结论:建桥材料下部用钢筋混凝土结构,上部用钢结构,多数与会人员主张用碳素钢材;桥宽不小于桥跨的 1/20;一次修建双线铁路的公、铁两用桥,按双层桥面布置;基础施工用气压沉箱法;对设计组提出的 18 种桥式,最后决定 7 跨 6 墩悬臂梁为初步设计的主要参考桥式,同时再与 9 跨 8 墩悬臂梁等其他桥式比较后作决定;载重等级和架梁方法再作进一步研究。

会后,方秦汉所在的设计组根据会议研究结果,进行初步设计。

1951 年 6 月 1 日,铁道部在北京召开"第二次武汉大桥会议",参加会议除了第一次与会的领导、专家和有关部门代表之外,还有苏联桥梁专家吉赫诺夫等。议题中心为桥式和载重。讨论结果:铁路载重等级采用中—24 级,用中—33 级鉴定。公路采用 H—13 级并用 H—18 级鉴定。桥式采用 9 跨 8 墩悬臂梁,先在一侧架单线钢梁,双线桥墩一次完成,尽量优先考虑采用连续梁。设计工作按照悬臂梁及连续梁两种桥式进行。

1953 年 3 月 11 日,在北京又召开了"第三次武汉大桥会议"。参加会议的有美术界、建筑界代表,以及在我国工作的沙布里等苏联桥梁专家。会上就桥址、桥式问题再次讨论。大多数到会者赞成简支梁,因为简支梁可以在国内制造,缩短架梁工期,适合各种地层。后将讨论结果上报政务院,政务院 4 月 25 日批示:

1. 桥梁净空:按通航水位以上 18 米设计。

2. 单双线问题:按双线铁路、公路两用桥设计。

3. 桥式:从注意防空及兼顾美观而言,似不宜采用简支梁;若技术条件许可,可以采用连续梁为好。此点待苏联设计专家进行技术鉴定。

4. 请苏联帮助对初步设计进行技术鉴定。[①]

至此,武汉长江大桥的初步设计方案完成,延聘苏联专家进行指导并委托苏联交通部对设计方案进行鉴定。

方案上报后,方秦汉结束了跟随王序森的学习留在北京铁道部设计局开展其他工作,而时任武汉长江大桥工程局技术科长的王序森带领设计组到达武汉进行实地勘测设计。

王序森与我国桥梁专家、时任副科长的刘曾达[②]一道,一面自己画钢梁方案,一面领导全科进行武汉长江大桥的总体设计和施工设计。在武汉长江大桥的钢梁设计中,为充分发挥材料强度,简化制造工作,方便在江面高空拼铆作业,主桁杆件采用了 H 型截面,考虑了杆件的互换,以适应桥梁制造工厂采用的无孔拼装工艺,这对于保证钢梁制造和安装时的精确度起到了很好的作用。而采用的悬臂架设法,则是我国架梁技术的一项重要进步。这些都是在王序森具体指导下,由绝大多数年轻的工程技术人员设计出来的,而且其布置和细节还为以后我国修建的很多钢梁结构大桥建设所沿用。1953 年 7 月王序森随同武汉长江大桥初步设计鉴定组赴莫斯科参加鉴定工作。

苏联政府遴选桥梁专家 25 人组成鉴定委员会,于同年 9 月 1 日结束技术鉴定,鉴定结论是:

---

① 引自《中国铁路桥梁史》。
② 刘曾达,铁路桥梁工程专家。参加了钱塘江大桥的修复以及广州珠江大桥、郑州黄河大桥和成昆铁路多座大桥的建设。主持了武汉长江大桥的施工程序设计。参加了南京长江大桥建设并主持了后期技术工作。

1. 桥址线在三个桥址方案中选用第二比较线(龟山蛇山线),建议将第二比较线在汉阳岸向下游移动 100～150 米,以求改善。

2. 桥式:选择了连续梁方案,因连续梁比较经济,且防空能力强。建议为三孔一联等跨平弦连续梁,并尽可能地做成简单的三角形桁架。

3. 大桥设计为两用桥,公路在上层,铁路在下层,采用一次修建方案。

4. 载重等级:铁路上下部均采用中—24 级,公路由汽—13 级增为汽—18 级及拖 80 检算。

5. 公路桥头线:初步设计中武昌岸是盘形道,汉阳岸在过桥后以很小的曲线半径(60 米)急弯沿龟山而下,走向长江沿岸。上述布置不能满足两岸行车要求,应另拟公路线的补充方案。

6. 水中桥墩采用气压沉箱基础,浮运法施工。技术设计时需要继续进行地质勘探。[①]

崭露头角开新篇

1951 年 6 月方秦汉实习期满,成为正式技术员,也开始担任实习生辅导员。在 1952 年优秀职工评选书中,评委会给出的意见是:在业务上能主动地帮助别人,尤其是对实习生的辅导特别用心,常常主动了解他们学习生活情况,被评为优秀辅导员之一[②]。

1954 年初,铁道部大桥工程局编制了技术设计,9 月 1 日建桥工程开工。最后确定为桥长 1 670 米,正桥长 1 156 米,公路位于上层,铁路位于下层。

---

① 引自《中国铁路桥梁史》。
② 方秦汉档案,先进职工登记表,1953 年。存于中铁大桥勘测设计院。

桥上公路为 18 米宽,两侧人行道各宽 2.25 米。铁路为双线,线间距离为 4.1 米,铁路桥面在钢梁两侧设有同样宽度的人行道。桥跨结构为三联(3 孔一联)等跨菱形桁架钢梁桁,每孔跨度为 128 米。桥墩基础用钢筋混凝土管柱结构。江中 1~8 号墩除 7 号墩为钢筋混凝土管桩基础外,余为管柱基础。9 月进入正式施工阶段。1955 年成立了"武汉大桥技术顾问委员会"作为工程技术咨询机构,茅以升任技术委员会主任委员。1957 年 10 月 15 日公铁两层同时正式通车。《人民日报》上刊登了一首郭沫若的诗——《长江大桥》:

> 一条铁带拴上了长江的腰,在今天竟提前两年完成了。
>
> 有位诗人把它比成洞箫,我觉得比得过于纤巧。
>
> 一般人又爱把它比成长虹,我觉得也一样不见佳妙。
>
> 长虹是个半圆的弧形,旧式的拱桥倒还勉强相肖,但这,却是坦坦荡荡的一条。
>
> 长虹是彩色层层,瞬息消逝,但这是钢骨结构,永远坚牢。
>
> 我又把它比成腰带,这可好吗? 不,也不太好。
>
> 那么,就让我不加修饰地说吧:
>
> 它是难可比拟的,不要枉费心机,
>
> 它就是,它就是,武汉长江大桥!
>
> ——郭沫若(1957 年)

武汉大桥的建成,贯通了我国南北全长二千三百多公里的京汉、粤汉两条铁路干线,火车可从首都北京直达南方大城市广州;现有的湘桂、浙赣等铁路和湖南、四川、贵州、江西、福建的铁路,都可直接或间接通过武汉长江大桥和北方各铁路干线连接起来。工业城市武汉市,也结束了被长江、汉水分割为三交通不便的局面,成为经济快速发展的城市。这一切就使我国南北交通组成了一个整体,大大缩短了南北交通运输的时间。大桥的通车形成了完整畅通的京广线,是国家南北交通的要津和命脉。正像国家领导人毛泽东的伟大诗篇所描述的:"一桥飞架南北,天堑变通途"。无疑,武汉长

图 3-1　武汉长江大桥

江大桥的迅速建成,对促进经济建设,巩固国防都起着不可估量的重大作用。

　　武汉长江大桥的建成也对我国自主建设大型桥梁奠定了一定的技术基础。中国专家和工人共同创造了"大型管柱钻孔法"这种当时在世界上最新的桥梁建筑技术,因为这种新的施工法解决了使用旧的"压气沉箱法"所不能解决的在长江深水建筑桥墩的严重困难。这不仅避免了旧的施工方法的危险性,并且大大提高了工作效率,节省了建设资金,也揭开了桥梁建筑史新的一页。大桥为双层钢桁梁桥,上层为双向四车道的公路桥,两侧设有人行道;下层为京广铁路复线,两列火车可同时对开;桥身共有 8 个桥墩,每孔跨度 128 米,可让万吨巨轮通行无阻;底层有电梯可直达公路桥面,站在桥上眺望四方,浩荡长江在三楚腹地与其最长支流汉水交汇,造就了武汉隔两江立三镇而互峙的伟姿,十分豪迈。

　　方秦汉参与这座桥梁的设计,不仅学到了实在的技术,还学到了一种创新的精神。在武汉长江大桥所用的新技术、新工艺让方秦汉深深体会到创新的重要性和必要性,加之工作之始遇到了好导师王序森,这些外部和内部因素共同塑造了一个认真、精确、守时、创新的技术员。在这个囊括了全国桥梁设计、施工精英的大团队中,方秦汉从学生蜕变成一位很有想法的技术员。在这里的三年时间里，他得到了单位的肯定，获得了"优秀职工的称号"，单位对他的评价如下：

1. 工作一贯积极，能很快地完成任务尤其是突击任务，如武汉大桥"等跨连续梁"与"不等跨连续梁"重量的比较，在一两天内完成。合金钢梁连续梁重量估计在数小时之内完成。

2. 业务一贯能钻研，如在研究木料加固设施时，用两片木头组合利用木销，并用很复杂的理论上解决之。

3. 在业务上能主动地帮助别人，尤其是对实习生的辅导特别用心，被评为优秀辅导员之一。

4. 思想无顾虑，能大胆的批评。[1]

评委会最终给出的意见是优秀职工甲等奖，这是对方秦汉作为一名技术员的褒奖。

可以说，正是凭借自己的踏实肯干，聪明好学，方秦汉很早就显示了他在设计方面的天赋，工作不到三年就已经在年轻人中脱颖而出，崭露头角。

参与武汉长江大桥设计对方秦汉硕果累累的职业生涯来说是一个良好的开端。武汉大桥所用钢材是从苏联进口的低碳钢。大桥钢梁由我国制造，开国产钢梁之先河，采用标准化、机械化、工厂化制造工艺，运用悬臂法从两岸相向架设。受武汉长江大桥设计和建设影响，在以后的桥梁建设中注重采用新材料、新技术、新工艺成了方秦汉之后设计桥梁的一贯追求。

方秦汉的一生大部分岁月都定居在武汉，耄耋之年的他喜欢来武汉桥走一走，回忆年轻时代参与实习设计的岁月。那时候他还在钻研各种设计的算法，一张张演算纸上的每一笔都凝聚了一个年轻人对未来的无限憧憬和对武汉长江大桥的希冀之情。他没有时间去想将来的去向，他只想怎么能在有限的时间内跟着老师和这些建桥巨擘们多学知识，将来有一天能独立设计大桥。很多年后站在桥上，看着桥上车水马龙，火车载着或归家或远

---

① 方秦汉档案，先进职工登记表，1953 年。存于中铁大桥勘测设计院。

行的人来回穿行,心中不禁充满着喜悦与自豪。这座大桥是时代的象征,是安全通行的保障,同时也引导着他走上钢梁设计的道路,对于他有着极其特殊的意义,从此他便踏着这座桥开始了自己的钢桥设计生涯。

图 3-2　方秦汉在武汉长江大桥下散步(2008 年)

第四章
湘江、乌江再练手

1953 年武汉大桥完成初步设计之后,留在北京铁道部设计总局大桥设计事务所的方秦汉先后被委以重任,主持了衡阳湘江桥的修复设计和贵州乌江桥的设计建造。在这两个工程设计过程中,方秦汉先生对在武汉长江设计过程中所学知识进行了独立实践,为其日后承担更多更重更艰难的桥梁设计任务打下了坚实基础。

主持设计修复衡阳湘江桥

1953 年武汉大桥完成初步设计之后,留在北京铁道部设计总局大桥设计事务所的方秦汉被领导认为能够独立进行桥梁设计了,故让他独立负责设计位于甘肃省兰州市郊的包兰线东岗镇黄河桥,桥型为钢筋混凝土拱桥。但正当他准备设计这座桥时,却又突然接到紧急任务——去设计修复湘桂线衡阳湘江大桥,他暗自欣喜,这不仅仅是因为他知道这座桥因为抗战时期阻挡日军进攻而被炸毁,从而激发起他的爱国情怀使其为修此桥感到荣幸,更为获得设计这么大跨度的桥以极好地验证自己在武汉长江大桥三年学习成果的机会而感到高兴。

衡阳湘江大桥最早于 1937 年动工,但在一年多的时间里仅建好数个桥墩,之后就因资金不足停工。后由于要联通粤汉、湘桂两铁路,于 1939 年在其上游处修建一座木便桥为救急使用。然而该桥桥面标高比湘江最高洪水位还要低,遂累遭洪水冲毁,交通经常因此中断。于是,木便桥便屡毁屡建。1942 年 12 月又决定续修正桥,翌年 8 月开工,设计为公铁两用桥,铁路和公路位于同一桥面。建桥本需 60.2 米的下承华伦式钢梁 7 孔,后由于广州被日军攻陷,只运到 6 孔,其余 1 孔 60 米跨度桁梁滞留香港。故将西岸一孔改为 32 米及 23 米上承钢桁梁两孔,改为成为 8 孔桥,长 427 米,两岸均有公路引桥,桥面公、铁兼用。于 1943 年底竣工,翌年元旦通车。可惜的是,通车不到一年时间,1944 年 6 月 24 日这天,在著名的衡阳保卫战中,驻守的国民党军队为防止日军从此桥渡过湘江,于日军抵达衡阳前将该桥炸毁。一共毁坏了两个桥台、四个桥墩,致使主钢梁坠入湘江。1947 年,当时政府曾准备进行修复,但因经费无着而停顿。

湘江衡阳段不仅是进出衡阳市的咽喉之一,更是湘桂铁路重要的连接点。湘桂铁路北起中国湖南省衡阳市,以柳州、黎塘、南宁南站为起点,分别与黔桂、焦柳、黎湛、南防、南昆等铁路相连接,南至广西壮族自治区凭祥市友谊关,与越南铁路接轨。湘桂铁路是广西、海南及粤西地区与华东、华北地区间客货交流的重要铁路运输主通道,也是中国广西、湖南、贵州等大部分内陆地区通往越南等东南亚国家最便捷的国际运输通道。所以,中华人民共和国成立后,修复衡阳湘江大桥,贯通湘桂线的任务迫在眉睫。

在清华大学所受学术技术训练,特别是张光斗先生的影响下,1953 年方秦汉接到任务之后,首先通过对湘江历年的水文资料进行全面的阅读,以及严密的分析思考,经过勘测后发现,老桥面虽然被炸毁,但桥墩基础保存得比较完好。只有 5 号桥墩被毁坏,其他桥墩只需要对受损的上部进行修复就可以了。因此在设计时提出了按原桥跨结构样式对受损的上部进行修复的方案:对其中的 5 孔钢梁利用陇海、京汉线所存旧桁梁改制,1 孔钢梁利用水中残梁进行装配,另新制 1 孔钢梁;而对下部结构则是在原桥墩台的基础上进行重建或加高。但对原来的简支钢桁梁的结构改造,却存在较大争议,方秦汉提出改用武汉长江大桥式的连续梁方案。方秦汉在武汉桥工作期间所学到的一套知识正好可以运用到这座桥上。连续梁是超静定结构[①]，在当时的钢梁建设方案中具有很多优点，例如能增强钢梁受到局部破坏或损害时的稳定性；在不便于设置中间临时碰架处，可采用伸臂安装法；即使基础出现少量沉降，也可以采取调整支座高程的措施解决。连续梁在桥梁稳定性、安装方法、桥梁护养等方面要优于简支梁，并且可以节约钢材。

最后经研究讨论决定，修复桥方案改为上部结构为跨度 60.5 米的铆接平弦三角形公、铁两用双层式连续梁。连续梁方案的采用替国家节约钢材 200 吨[②]。

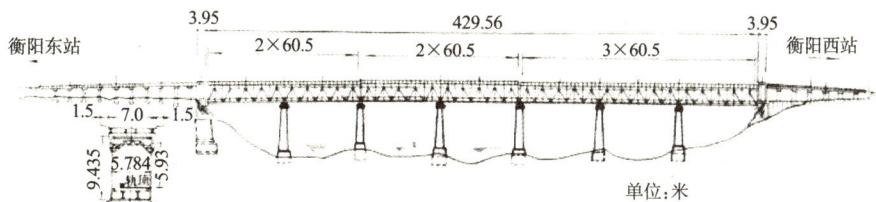

图 4-1　衡阳湘江桥桥式布置

新增的钢梁由北京丰台桥梁厂制造，钢梁的架设系由西向东逐孔拼装，除西岸第 7 孔是在中间支墩及膺架上组拼外，其余 6 孔采用全伸臂拼装。

公路引桥为装配式钢筋混凝土结构，东岸 11 孔，长 130.9 米，西岸 7 孔，长 85.27 米。每跨的行车道由 6 根长 11.36 米钢筋混凝土 T 型梁组成，两侧各有一根人行道的 II 型梁。"这座桥虽然很多地方都是照搬武汉长江大桥，但在引桥上是有创新的。引桥我做成了装配式钢筋混凝土结构，这在当时是很先进的"[③]，方秦汉颇为自豪地说。武汉长江大桥引桥采用的是钢筋混凝土简支 T 梁，而这座桥采用的是装配式混凝土结构[④]。装配式结构有很

---

① 超静定结构：在外来因素作用下只用静力平衡条件不能确定其全部反力和内力的结构。

② 方秦汉档案，干部任免推荐书，1955 年 12 月 10 日。存于中铁大桥勘测设计院。

③ 方秦汉访谈，2013 年 4 月 17 日，武汉。

④ 装配式结构：是以预制构件为主要受力构件经装配或连接而成的混凝土结构。

多优点,能降低对环境的负面影响,可以连续地按顺序完成工程的多个或全部工序,从而减少进场的工程机械种类和数量,消除工序衔接的停顿时间,实现立体交叉作业,减少施工人员,提高工效,降低物料消耗,减少环境污染。方秦汉在武汉大桥设计组的时候就接触过装配式结构。当时这种引桥结构由苏联专家首次提出,但由于缺乏应用实例,所以在武汉大桥的建设中未被采用。而方秦汉对新事物的高度敏感性,让其大胆地将这个引桥方案运用到了衡阳湘江桥的引桥上。这种技术虽然在当时应用得比较少,但是由于其多方面的优越性,在以后的桥梁工程中被大量采用。

初次主持建桥的成功激发了方秦汉创新的热情,后来几乎每座桥他都有创新的技术,也许这是他最后成为杰出的钢梁桥设计建造专家最重要的品质之一。从衡阳湘江桥的修复过程中的情况看,创新不仅使得桥梁修复得到了根本性的、系统性的优化,而且由此创造了更大程度的经济效益和社会效益,同时,方秦汉本人也从创新中获得了工作的乐趣。事实证明,方秦汉第一次主持设计中应用新技术所获得的经济效益、社会效益等使其更加坚定其日后通过技术创新,提高工程设计的各项效益并为国家作贡献的决心。同时,通过初次创新获得成功,联系后续各项设计中的创新成果看,系统思维成为其重要的创新路径之一。

在这个项目中,方秦汉还负责实习生和工程师的培养。他对培养年轻人(虽然他自己也很年轻)有自己的心得:"如果将工作加以分等,你好他不好,将会造成同志之间的不团结现象。如果大家都抱着消极的态度去使用人才而不积极地去培养人才,这完全与总路线的精神背道而驰"①。他尽量做到在工资评定方面公平对待每一个学生,但是他心中仍然有一杆秤,谁踏实肯干,能积极完成任务,他是喜在心里的。对于这种人才,他总是不会轻易地放走,要留在身边委以重任。可见,方秦汉工作早年就很爱才惜才。

衡阳湘江桥的修复工程于 1955 年正式开始,1957 年 12 月 29 日建成通车。这是湘江上第一座公铁两用桥,也是继武汉长江大桥之后新中国建成的第二座公铁两用桥,是衡阳市区连接江东与江西交通的重要枢纽,又是雁

---

① 方秦汉档案,年终鉴定表,1955 年 3 月 5 日。存于中铁大桥勘测设计院。

図4-2 衡阳湘江桥(如今仍在使用,承担着一部分运输作用)

城通过铁路走向外界的关键纽带。如今这座桥仍然在使用中,因为桥型与武汉长江大桥相似,又承担着重要的疏通作用,当地的人民亲切地称之为"小武汉桥"。

方秦汉常常提到这是他独立设计的第一座桥,虽然桥不大,但这是他第一次以设计负责人的身份去设计施工和指挥建设的。修建衡阳湘江桥至今已经将近50年过去了,他仍然能清晰地记起这座桥以及建桥过程的许多细节。方秦汉每每提到衡阳湘江桥,目光总是饱含深情,仿佛自己现在还是当年二十七八岁的小伙子,站在湘江岸边眺望不远处的水面上正在架起的钢梁,宛如他的建桥人生之路在徐徐地、静静地展开,他心里充满着美好的愿景,对祖国建设充满了希望和激情。

贵州乌江桥上再练手

通过独立完成衡阳湘江桥设计的锻炼,方秦汉的桥梁设计技术日臻完善,对理论、技术、材料和工艺的运用也越来越游刃有余。1956年3月铁道部设计总局布置大桥设计事务所承担川黔线①乌江桥的勘测任务,方秦汉被

---

① 川黔铁路自小南海站起,沿着原綦江铁路至綦江,继续向南进入贵州,再经桐梓、遵义、息烽、修文至贵阳,全长423.6千米。

任命为设计负责人,再次担任跨江建桥的重任。

乌江是中国贵州省第一大河,源于乌蒙山区,江水由西南向东北急速奔向嘉陵江,在四川涪陵汇入长江,其来势汹汹的江水将贵州划成南北两部。乌江水系呈羽状分布,流域地势西南高、东北低,流域内多喀斯特地貌,素以流急、滩多、谷狭而闻名于世,号称"天险"。1935 年中国工农红军长征时曾英勇地强渡此江,后来更被改编成电影故事广为流传,其"险"因此更加闻名遐迩。

乌江不仅"险",而且"怪",怪在其有特殊的水文环境,这种水文环境要求方秦汉必须对高低水位时的水文情况进行更加准确的测量。由于历史和经济原因,桥址选在贵州省息烽县乌江镇下游一公里多的江面开阔处。该处下游险滩回流多,汛期时常会出现其他河流少见的壅水①现象,即下游的水位反而高于上游,这就造成了桥址处的流速在涨水时反而低于枯水时,同时查阅水文记录发现,此处的历史最高水位与最低水位相差达到27 米。

关于材料,方秦汉决定采用钢与钢筋混凝土共同作用的结合梁方案。为什么联合两种材料呢?因为钢与钢筋混凝土这两种材料各有优劣。混凝土的弱点是抗拉强度小,但有横向约束时抗压强度增大;钢材的弱点是容易压缩屈曲和生锈,但抗拉强度大。在乌江这种特定地貌条件下,结合两种材料的钢桁梁结构能发挥这两种材料的优点,克服其缺点。而且,这种混合材料的设计,与单纯的钢材料桥相比能节省钢材、减少冲击,增加耐疲劳度,降低钢梁腐蚀,减少噪声和维修养护工作量;与单纯的钢筋混凝土桥相比,又显现出重量轻,制造安装容易,施工速度快和工期短的优点。

梁式方面方秦汉决定采用结合梁,其 44 米跨度是当时国内最大的结合梁,此记录直到 20 世纪 80 年代方秦汉主持建造天津大虹桥时才被打破。

最后桥式定位为 4 孔 27.7 米预应力梁、2 孔 44 米结合梁、3 孔 27.7 米预应力梁,全长 319.1 米。

---

① 指因水流受阻而产生的水位升高现象。如在河流中建造闸、坝或桥墩,或有冰凌阻塞时,均能引起壅水。又如两河流汇合相通,一河盛涨时,则在另一河中也会引起壅水。

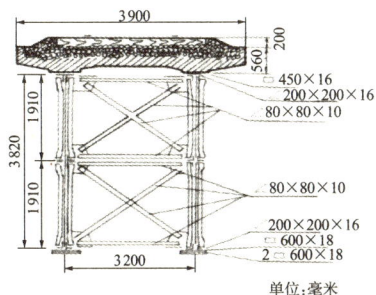

图4-3　乌江桥44米结合梁简图

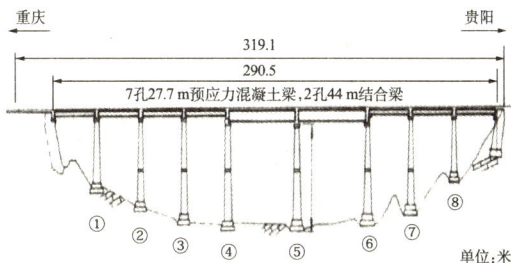

图4-4　乌江桥桥式布置示意图

　　考虑到贵州的经济情况和奇特的水文条件,为节约建桥材料,方秦汉提出石砌高墩桥基的方案。因为桥址附近就有大量石灰岩,可选做石料。用石头砌墩台,可以减少钢筋混凝土的用量,同时也方便采集建设,养护简便。以前用石料都是建造石拱桥,如今应用在简支钢桁梁桥上,也是一项创新设计。

　　方秦汉对乌江桥的设计是随勘测队驻在乌江畔边进行的。乌江地处山区,不仅地理环境恶劣,生态环境也不容乐观。方秦汉说当时工地发生过一件很诡异的事情。每当去卫生间的时候总是会听见一些声响,可是四下查看并无人迹,就越发显得恐怖。后来才发现这声响是野猪吃粪便发出的。而且建桥工地附近的野地里还有老虎出没,建筑队的工人们出于自卫曾经打死过一只。最惊险的一次是方秦汉差点掉到水流湍急的乌江里。有一天方秦汉到乌江渡①吃饭,过乌江渡时天已黑了,方秦汉要按时回到勘测驻地,没留神一脚踩空了,差点掉到乌江湍急的水流里去。方秦汉现在讲述到这一情形时表示仍然后怕,他说如果掉下去了,哪还有机会去建设南京桥、九江桥和芜湖桥啊!而这一次艰苦环境中的设计与施工也使方秦汉先生获得了在学校和办公室优越环境中得不到的意外财富,那就是抵御一切恶劣环境的坚韧和坚毅。这种坚韧和坚毅帮助他在日后无论遇到生活上、工作上或政治上的人生磨难,都可以应对裕如,淡然处之,将困难化为他工程设计的正能量。

---

① 乌江渡位于乌江干流与川黔铁路纵横交汇点遵义县乌江镇境内,地处遵义市与贵阳市交界处。

上部结构施工于 1959 年 3 月开始,由北京丰台桥梁厂制造两孔结合梁的钢梁部分,建造时将其分为长度不超过 8.3 米、单件重量不超过 10 吨的部件,经由贵阳陆续运到工地,在桥头铆接后,采用连续拖法架设,于 8 月底完成。然后由贵阳铁路局都匀混凝土预制厂负责,在板梁上就地灌注 300 号钢筋混凝土桥面板,9 月底完成。

方秦汉在这座桥的建设过程中再次展现了他善于考虑实际环境进行技术创新的设计品质,由此推动了钢筋和混凝土结合梁在中国建桥工程中的应用。

这座桥建设期间,方秦汉还在中苏合作的丰台试验基地担任装配式刚性梁柔性拱的专题负责人。1956 年为了推广预应力混凝土在桥梁建设中的应用,中苏两国铁路部门专门组成以丰台桥梁厂为试验基地的科研合作组织,集中科研、设计、教学和生产单位的科技力量,研究发展预应力混凝土的基本性能、各种新型结构及其制造工艺。这项科研工作,为他后来设计建造自己的顶峰之作——九江长江大桥从理论、实践和方法等方面打下了基础。

图 4-5　乌江桥

重庆白沙沱桥更砺剑

解放之初的西南重镇重庆市,长江北岸沿江的成渝铁路和从贵州南来的川黔线赶水段已修建,但由于长江的阻隔,火车到了江边,只好望江兴叹。

重庆的大批物资要运往贵州、云南、广西等地,要先到铜罐驿火车站,再由人工搬运到冬笋坝长江北岸装上轮渡,横过长江,至南岸猫儿沱港务局码头,又用人力或绞车拖上岸,再转运上川黔线赶水段的火车。同样,从南方各省运至重庆、四川的大宗货物,也要在猫儿沱港口下货,用船运过长江,在冬笋坝码头转至铜罐驿火车站的货车上。如此一上一下,车船转运,既花费大量人力物力,又效率低下,大大影响了运输能力,制约了西南地区经济的发展和社会进步。邓小平同志在西南局一次会议上说:"成渝铁路修好了,我们还应当修一座大桥把成渝铁路和川黔铁路连接起来,让四川——重庆这段长江'天堑'也变通途!"从1953年开始,在重庆市境内寻找修建长江大桥桥址的工作和勘查设计等前期准备工作就开始了,最终选址在巴县小南海白沙沱和南岸江津县珞璜镇。

方秦汉在重庆设计完乌江桥之后回到武汉,接着开始设计重庆白沙沱长江大桥。方秦汉称这是他"政治生活的大转变"[①]。1957年,在反"右"扩大化中,不少人被打成右派分子,造成了许多冤假错案。当时方秦汉已经是大桥院的骨干,但他不关心政治,对政治的态度很麻木,因此没有遭受到打击。1958年夏季反右派斗争结束,随之而来的是"大跃进"。中央提出"多快好省地建设社会主义"的总路线。尽管这条总路线的出发点是要尽快地改变我国经济文化落后的状况,但由于在执行过程中忽视了客观经济规律,实际效果很弱。在设计院里到处都贴着"鼓足干劲,力争上游"的标语。处里提出了"一年的活半年完,半年的活三月完"的口号。方秦汉认为这是吹牛,作为大桥设计的副总负责人和钢梁设计负责人,方秦汉依照科学的规律办事,为设计组制订了工作学习时间表。但是团队中有的同志在当时的社会环境氛围下提出了超出现实设计能力的规划。方秦汉没有同意这种提议,狠狠地批评了他一番。岂料这样一来方秦汉就成了落后分子,成了正在开展的"拔白旗"运动的"白旗",大字报也满天飞。面对这种状况,方秦汉却是有苦不能诉,只能拼命干,争取提前完成任务。没想到这样也是错,被认为是只专不红,即走"白专道路"。

---

① 方秦汉访谈,2013年4月17日,武汉。资料存于采集数据库。

方秦汉在经过红白道路的批判之后,不得不做出了检讨:

"更重要的收获是在这次辩论中,经同志们的帮助,根据我过去的言行和表现,深入的挖掘,认真的讨论,严肃的批判,使我认识到我是怎样的一个人:坚决走白专路线的资产阶级个人主义者,非但我自己如此,而且也影响到周围的一些同志,也跟着我走上了白专的道路。

我的只专不红主要由以下几个方面表现出来:

我将完成任务看成很重要的事。从表面上看,完成人民所给予的任务,是一件好事情。但在心灵深处却隐藏着丑恶的一面,就是借此可以提高自己的名誉地位,向人民索取更多的报酬。由于我脑子里充满资产阶级的思想,所以我领导大家工作时,就不可能用政治热情鼓动大家工作,而是用命令的方式,用压迫的方式要求大家工作。

在组内提倡先完成任务,后提意见的论调,这样就压制了批评,使同志们不敢提意见,以达到个人的专断,所以组内就没有了民主,群众的积极性不能发挥,工作效率不能提高,造成了组内长期加班加点的现象。

重才轻德,对生产任务完成多的,我是另眼看待,对完成的少的就不高兴,至于为什么完成得多或完成得少,我是不加考虑的,对任务完成得好的同志,尽我所知的一切,很详细地告诉他,并不时地加以表扬,这样就使得某些同志为了取得我的表扬和不受我的批评,不愿参加社会工作和政治活动,而埋头于业务中。

我将社会工作比较少、业务水平比较高的同志,作为工作上的主力,而且我能亲自出马为他推却社会工作,如大家选王世雄同志为工会小组组长,我表示反对,认为他的业务重,最好不做工会小组长。

我非但将白天的工作时间抓得很紧,还要抓同志们的业余时间,提倡大家利用业余时间结合业务学习。结合业务学习是好的,但片面地强调业务学习,就排斥了政治学习。

以这次红专辩论中揭发的大量事实看来,由于我上述的种种影响到很多同志走上了白专道路。"

在这份"检讨"中可以看出，方秦汉不关心政治，被认为思想落后；专心提高业务能力，被认为是走"白专道路"。天性淡然的方秦汉没有在这个问题上较劲，形势比人强，为了不被卷进政治斗争的漩涡，快速推进建设的进行，权衡政治斗争和工作的利弊之后，方秦汉及时和积极地进行检讨，为设计工作争取了相对稳定的环境。从这份检讨中，我们可以看到在清华时期，方秦汉二哥方适中对方秦汉谆谆教诲的影子，也可以看到他认真对待工作，踏实工作的态度。正是这种心无旁骛、专心工作的态度，使方秦汉先生在那个政治挂帅的年代依然能不断获得学术、技术方面的前进。

虽然如此，但可以看出方秦汉还是逆流而上，充满干劲。他希望自己和团队里的同志都能充分利用时间，多做一些实在的事情，而不是整天喊空口号，制定夸大而无法企及的计划。方秦汉没有被当时险恶的政治环境压倒，咬碎牙齿把委屈往肚子里吞，他排除政治运动干扰仍然完成了设计任务。重庆白沙沱长江大桥桥式为正桥采用 4 孔 80 米一联下承式连续钢桁梁；北岸 3 孔及南岸 9 孔 40 米上承钢板梁；北岸跨越成渝线 1 孔 40 米结合梁。钢梁材质为 3 号桥梁钢，载重等级为中—22 级。基础有三种：明挖基础、管柱基础、钢筋混凝土沉井基础，下沉至岩层。

重庆白沙沱长江大桥于 1958 年 9 月 10 日开建，次年 12 月 10 日完工。全长 820.30 米，是继武汉长江大桥之后长江上的第二座公铁两用桥。

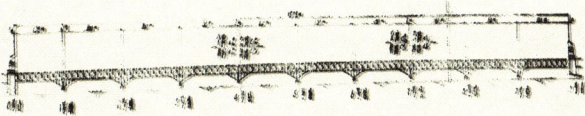

第三篇

通——里程碑上留英名

第五章
南京大桥挑钢梁

　　主持设计修复和建造衡阳湘江大桥、贵州乌江大桥、重庆白沙沱大桥等一系列的重要工作之后，方秦汉逐渐在建桥界树立起一定的威信，并取得了领导的重视和信任。1958年，刚满33岁的他被任命为南京长江大桥钢梁设计组组长，这是一项与武汉长江大桥地位相当，甚至意义更大的国家级大工程。

南京长江大桥修筑背景

　　南京长江大桥是连接南北交通干线津浦铁路与沪宁铁路的重要工程，沪宁铁路于1908年建成，津浦铁路于1922年通车，在南京处因长江之隔，两线不能贯通。1933年建成宁浦火车轮渡，备有长江号轮渡一艘，但该轮渡1937年沉没了。直到1941年和1943年才又分别修建起南京号及浦口号两艘轮渡。每艘能载客车12辆或货车21辆，每日仅有一对直通客车由轮渡载运过江，南来北往的旅客十分不便，货运受到极大限制。

　　中华人民共和国成立前，中华民国政府也曾多次有在南京、浦口之间架长江桥之意,并邀请美国桥梁专家来此考察。但因水文复杂、地质条件差等原因得出无法建桥的结论。

为增大转运量,1958 年新建较大轮渡一艘,1959 年又增建两艘。即使这样,根据码头及轮渡的综合通过能力来计算,单向每日只能渡 1 240 辆车,每年轮渡运输总量才 1 400 万吨,这远远不能满足国民经济日益发展的需要。所以,单靠轮渡显然不是好的办法。

为此,1956 年,中铁大桥局提出了建造南京长江大桥的计划,1958 年 8 月铁道部获国务院批准,在江苏南京成立了南京长江大桥建设委员会,开始建桥的筹备工作。8 月中下旬,中铁大桥局副局长宋次中宣布大桥设计事务所全体人员都迁到武汉工作,接受武汉大桥工程局领导,即铁道部将南京长江大桥草勘专业设计院设计处合并到大桥工程局,工作地点从北京迁到武汉,以实现大桥从设计到建造的"设计-鉴定-施工"三位一体的运营机制。

集体智慧提方案

方秦汉于 1958 年 8 月被任命为南京长江大桥钢梁设计组组长,9 月离开北京到达武汉,从此就一直扎根武汉至今。

1956 年春,铁道部就指令大桥设计事务所着手进行南京长江大桥的草测,于同年 12 月完成。1957 年 8 月南京长江大桥设计意见书提出了下三山、煤炭港和宝塔桥三个桥址方案送铁道部审查。1958 年 8 月,铁道部邀请有关省市及部门负责人共同讨论兴建南京长江桥的问题,确定宝塔桥桥址方案为桥址建议方案,决定按公路、铁路两用桥设计,并适当考虑城市的需要及美观方面的要求。

1958 年 9 月成立南京长江大桥建设委员会,主任委员惠浴宇,副主任委员彭冲、彭敏、王治平。铁道部同中国科学院技术科学部,于同年 10 月和 12 月在武汉先后召开了两次拟建的长江三座大桥(南京、芜湖、宜都)科学技术协作会议,对桥梁建设各项问题进行深入研究。当时参加会议的有科研、教育、工厂、工程等单位,共提出上部结构方案39个,下部结构方案10个,美术方案40幅。

设计两岸铁路引桥共长5公里余,在比较了跨度31.7米预应力钢筋混凝土梁、40米预应力钢筋混凝土桁梁和33米钢筋混凝土拱三个方案之后,会议推荐采用跨度31.7米预应力梁和直径55米旋制钢筋混凝土管桩基础方案。

其中上部结构方案39个分别为:按跨度分有跨度160米左右者8种、跨度200米左右者7种、跨度240米及240米以上者13种,按结构分有下加劲弦的梁式桥4中,刚性梁柔性拱式桥7种,刚性拱柔性梁式桥2中,刚性梁悬索式桥4中,水下桥一种。最后确定建议采用连续梁方案,上部结构由一孔128米简支梁及三联(3孔为一联)三孔160米长的等跨连续梁组成。建议方案中初步预算需要钢材总重31 580吨。

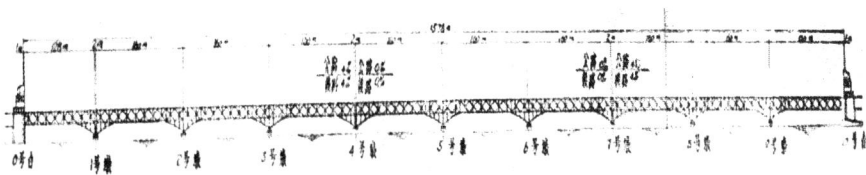

图5-1　南京长江大桥正桥钢梁设计立面图

专心致志定方案

方秦汉被指定做桥式选择的工作,桥式选择是否合理关系到接下来桥梁建设的所有环节。南京桥的建设规模比武汉桥大,技术更复杂。钢梁设计工作中需要非常准确的应力运算来确定桥型方案。三跨连续梁的桥型方案是11次超静定结构,比武汉桥5次结构要复杂得多。所谓超静定结构或超静定系统,就是用静力学平衡方程无法确定全部约束力和内力的结构。设计超静定的钢桁梁,方秦汉已做过三座桥,积累了丰富的经验,不会有大错。虽然如此，他仍不敢掉以轻心，面对复杂的结构、数量庞大的杆件，他依然坚持用精密的计算、用精确的数据来筛选最优方案。

　　这次钢梁设计过程中，方秦汉在工作实践中还培养出了很多的桥梁设计和计算的工程师和技术员。因为设计运算工作量很大，当时全国十多所学校都有老师和学生参与到南京长江大桥工作中来。当时参与的老师和学生总数有六七十人之多，都在方秦汉的领导下做力的分析。虽然老师们的理论基础很好，但是因为缺乏实践，到了现场就分析不清楚，有时候算错了都不知道。为了统筹管理，减少混乱和出错，方秦汉专门安排一个实习生做助手，把相关资料数据都做成表格，以便于检查和核对。这样一来，计算条目就非常清晰，如果有出错的地方很快就能找出来了。有几次方秦汉看表格后立即指出老师们运算出错的地方后，老师们不服气。方秦汉就吩咐他的助手，通过核算告诉他们错在哪里，以及为什么出错。在方秦汉这一具有创新意义的工程设计管理方法的统一管理下，把钢梁设计组工作的错误降到最低，对于推进工作进程具有非常有益的帮助。慢慢地，这些老师和学生就开始信服方秦汉了，信服到甚至有些畏服。方秦汉回忆这一段的时候说道，"我的威信就这样建立的"①。凭借在南京桥初步设计过程中的能力体现，方秦汉逐步奠定了权威地位。他的影响力随着当初实习的学生参加全国各地建设而不断扩大，以至于方秦汉在以后参加桥梁会议的时候，总会有人走上前来，尊称方秦汉为老师，方秦汉一问才知道是当初参加南京桥初步设计实习的学生。

　　南京桥主桁杆件很多，如果不掌握计算技巧，极易发生错误。所有计算都靠计算尺一个数字一个数字拉出来的，计算工作相当艰巨和艰苦。方秦汉带领十多人经过了四个月的计算，才选定钢梁杆件截面。设计中方秦汉既注重严格遵守技术规范，又注意节约来之不易的钢材。按照桥型设计，主桁杆件全是由角钢及钢板铆接成的 H 形截面构建，杆宽 720 毫米（由于构造上需要，个别杆件宽 680 毫米）。弦杆高 1 100 毫米（加劲桁范围内的中弦杆件高 760 毫米）。斜杆高有 760 毫米、630 毫米、600 毫米三种。连续梁各杆

---

① 方秦汉访谈，2013 年 4 月 17 日，武汉。资料存于采集数据库。

件截面组合面及应力都要经过计算才能选定钢梁截面。当时有些同志为了节约钢材，提议将截面改成箱型。但是方秦汉认为不能只考虑节约，更要严格符合设计规范。他根据实际情况，再次组织人力研究运算，最后得出了合理的截面，达到了既坚持原则，又节省钢材的效果。

后来得知中科院计算所有电子计算机后，方秦汉还在1959年底委托该所进行核算，结果证明他们当初的计算是准确无误的。这是首次运用电子计算机技术进行钢梁应力分析，当时大桥局的第一代电算人员就是中科院计算所培养出来的，大桥局是铁路系统中最早引进电算技术的单位。南京桥钢梁的安装计算都是由电子计算机完成的，节省了大量的人力和时间，提高了设计质量。时至今日，电子计算机的运用已经渗透到各行各业，但在当时的技术条件下，用计算机做钢梁设计运算却是很有突破性的。勇于接受新事物，将新的技术手段、工具引入到工程计算中，不仅提高了工作效率，也为南京长江大桥的设计建筑质量提升打下了坚实基础。可以说，对于方秦汉来说，技术手段创新不仅仅局限在建筑施工技术，也体现在善于利用新工具、新技术进行桥梁设计过程中的各项工作。

作为南京长江大桥副总体工程师的启蒙带教老师王序森恰好这时也在方秦汉身边，能够继续给他非常有益的教诲和指导。王序森给他最重要的一个教诲是，让他放下其他事情，专心致志做好这个大工程。当时方秦汉可谓"身兼数职"，1957年方秦汉担任中苏合作丰台实验基地的装配式预应力钢筋混凝土刚性梁柔性拱专题负责人。这是方秦汉正式接触到实验，他对实验很感兴趣。此研究专题在中蒙边境的二连浩特集二线铁路的桥梁上正在应用，这就需要他经常来到严寒的蒙古工地进行实地设计指导。同时，他也参与相关桥梁规范的编制，而且还兼有一部分重庆白沙沱长江大桥的工作。但是王序森要求他不要做第二职业，专心设计南京长江大桥。方秦汉遵照导师的要求，搁置了南京桥之外的工作，全心全意做南京桥设计。方秦汉在回忆这一段经历的时候，对王序森的培养方案表示了赞同和感激，他说"人的精力是有限的，一心不能二用。我按照王老总的要求专心做南京长江大桥的设计，光杆司令来到武汉"。这点对他的影响是很深远的。他后来教育学生也强调要专心致志，把本职工作做好，才能考虑研究其他问题。王序森先生给予方秦汉的教导,恰如兵法所言"我专而敌分",将一个工程设计人员的精力作为我方兵力,而将工作视为敌方兵力。只有做到我专敌分,才能更加集中优势兵力歼灭敌人。同样,只有工程技术人员的精力更加集中,所面临的工程技术设计研发工作才能更快更好地完成。

方秦汉说当时的基础设计也是极具困难的。因为南京的长江江面开阔,比武汉大桥桥址处要宽 400 多米,最大水深是 60 米,流速每秒约 3 米,且地质复杂,岩层埋藏在正桥河床 33 至 47 米以下,不仅岩层有破碎地带,而且强度相差很悬殊。岩石种类较多,断层纵横,硬的地方像钢铁,软的地方似"千层糕"。

1959 年开始进行桥基的设计和施工。鉴于上面提到的南京长江大桥的自然地理条件非常复杂,为了能拿到第一手的资料,方秦汉要求技术人员先用地质钻孔进行取样,再通过分析样本资料判断江中不同的地质情况。发现不同桥基地质情况差异较大时,方秦汉要求施工人员根据各个墩位不同的地质情况,采取不同的技术措施,最后九个桥墩分别设计了重型混凝土沉井、钢沉井加管柱、浮式钢筋混凝土沉井和预应力钢筋混凝土管柱等四种不同的水下桥墩基础结构,这在中国建造桥梁深水基础中是首次采用的技术,为成功建成大桥作出了重大贡献。在桥墩基础施工中,1 号桥墩重型混凝土沉井,其面积比篮球场还大,高度相当于 10 多层大楼,混凝土总量达 1.7 万立方米。为将这个庞然大物下沉到河床面 55 米以下的沙砾层,方秦汉建议施工人员除依靠沉井自重外,还采取以吸泥为主,辅之以抓泥、压重、侧面射水等下沉办法,连续奋战 17 个半月,终于将沉井下沉到设计标高。在这次工程设计与施工中,清华大学的四年专业训练,特别是前三年中所受到的多种相关专业的综合训练,特别是张光斗老师从水工结构和科研态度两方面给予方秦汉的训练充分展现出其功效,为方秦汉出色完成此次任务,为南京长江大桥桥墩设计施工满足地质要求和质量要求奠定了基础。在施工过程中,有些桥墩沉井基底在水面以下 65 米左右,基底清理时的质量检查,都是通过潜水员多次潜入水下 62 至 67 米,最深达 80 米进行探摸。仅在 7 号桥墩基础施工时就累计潜水 207 次,一次水底停留作业时间 10 至 20 分钟,创造了中国桥梁施工中大规模潜水作业的新纪录。同时,因在江中施工难度非常大,建桥的工人们只能利用每年一次的枯水期加紧施工,并且每年的枯水期都是在冬季,工人们都是顶着刺骨的寒风拼命施工。然而,就在这样恶劣的环境中,方秦汉与施工人员始终战斗在一线。

方秦汉在正桥基础设计中,比较了钢筋混凝土沉井、钢筋混凝土沉井加管柱、锁口管柱基础和各种直径的管柱四种方案,讨论结果认为,钢筋混凝土沉井方案下沉费时,只在个别情况下可用;钢筋混凝土沉井加管柱方案在深水中浮运困难,接高费时,下沉方向比较难掌握;锁口管柱方案插打、下沉、合拢都存在一定困难;只有第四种各种直径管柱方案的适应范围广,优点较多。[4]最后建议采用第四种方案,具体设计是:浦口岸 1 号墩采用钢板桩围堰筑岛,就地灌注的重型混凝土沉井;其余各墩水深在 25 米以内,考虑冲刷后所需钢板桩长度小于 40 米者,采用钢板桩围堰基础;水深超过 25 米,加上施工冲刷后,所需钢板桩长度在 40 米以上者,采用钢沉井加管柱基础。这种多方案比较的工作方法,我们不知道它的来源,但是王序森在武汉长江大桥设计中,对比美苏两种不同设计标准,结合实际情况以选定最佳设计方案,却是有据可查的给予方秦汉多方案比较而确定最终最佳方案的方法引导。

自力更生炼桥钢

同武汉长江大桥相比,南京桥不仅建设难度更大,而且还能体现我们建桥人员独立自主的精神,其中,方秦汉力排众议,坚持研发争气钢这件事就尤为突出。

武汉长江大桥建成后不久,有一次国家主席毛泽东曾来到武汉长江大桥参观时询问随行技术人员,我们国家靠自己的力量可以修这样的桥吗,技术人员给予了肯定的回答。在建造南京长江大桥之际,彭敏局长到铁道部向邓小平副总理做汇报,原拟聘苏联专家做顾问。邓小平就反问苏联有长江这样的大江吗,苏联专家在自己的国内造过这样的大桥吗,彭敏回答说没有。邓小平就批示南京大桥建造不用聘请苏联专家和技术人员。

在定下桥型方案之后,接下来就要考虑钢材问题。武汉桥所用的钢材是 3 号钢,由苏联提供。但是南京桥的跨度比武汉桥大,需要更大强度的 HJI2 低合金钢,当时我国没有,也需要向苏联进口。3.2 万吨这种钢材,原来预计需分两批进口,第一批 1.2 万吨,第二批 2.0 万吨①。但在 1958 年以后,随着中苏关系转向恶化,苏联单方面宣布撤回了全部在华专家,不仅终止了合作项目,停止了全部援助,而且不遵守原来的提供建桥钢材合同,一方面将供材半径限制在 12.5 米以内,一方面削减数量,只提供 1.2 万吨,离预算的 3.2 万吨还差 2 万吨没有着落。这样的情况一度让南京桥的建设进入进退维谷的境地。

针对南京桥专访时,方秦汉从容淡定地接着讲述着当年风云变幻时局下的大桥建设,他说这是一个很大的难题。苏联政府撕毁合同之后,铁道部曾就进口美国桥梁公司“万能用件”的桥梁特种钢问题请示过毛泽东主席。毛主席认为世界上没有什么是万能的,鼓励我们的技术人员自己研发生产所需钢种。国务院因此明确指示,铁道部、冶金部要联合开发新钢种,不惜代价研制生产出建造南京长江大桥所需的钢种。由于方秦汉是钢梁设计组组长,也参加了科研团队。他依然记得当时有很多困难,但是他们没有被吓倒,经过了很多人的努力,坚持走自力更生的道路。符合南京桥的钢由鞍山钢铁厂生产出来了,这个钢当时因此被叫做“争气钢”。该钢材为 16Mn 钢,其强度比武汉长江大桥用的苏联 3 号钢提高了 30%,符合建造南京长江大桥所需的钢材。

精心细致搞设计

方秦汉说“争气钢”给中国人争了一口气,同时南京长江大桥应用了其

---

① 此处存在差异,《中国铁路桥梁史》中记载总钢材量为 33 000 吨,方秦汉回忆第一批 12 000 吨,第二批 20 000 吨,两种说法相差 1 000 吨。

他一些创新技术。在细节方面方秦汉也极为重视,他认为大桥的任何一个杆件、任何一个设计都应该精确。为确保各项技术应用无误,各个组件确保质量,他进行了大量的科学试验和研究工作,直接或间接领导和参加的研究有:钢梁安装模型试验,安装时静力及动力的研究和测量工作,铆接试验,高强度螺栓试验,轻质混凝土试验,钢梁上的无缝线路的研究和设计等等。经过试验验证,这些成果都在大桥上得到应用。

将钢材制成钢梁,就需要连接。过去的钢梁包括武汉长江大桥都是用铆钉连接,但考虑到南京长江大桥跨度远超武汉长江大桥,方秦汉决定采用高强度螺栓代替铆钉。这座桥大概用了 5 800 套高强度螺栓。南京长江大桥修建至今已逾四十年,方秦汉仍然能准确回忆所使用的高强度螺栓数目,这既反映了他作为设计师的细心,也反映了他对新技术的热爱。

使用高强度螺栓,除增强螺栓的结构强度外,还要进行螺栓表面处理,增加其摩擦力,并减少磨损和防锈。在当时的技术条件下,对高强度螺栓进行表面处理的主要方法为对螺栓表面进行喷砂,以增加摩擦,但喷砂会污染环境,同时在防锈蚀方面也不具备优势。在就此问题咨询相关技术人员后,方秦汉尝试按照他们的建议在高强度螺栓表面喷锌。可喷锌后发现,这个方法看似可行,解决了螺栓表面的摩擦力问题,但是有碍人体健康,事实证明此方法对于桥梁建设而言行不通。后来有人提出采用复性油漆,但这个油漆虽能达到低害标准,寿命却只有半年,半年之后就会风化,摩擦系数大幅度下降,带来极大安全隐患。于是方秦汉就急忙向铁路相关部门反映情况。对于当时的急迫心情,他形容自己当时说话很急,是"呱啦呱啦的"。由于中国正处在"文化大革命"的环境下,方秦汉这样的行为被认为是拒绝新事物,因此被"戴帽子"。但经历了乌江桥设计建设的艰苦环境锻炼和反"右"扩大化中被作为"白专"而要求检讨等事情的锻炼,这次被"戴帽子"并没有吓倒方秦汉,他仍然多方咨询和联络,寻求问题的解决,终于,宝鸡桥梁厂攻克了这个难题,他们使用喷铝的方法来处理高强度螺栓表面,这样一方面不危害人体健康,另一方面又耐风化,同时也符合安全和技术标准。经过这些小曲折才使高强度螺栓能顺利应用在南京长江大桥上。他本着最纯粹的念头搞建设,这是大家有目共睹的,即使被带帽子,但是公道自在人心。

毕竟,解决问题、推进生产建设才是最终目的。方秦汉常常感叹道,遇到问题要及时向领导反映,如果怕戴帽子把问题藏着掖着,问题是不能解决的。而将问题放大到更大范围内进行解决,则又是将中国传统的集智思维进行进一步提升,即突破承担任务的集体,而以更多人的智慧解决问题。这一思维方式,在科教相对落后的中国,推进科技创新多有助益。

1960年钢梁设计完成,方秦汉的助手还留在武汉设计组,以防施工过程中出现什么问题。1961年4月,方秦汉被调到南京,在指挥部设计处工作,在现场进行施工设计。方秦汉到达南京之时,很多建设工作刚刚展开。南京桥计划1964年通车,所以肩上的责任相当重。但是时值大跃进,中央政府提出了八字方针:调整、巩固、充实、提高。鉴于当时中央的指示,南京桥的一些具体安装设计暂时搁置,计划有所延后,这样原定的1964年就不能通车了。

这期间,许多工程技术人员主动或被动地参与到政治运动之中,而唯有方秦汉仍然能摒除杂念只专注于桥梁建设。但如此的大环境之下,建设只能缓慢地进行着,此时架梁时又遇到新的问题。南京桥水面江风很大,很难把悬臂架设出去。同事们提出不少方案,方秦汉细细总结大家提出的各种计划。在这些方案中方秦汉最为推崇的是两个,一个是雕塑家方案,一个是跨中合拢方案。因为这两种方案都是新工艺,当时还没有在大跨度桥梁上应用的先例,所以这两个方案都没有在南京桥实现。方秦汉说不遗憾,因为这两个方案在后来桥梁建设中都得到了很好的应用。

结合实际方秦汉认为钢梁架设应采取全伸臂安装,伸臂长144米,支承在墩旁托架上,托架安装后先进行了载重实验。由于本桥钢梁主桁梁杆件为低合金钢制造,当伸臂达到144米时,挠度达到1.70米左右。在决定架设方案过程中,对梁的稳定、振动和局部应力等问题,方秦汉认为应该慎重考虑。他发动小组人员采取了理论分析、模型试验和吊机现场振动测试等方法和手段,最后在设计中采用了增大刚度的布置,安装前规定了拼装、铆合的顺序,以保持钢梁的整体性;施工中又随时实测钢梁的应力和位移,并与理论值对照,以指导下一步工作。同时方秦汉还提出浮运脚手梁的计算原则,充分发挥材料的潜力,改进了脚手梁拼装方法,尽量伸臂安装,然后再利用脚手梁继续安装,这样可以大为减小脚手梁载重,降低脚手梁钢材用量,为钢梁浮运方案提供了有利条件。

方秦汉对于风的研究也是从南京长江大桥设计开始的。风对桥梁的影响有静力和动力作用,是建设过程中必须考虑的问题,尤其是当桥梁的跨度越来越大时,风对桥梁的影响也越大。但他当时没想到他的这种前瞻思想为后来的九江长江大桥解决了最大的技术难题,并为他赢得了"国家科技进步一等奖"的至高荣誉。

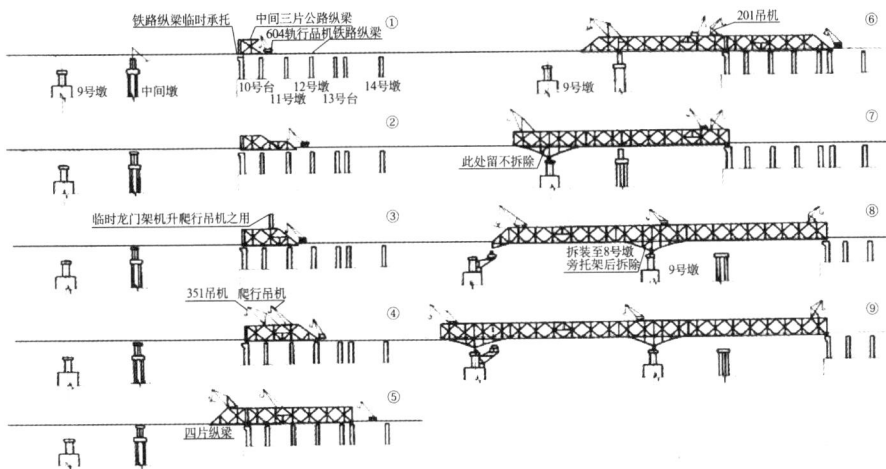

图 5-2 南京长江大桥南京岸钢梁架设示意图

方秦汉在桥梁建设方面的天赋开始展现在钢梁结构上。公路纵梁采用焊接技术,这在当时来讲是具有创新意义的。纵梁与横梁之间的连接角,由工厂铆接改为工地高强度螺栓连接,螺栓直径 24 毫米,孔径 26 毫米。中国的桥梁建设水平在向世界一步步靠拢,方秦汉说他有一点很特别,就是喜欢创新,不管是支持别人的创新,还是自己通过实验研究证实可行的创新。在他心里,今天种下的种子,在将来某一天终将会有收获,像儿时家里的橘树,每天浇灌、精心照料,到了收获的季节总会劳有所得。

正桥公路桥面的布置和构造为公路桥面由钢筋混凝土板及 11 根钢纵梁组成。当年就在正桥上要不要采用无缝线路的问题展开了讨论。无缝线路采用无缝钢轨,这对当时国内建桥经验来说,属于新事物,很多人都持保守态度,并不太赞成。方秦汉极力推荐采用无缝钢轨。无缝钢轨相比于一般钢轨具有和列车运行平稳,噪声低等优点。方秦汉看到了无缝钢轨的优越性,他因此极力推荐使用。然而一种新事物要取代旧事物着实是有难度的,当时很多人反对,认为还是保守一点好,但是方秦汉坚定自己的判断,做敢于吃螃蟹的人,在正桥段采用了无缝钢轨。后来事实证明,无缝线路具有明显的优越性。方秦汉说任何新生事物都是有理论支持的,他的专长不是做理论研究,但是他乐于接受理论,理解吸收,转化为生产力以提高工程建设质量和工作效率,所以他一直都在进步。

随着工程的进展,其他设计组的工作或结束,或工作量缩小,后期的设计工作基本上都归到方秦汉负责的第五组。1964年后,他又兼管深水基础的结尾设计,并任工地设计组组长,全面负责该桥的设计及处理施工中有关问题。没过多久文化大革命在全国范围内展开,很多技术人员都遭受到了打击,南京组可以用的人已经很少,只有60多个人,但是这个摊子很大,对于方秦汉来说任务很重。他只能以坚定的意志,“任风雨来袭,我自岿然不动”,努力摒除一切困难,在困境中坚持建设。

方秦汉挑起了建设的大梁,几乎每样工作都事必躬亲。即使对于桥梁栏杆设计这样的细节工作方秦汉也很认真地考虑。武汉桥围栏上的图案是花鸟鱼虫,方秦汉觉得很漂亮,别有一番情调。他觉得南京桥的围栏也应该有一些设计,但又不能与武汉桥的主题重复。经反复思量,他突然有了灵感,决定采用人民画报里的插图。当时南京大桥建设指挥部觉得他这一套很有创意,而且符合时代的特征。围栏上的画有了安排,那栏杆多高合适呢,他定到1.1米,这个高度刚好到一般人腰部的高度,能起到保障行人安全的作用。当时南京桥指挥部由彭冲领导,具体办事的项目组叫生产组,由一个炮兵队的队长担任组长,他的个子很高,认为1.1米不够安全,因为没有到他的腰部,方秦汉觉得有道理,就接受了这个当兵的建议,把栏高定到了1.3米。

1968年12月29日,南京长江大桥终于竣工。上层的公路桥长4589米,车行道宽15米,可容4辆大型汽车并行,两侧还各有2米多宽的人行道;下层的铁路桥长6772米,宽14米,铺有双轨,两列火车可同时对开。其中江面上的正桥长1577米,正桥两端有4座70多米高的桥头堡。整座大桥如彩虹凌空江上。正桥的路栏上,公路引桥采用富有中国特色的双孔双曲拱桥形式。公路正桥两边的栏杆上嵌着 202 块铸铁浮雕,其中 100 块向日葵镂空浮雕,96 块风景浮雕,6 块国徽浮雕。在 96 块风景浮雕中有 20 块不重复的浮雕都是描绘祖国山河风貌和歌颂当时社会主义中国取得的巨大成就。桥头堡上各有三面红旗,象征着 20 世纪 50 年代的总路线"大跃进"和"人民公社"。桥头堡前还各有一座高十余米的工农兵学商五人雕塑,为当时中国社会的五大组成部分,即工、农、兵、学、商,具有典型的"文化大革命"时期的文艺风格。人行道旁还有 150 对白玉兰花形的路灯,洁白雅致。南北两端各有两座高 70 米的桥头堡,堡内有电梯可通铁路桥、公路桥及桥头堡上的瞭望台。堡前还各有一座高十余米的工农兵雕塑。尤其是晚上,桥栏杆上的 1 048 盏泛光灯齐放,桥墩上的 540 盏金属卤素灯把江面照得如同白昼,加上公路桥上的 150 对玉兰花灯齐明,桥头堡和大型雕塑上的 228 盏钠灯使大桥像一串夜明珠洒落在江上。每当夜幕降临,华灯齐放,绵延十余里,"疑是银河落九天"。三面红旗的桥头堡在建成后,风靡全国,被多次模仿,而且在 20 世纪 60~80 年代成为南京的城市标志之一,一直到今天,南京长江大桥桥头堡仍然是著名的旅游景点。

图 5-3　五光十色的南京长江大桥夜景

技术总结留真经

从 1958 年南京桥始建到 1968 年建成,方秦汉和其他很多技术员一道付出了无数的努力,共同攻克了一个又一个困难。方秦汉作为桥梁建设的负责人,常常自谦说自己当时是"山中无老虎,猴子称大王"。以前一些老技术员都因为各种原因离去,剩下他这个"猴子"主持建设,加上过硬的设计思路,从而奠定了他在桥梁界的地位,赢得了一定的知名度和声望。

但在当时,专业上的知名度还是拗不过政治运动的冲击,作为政治上所谓的"最落后分子",方秦汉被指派要去干校学习。一次,方秦汉上交了所用的计算器(工程需要所用计算器是当时最高级的,使用高级物品会被认为走资产阶级路线),在准备去干校的路上遇到了某单位领导,领导问他干什么去,他说去干校劳动。考虑到每座大桥完成之后,都要由技术人员编写技术总结,而方秦汉是为数不多的从头到尾都参与建设的技术人员之一。该领导突然觉得让方秦汉编写南京大桥技术总结应该是最合适的,于是就没让他去干校学习,使得方秦汉得以凝神静气对南京长江大桥的建设工作进行全面细致的回顾和总结。这项工作对处于业务上升期的他来说,是一个停站加油以备再行冲刺的很好机会。

编写工作从1971年开始,当时中铁二桥处派了三个工人,中铁四桥处派了两个技术员,加上方秦汉,六个人组成一个小组,方秦汉当组长。开始的时候方秦汉广泛收集资料,将资料编写进技术总结。由于"文化大革命"的特殊时期,所有工作中都要表达对国家领导人的尊崇[5]。方秦汉负责技术内容,组里的工人就负责在适合的地方加上毛主席语录,以在形式上符合当时时代的要求。没多久,方秦汉的组长身份被取消了,单位称知识分子不能当领导,要由工人来当才合适。方秦汉对权利并没有欲望,他不计较头衔,觉得不管处在哪个地位,总结都是要认真完成的,以前怎样工作,今后也应该保持同样的干劲。

可没想到写技术总结也会一波三折。一天晚上,单位领导召集编写小组座谈时,宣布了外交部向中央汇报的一个文件,这个文件说的是周恩来总理来南京视察时,不满南京处的总代表把南京桥的建设成果无限夸大,和对苏联专家进行的批判。周总理认为说话要实事求是,不能抹杀苏联专家对武汉长江大桥的建设功劳。鉴于这种情况,方秦汉觉得这项技术总结很难写了,因为当前形势已经不能单单考虑写技术报告,还得考虑政治基调,如果把基调定高了就有夸大事实的嫌疑，调子定低了下面的工人们又不同意。所以他申请单位领导暂停南京长江大桥技术总结的写作，将这个任务封存起来。单位领导也不敢承担这样的风险，于是暂停了这项工作，决定先让方秦汉去上干校。

在干校劳动了几个月，大桥局通知方秦汉回去。方秦汉向干校领导请了假，打算去武汉拿了东西就回来。方秦汉以为这次只是在武汉短暂的停留，没带行李就回来了。回来之后领导说方秦汉不用回干校了，方秦汉意欲回干校取行李，领导立即派人过去帮方秦汉拿回行李。回来之后继续让其做南京长江大桥技术总结的主编。原来组里的几个人都散了，现在需要重新组织起来。经过不断地完善，方秦汉与小组成员一起写了120多万字的初稿。当时大部分人都忙于"文化大革命"，没有人来审查这本书，方秦汉就将书里的毛主席语录全部删除了，这样才保证了书稿的专业性。

到了20世纪80年代，王序森对此书进行审稿，删减了一些内容，后来就成了《南京长江大桥技术总结》①这本书，目前这本书大概有30万字，全面总结了南京长江大桥选址勘测、正桥基础及上部建筑、引桥和桥头设计等全部桥梁建设过程。时任国家经委副主任、党组成员兼秘书长的彭敏为此书作序时写道："南京长江大桥是一个具有世界水平的大型工程，它的技术总结是具有实际意义的……严谨的科学著述，不如通车典礼那样热闹，也和当时那些话剧、解说词、电影纪录片所说的不大一样，介绍给有志于桥梁建设事业的后继者，有志于工程科学的研究工作者。"①

写作任务完成之后，南京长江大桥的任务总算告一段落了，前后将近二十年，这段时间方秦汉受到了很大的历练，方秦汉常常感叹在"文化大革命"期间，南京长江大桥的建设是相当有难度的，而方秦汉这个"小猴子"终于把它扛下来了。

---

① 《南京长江大桥技术总结》，铁道部大桥工程局。

在修建南京长江大桥之前,我国已成功修建武汉长江大桥,这是新中国桥梁事业的初创时期,当时组建了一支桥梁队伍,集中了铁路上一批优秀的技术人才,聘请了国内各方面的专家做顾问,还聘请了苏联桥梁专家做指导。为了建设长江上第一座桥梁,国家领导高度重视,专家和技术员全力以赴,勤学苦干。建成了新中国成立以来的第一座公铁两用桥,成为中国桥梁发展事业的第一个里程碑。其中很重要的一点是培养了一支建桥队伍。方秦汉作为其中的一员,从武汉大桥实习生到南京桥钢梁组的组长,在计算和设计上取得了很大的突破。

南京长江大桥是我国自行设计、建造的第一座特大型公铁两用桥,从1960年1月18日正式开工,到1968年12月29日全面建成,建造历时9年。全桥长度,铁路部分6 772米,公路部分4 588米,其中正桥1 576米,基础在施工水位以下77.13米,施工预算为286 786千元,竣工决算为287 577千元。其中,遭到的封锁、遇到的困难、受到的干扰、历经的风险,不胜枚举。这些难题不仅来自桥址水文状况以及技术上的因素,还有来自政治上的因素。南京桥1958年筹建便逢中国和苏联两国关系从友好转向论战、从亲密转向破裂,苏联单方面撤回全部在华专家,终止可合作项目,所需钢种也停止交货。此时,设计院和铁科院联合,在国务院的指示下自主研制建造南京桥所用钢材16锰低合金钢,解决了钢材供应问题。

开始修建的前几年,我国遭受了三年自然灾害,遇到了严重的经济困难,大桥的建设也面临困境,投放资金锐减,物资供应紧缺,工程处于干干停停的状态。大桥建设进入关键阶段,1966年"文化大革命"开始,一些知识分子、技术员受到迫害,建设速度受到极大干扰。可是这些困难并没有吓倒包括方秦汉在内的所有坚守在建设岗位上的人们。在南京长江大桥建设进行架梁工作之时,正是大批判开展得如火如荼之际。如铁道部大桥局为了响应号召开展了所谓的住房调整运动,方秦汉原来居住的两室一厅住房以孩子还小、不满足住套间的要求为由,勒令腾出来一间,以供另一家居住。每个知识分子只能住一间房。同时,居委会、左邻右舍的熟人也开始制造舆论压力,他们将方秦汉当成该批判的"牛鬼蛇神",连孩子也受到侮辱。而方秦汉等知识分子也顾不上这些,心中搞好建设的念头支撑着他对恶意中伤充耳不闻,对生活上的打压视而不见,埋头苦干,在斗争的旋涡中逆流而上,争取早日建成南京桥。

有耕耘就有收获,南京长江大桥终于以其先进的设计和优秀的质量获得了党和国家、人民的认同,并获得系列荣誉。1985 年,我国开始颁发国家科学技术进步奖,以表彰在技术研究、技术开放、技术创新,推广应用先进科学技术成果,促进高新技术产业化以及完成重大科学技术工程、计划等过程中做出创造性贡献的中国公民和组织。南京长江大桥建桥新技术获得特等奖。方秦汉正在获奖名单之列。

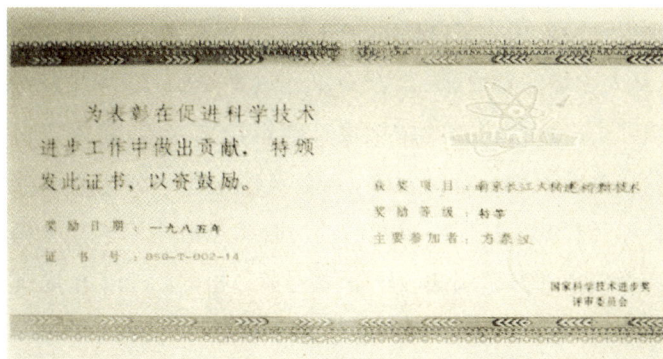

图 5-4　1985 年获得的国家科技进步奖特等奖

南京长江大桥的修建,不仅仅为修建这一里程碑式工程的团队带来了诸多荣誉,还为中国桥梁建设事业积累了丰富的财富。

对于整个桥梁建设界而言,虽然在技术和人员上我们国家在修建大型公铁两用桥已有相当的经验,但南京桥的建设无疑是更大的挑战。南京江面更开阔,技术难度更大,是过去从来没有敢于尝试修桥的地方。而在全体技术人员的努力下,大家众志成城克服困难,在设计、施工、组织管理的水平上都比武汉长江大桥显著提高了一大步。为了适应长江下游通航的要求，加大了钢梁跨度，采用了我国钢铁工业生产的16锰低合金钢；纵梁的连接，第一次用高强度螺栓代替铆钉；主桁进一步完善了长铆钉铆合工艺；两岸引桥也加大了预应力混凝土梁的跨度；公路引桥采用了双曲拱；以及无缝线路、公路桥面采用陶粒轻质混凝土等当时的先进技术和工艺；并通过试验研究设计试制了一系列关键性的施工机具；在深水急流中进行基础设计和施工，大跨度钢梁的设计、制造和架设，桥梁施工机械的发展和制造；以及这种特大型工程的科学组织和管理都取得了一定的经验。这些收获，都为我国桥梁建设业积累了丰厚的财富。

对于方秦汉而言，南京长江大桥的修建给他带来了更丰厚的收获。首先，从技术上讲，方秦汉在技术上严格要求进步，他开始逐渐参与并主持一些实验和研究，包括钢梁安装模型试验，安装时静力及动力的研究和测量工作，铆接试验，高强度螺栓试验，轻质混凝土试验，钢梁上的无缝线路的研究和设计等等，这些成果都在大桥上得到应用。其中高强度螺栓试验、无缝线路等设计都很好地应用在了以后的建设中。

其次，从人才培养角度来看，方秦汉通过南京长江大桥的修建，不仅为我们国家培养了一大批优秀的桥梁设计建筑技术人才，还为如何培养人才积累了经验。这次钢梁设计过程中，方秦汉在工作实践中还培养出了很多的桥梁设计和计算的工程师和技术员。当时参与到南京长江大桥工作中的全国十多所学校中在方秦汉的领导下做力学分析的六七十位老师和学生经过了理论与实践的结合，逐渐成为成熟的工程技术工作人员。而方秦汉进行工程管理的一系列方法也帮助其中一些工程技术人员成为可独当一面的项目设计负责人。这是方秦汉为中国桥梁建设的另一大贡献。而方秦汉经过此次人才培养的历练，结合了以往培养新人的经验，对其日后培养新人更有心得。

再次，方秦汉在科技工作方法上，经南京长江大桥设计建设，更臻成熟。在南京长江大桥设计建设过程中，在工程设计管理中的方法创新，极大程度帮助他在工程管理中获得了效率和质量双方面的保证，对其日后更好地作为工程负责人负责大桥设计奠定基础；勘察多方面条件，统筹多方面因素，结合多方面知识,对比多种方案等工程设计中行之有效的方法,在南京长江大桥建设设计中也都被方秦汉运用得炉火纯青。这些都成为了方秦汉受用一生的有效经验。

最后,在人生态度方面,方秦汉淡然处之,专意技术,做纯粹的人的态度在大桥建设过程中又一次受到锤炼,对其一生中不断进行技术创新、取得新的工程设计成就而言具有决定性意义。方秦汉一直说他在学校并不是成绩最好的那个学生,他也并不是百分百热衷所有专业课的学习,但是能在工作中表现突出,这中间有很多决定因素,其中首要的是他毫无私心地对待工作,凡事从集体利益出发,从大桥建设质量和水平出发,一心扑在工作上,心无杂念,用毛泽东的话形容就是"一个纯粹的人";其次是他的工作态度,无论再小的事情,在大桥建设中的问题就是大问题,所有问题必须解决了,整体建设才能顺利推进;第三点是,他一如年少时"懵懂的孩子"一样总是对新事物保持着最大的热忱,他乐于接受新事物,乐于通过试验证明创新的优越性,并将其运用在自己的设计中;还有一点就是,方秦汉遇到问题之后能全面分析,提炼出解决问题的关键所在,带领整个团队有效、高效地完成任务;还有他对于建设发展有着天生的敏感性,总能抓住事情的发展趋势。他的每一步工作都是连贯的,前面的工作是后面工作的基础,前面的工作为后面的工作做铺垫,因而能达成技术突破。方秦汉在以后的工作中很多突破看似是机缘巧合,其实是水到渠成的事情。量上不断地积累,最终带来质的飞跃。

方秦汉在南京长江大桥建成通车 40 周年的时候,应邀到南京参加相关的纪念活动。他来到大桥下,向随行者回忆当年在此艰难奋战的情境。从1958 年方秦汉进入南京大桥设计组到 1976 年完成《技术总结》的初稿,将近二十年的岁月,设计、实验、施工,困难一个接着一个,大字报、大批判,磨难重重,方秦汉始终能在老一辈专家的指导下工作,最终克服重重困难,实现了他建桥人生中的首次辉煌。

中国工程院院士，是国
家设立的工程技术方面的最
高学术称号，为终身荣誉。

方奉汉 于一九九七年
十一月当选为中国工程院
院士。
特颁此证

编号：(1997)04001

第四篇

汇——实至名归荣院士

第六章
九江大桥见真章

1975年,50岁的方秦汉,被任命为九江长江大桥钢梁总设计师。在采访他的一年多时间里,几乎每次他都会提到该座桥的建设,可见这座桥在他一生建桥事业中的分量。

九江大桥定桥址

江西省九江市地处赣、鄂、湘、皖四省交界处,襟江带湖,背倚庐山,山拥千嶂,江环九派,是长江中下游最重要的交通枢纽之一。据《晋太康地记》记载,九江的得名源于"刘歆①以为湖汉九水(即赣水、鄱水、余水、修水、淦水、盱水、蜀水、南水、彭水)入彭蠡泽也。"在此地域,数千年来因为没有跨江大桥,江西、湖北、安徽和湖南四省,只能隔江相望,极大限制了四省的经贸往来和经济发展。早在2 900多年前,周穆王就意识到在这里建长江大桥的意

---

① 刘歆(约公元前50年—公元23年),字子骏,西汉末年人,他是汉高祖刘邦异母弟楚元王刘交的五世孙、宗正刘向之子,他给《山海经》作注后上书西汉哀帝刘欣的表奏中即自称臣"秀"。

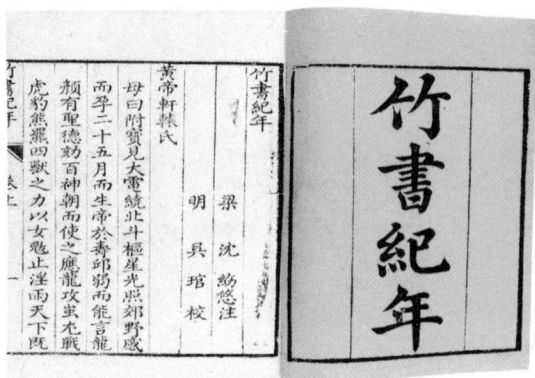

图 6-1　记载有九江远古时代桥梁信息的史籍《竹书纪年》

义。史书《竹书纪年》①中记载:"周穆王②三十七年(公元前 940 年)东征伐楚,行至于九江,架鼋鼍以为梁",而鼋鼍就是早期的一种碇步桥。但是九江处的长江江宽水深,所以周穆王的这一工程只可能是在枯水季节,也只能建临时的碇步桥。中华人民共和国建国之初,政府也把在这里建跨江大桥列为重要的国家经济发展和战略工程。1959 年,铁道部大桥工程局已经就在九江建跨长江大桥的桥址方案进行过调查研究,提出了田家镇、武穴、锁江楼、白水湖、金鸡坡五个桥址方案。但因为当时国家经济困难,未进入实质性论证阶段。1971 年,再次进行了勘测设计,提出了《修建九江长江大桥调查研究报告书》。1972 年,原交通部组织了审查,对 1959 年提出的桥址方案进行了仔细论证,最终推荐了白水湖的桥址方案,并以《(72)交计字 1122 号文》报国家计委。同时,对铁道部大桥工程局下达初步设计任务书,提出了大桥的建设标准及规模,明确施工任务由铁道部大桥局负责。经过一年多时间的筹备和施工准备工作,九江长江大桥于 1973 年 12 月 26 日毛泽东 80 岁诞辰纪念日正式动工兴建。查阅相关文献资料发现,九江长江大桥建设

---

① 《竹书纪年》相传为战国时魏国史官所作,记载自夏商周至战国时期的历史,对研究先秦史有很高的史料价值。

② 姬满,即周穆王,姬姓,名满,昭王之子,周王朝第五位帝王。他是中国古代历史上最富于传奇色彩的帝王之一,世称"穆天子",关于他的传说,层出不穷,最著名的则是《穆天子传》。

之所以选在这个时候上马有其特定的时代背景。当时，中苏关系持续恶化，苏联陈兵边境给中国造成巨大压力，将两国推到了战争的边缘。出于国家安全和战备的需要，为了缓解京广、京沪铁路线的压力，国家决定修建合(合肥)九(九江)铁路，而九江长江大桥的建设则是该铁路建设中最关键的一个环节。此时"文化大革命"已经接近尾声，邓小平恢复工作担任国务院副总理，主管经济建设，国家回到重视经济建设和发展的正确轨道上来。为了进一步打通南北交流的大动脉，促进经济发展，国家将九江长江大桥的建设列入经济规划中。

图6-2　九江风光

接到九江长江大桥钢梁总设计师任命的方秦汉开始完全没想到这座桥的建设会遇到那么多的波折，前后历经20年之久。他也没想到，正是这座历经建设曲折的大桥会把他的事业推到顶峰。从1975年开始设计到1995年九江长江大桥建成通车，方秦汉为这座大桥的建设奋斗了20年，而这20年的经历是那么一波三折，惊心动魄。

建造大桥先研钢

在接到九江长江大桥的钢梁设计任务后，面对国家的信任和艰难的设计任务，方秦汉做了大量前期准备工作。尤其是新钢种15锰钒氮钢(15MnVNq)的研发和制造，方秦汉为此付出了大量的心血和精力[6]。当时国家明确提出九江桥科学进步要体现在钢梁建设上，而我国桥梁用钢经历了一个不断发展进步的过程。我国生产桥梁钢始于20世纪60年代。武汉长江大桥使用的是苏联产低碳钢,钢号为 CT. 3(相当于 Q235)①;南京长江大桥原设计是由苏联提供钢材,但因中苏关系的恶化,苏联停供而改用鞍山钢铁公司②全力以赴开发的 16Mnq(Q345)钢③。在建设九江长江大桥时有人认为应该继续使用已经广泛运用的 16Mnq 钢。但方秦汉认为南京长江大桥的主跨只有 160 米,九江长江大桥的主跨达到了 216 米,而且需要采用栓焊钢梁新结构,这就需要解决许多新的技术问题,其中最关键的就是钢材问题[7]。方秦汉的观点是,就九江大桥的具体情况,16Mnq 钢已经达不到设计的要求,必须采用新钢种。

而此时,我国还没有实行改革开放,进口新钢种困难重重。为此,方秦汉决定坚决贯彻国家提出的建桥方针:依靠自己的理论和经验独立自主地设计出能够满足桥梁建设和国家要求的新钢材。而要做到这一点,则必须要有大量的专业人才和丰富的理论知识。所以,一方面,他自己又进一步深化在结构设计方面的理论,并结合实践,学习了冶金学、金属学、断裂力学、焊接学等相关知识,增强对钢材料性能的了解,体现了常学常新的进取精神和常新常学的学术态度。另一方面,则积极网罗桥梁方面的各种专业人才,把这些人才的专业和智慧聚合到这项国家的重大工程上来,将中国古代传统的集智思维传统在工程技术创新中体现得淋漓尽致。而方先生常新常学和常学常新也正是清华大学注重基础和学术拓展能力教育的成果体现。

研制新钢种,铁道部要和冶金部进行合作,材料研制以冶金部为主,材料应用以铁道部为主。1975 年 12 月,铁道部科技委、基建总局召集大桥局、山海关桥梁厂等单位讨论九江长江大桥采用新钢种的技术问题,决定以 50

---

① Q235 普通碳素结构钢又称 A3 板。Q 代表的是这种材质的屈服极限,后面的 235,就是指这种材质的屈服值在 235 兆帕左右。并会随着材质的厚度的增加而使其屈服值减小。由于含碳适中,综合性能较好,强度、塑性和焊接等性能得到较好配合,用途最广泛。

② 简称鞍钢,其始建于 1916 年,是新中国第一个恢复建设的大型钢铁联合企业和最早建成的钢铁生产基地,被誉为“中国钢铁工业的摇篮”、“共和国钢铁工业的长子”。

③ Q345 是一种钢材的型号。它是低合金钢,广泛应用于桥梁、车辆、船舶、建筑、压力容器等。Q 代表的是这种材质的屈服极限,后面的 345 就是指这种材质的屈服值。并会随着材质的厚度的增加而使其屈服值减小。

毫米厚板①为主攻方向,争取60毫米厚板的轧制②。要求进行厚板焊接工艺的试验,试验研究工作由大桥局负责,并制订了研究计划。依据研究计划,方秦汉领导大桥局设计处的同志拟定了具体的试验项目,如新钢种15MnVNq钢(15锰钒氮钢)56毫米板的试验研究,在提出15MnVNq钢试验材料采用56毫米特厚板时,有人提出了不同的看法,认为56毫米特厚板的抗脆断性能远不如中性板,特厚板在焊接方面的困难较大,从而增加养护困难。在一般情况下,厚板的性能与薄板相比,会对材料的机械性能、断裂韧性及焊接性能带来不利的影响,对十字或丁字形等焊接接头,还可能在板厚方向引起层状撕裂。综观各国的设计规范,对使用的板厚是有规定的,如西德1983年"铁路桥梁及其他工程结构物规范"规定:"不得采用厚度超过50毫米的钢板和宽扁钢"。美国1985版"铁路钢桥规范"对断裂关键杆件使用板厚的规定是相当严格的。在日本,不论铁路桥、公路桥的设计规范规定的最高等级的用钢为SM58(强度等级相当于15MnVNq钢),准许最大板厚为50毫米③。但方秦汉基于大量阅读钢材的理论认为,只要作专门的试验研究,板厚是可以突破50毫米的。[8]

　　1976年2月,铁道部基建总局、科技局组织代表团到鞍钢商谈试验料标准,签订了"鞍钢协76-31协议",试生产试验料500吨,其中56毫米厚板198吨,50毫米厚板173吨。在铁道部科学研究院、山海关桥梁厂、铁道部大桥局、哈尔滨焊接研究所、鞍钢钢研所等单位的大力协作下,方秦汉指导科研人员对15MnvNq钢56毫米厚板的对接焊、角接焊④及箱形杆件填角焊进行了大量的试验研究工作,取得了很多成果,摸清了15MnVNq钢56毫米特厚板的各种特性。在研究56毫米板焊接性能时,很多人认为板材只要能够

---

① 2003年起,我国新体系钢材品种分类中对中厚板按厚度分三类:(a)中板3 mm≤厚度<20 mm;(b)厚板20 mm≤厚度<60 mm;(c)特厚板厚度≥60 mm。

② 轧制:将金属坯料通过一对旋转轧辊的间隙(各种形状),因受轧辊的压缩使材料截面减小、长度增加的压力加工方法,这是生产钢材最常用的生产方式,主要用来生产型材、板材、管材。分热轧和冷轧两种。

③ 铁道部大桥工程局.九江长江大桥技术总结[M].武汉:测绘科技大学出版社,1996.

④ 对接焊缝:在焊件的坡口面间或一焊件的坡口面与另一焊件端(表)面间焊接的焊缝,称为对接焊缝。角焊缝:两焊件结合面构成直交或接近直交所焊接的焊缝,称为角焊缝。

经受住零下 20℃ 不断裂就可以了,但方秦汉却坚持要板材能够经受住零下 40℃ 不断裂才可以。建国后九江最低的温度也不过零下 10℃,在历史最低气温的基础上再加上 10℃,就可以保证其安全性①。从经济性上来讲,没有必要提高标准,太高的标准很有可能就是浪费。而方秦汉坚持认为,国家安排给自己任务,就是要做到最好,要考虑到长远的利益,九江桥可以满足零下 20℃ 的要求,那么在黑龙江建桥就不行,这不仅仅是建设一座桥,要考虑到我国桥梁事业的整体发展和进步。最终,国家采纳了方秦汉的建议。经过努力,方秦汉提出了研制新钢种的完整方案——15MnVNq 钢 56 毫米板的各种技术指标和技术参数。从方秦汉的技术方案要求看,他对工程设计的要求是更大的裕度,使工程设计具有了更大的安全系数。而一次研制更广应用,则体现了方秦汉先生的技术效益观,那就是一定要使科研成果能最大程度发挥作用。

图 6-3　方秦汉在九江大桥科研成果鉴定会上发言

按照这样的参数,新钢种终于研制成功了!

然而,这只是研究的第一步,更艰难的工作还在后头。国家冶金部决定由鞍山钢铁公司制造九江桥需要的钢梁。当时鞍钢面临的压力很大,如果要完成这一科研任务,鞍钢每年要减少 10 万吨的预计钢产量,并要多收

———————————

① 周召伟访谈,2012 年 11 月 29 日,广东。资料存于采集工程数据库。

10％(2 万吨)订料费,以弥补因钢梁生产而造成的损耗。那时国家给鞍钢的年钢产量是下了定量指标的。如果接受九江桥的任务,很可能完不成国家下达的指标。为此,作为九江桥钢梁设计组组长、科研总负责人的方秦汉与鞍钢进行了长达半年之久的谈判。有一次,鞍钢的领导请方秦汉吃饭,方秦汉不好意思推托,但是那个时候方秦汉有胃病,晚上吃的东西又没有消化,晚上一点多钟胃病犯了,同事们知道后,就把他送到了一家医院。输液当中,邻床病友病故,使方秦汉和陪同人员都多有感慨,心情不佳,而方秦汉先生也因此一夜未眠①。但第二天他依然带病去谈,他的这种敬业精神深深感动了鞍钢领导,在历时 7 个月的艰苦谈判后,鞍钢领导终于接受了方秦汉提出的新钢材的生产要求。

新钢种试制出来后,方秦汉提出要对新钢种进行试验,当时有领导认为新钢种不用试验了,直接用就是了。方秦汉本着科学的态度认为创新须经试验验证,方可工程应用。他提出,九江长江大桥所采用的是新技术、新钢种,如果不做试验,万一出了问题,个人怎么样是小事,但对于国家那就是大事。后来他的意见得到了科技司领导的支持,试验方案终于批下来了。国家不仅下拨了数百万的试验经费,而且还派来了专家,方秦汉也从自己的设计组里派出了 6 名技术员参与试验。试验后却发现,山海关桥梁厂的产品没有达到当初设计的技术规范,方秦汉坚决要求放弃使用这批钢梁,领导来说情也没有用,结果生产的这批 19 吨钢梁就只能报废了。其实方秦汉心里是难过的,因为损失的是国家的财产,但国家交给他任务,他就要高质量地完成。在后来的钢梁安装当中,方秦汉也是身体力行。当时进口了新设备,方秦汉亲自爬到 8 米高的设备上去检查①,方秦汉的这种执著、认真感染了身边的很多人。方秦汉说人一辈子做事就是要做到心安理得,要对得起自己的良心,对得起国家的信任和重托。

---

① 李元生访谈,2012 年 11 月 29 日,广东。资料存于采集工程数据库。

科学试验防断裂抗疲劳

　　九江长江大桥是继武汉、南京两座长江大桥之后,又一座横跨长江的、具有先进水平的现代化特大桥。与武汉、南京桥相比,九江桥的显著特点是采用栓焊结合的方法接代替单一的铆接或拴接,钢材的强度则由武汉桥的240兆帕、南京桥的330兆帕增至九江桥的410兆帕;最大板厚由24毫米增至56毫米;桥梁最大跨度由武汉桥的128米、南京桥的160米增至九江桥的216米。九江桥对钢材的主要技术指标有特殊的要求,在保证强度满足设计要求的条件下,必须保证钢材具有良好的韧性和焊接性能。其实,从20世纪60年代中期开始,我国的铁路钢桥就实现了从铆接向栓焊的过渡。自1985年建造长东黄河桥之后,栓焊梁完全站稳了脚跟。可以断言,建造九江长江大桥之后,栓焊梁比之于铆接梁的优点,将被绝大多数桥梁工作者所认同。因此,今后的大跨度栓焊梁,必然是高强(材料强度高)、厚板、焊接。这一工艺发展趋势,具体到15MnVNq钢上,则带来三个特点:①15MnVNq钢属碳、锰体系钢,其强度主要还是靠碳、锰、硅三大元素来维持,因此有明显的冷裂敏感性。②由于正火,15MnVNq钢成了细晶粒钢,一定要恰到好处地控制其焊接热输入,若贪图生产效率,把焊接规范调得很大,线能量①很高,焊接热影响区的韧性必然大幅下降。既怕冷,又怕热,这是正火钢②的通病。③由于钢板厚,焊接更加困难。

　　方秦汉带领团队开展与基材相匹配的焊接工艺的研究,在新钢种

---

① 是指熔焊时,由焊接热源输入给单位长度焊缝上的能量焦耳/厘米或焦耳/毫米(J/cm 或 J/mm),亦称热输入。焊接线能量是焊接过程中各种热现象的重要影响因素,它不但影响峰值温度的分布和冷却速度,还影响凝固时间,从而影响金属焊接接头的冶金特性和力学性能。

② 正火,又称常化,是将工件加热至 Ac3 或 Am 以上 40~60℃,保温一段时间后,从炉中取出在空气中或喷水、喷雾或吹风冷却的金属热处理工艺。其目的是在于使晶粒细化和碳化物分布均匀化,去除材料的内应力,降低材料的硬度。

15MnvNq 钢的焊接试验过程中发现,15MnvNq 钢对焊接的焊缝金属强度较高,韧性较差,其角焊缝的热影响区①韧性也较差。如果处理不好很有可能会发生重大事故和灾难,从 1938 年发生比利时哈塞尔特的全焊空腹桁架桥破裂事件以来,世界各地至少发生过 40 起引人注目的大型焊接结构破裂事故,我国吉林市煤气公司 400 立方米球罐的爆裂也是一次典型的脆性破坏事故。1979 年 12 月 18 日 14 点 07 分,吉林市煤气公司液化气站的 102 号 400 立方米液化石油气球罐发生破裂,大量液化石油气喷出,顺风向北扩散,遇明火发生燃烧,引起球罐爆炸。由于该球罐爆炸燃烧,大火烧了 19 个小时,致使五个 400 立方米的球罐,四个 450 立方米卧罐和 8 000 多只液化石油气钢瓶(其中空瓶 3 000 多只)爆炸或烧毁,罐区相邻的厂房、建筑物、机动车及设备等被烧毁或受到不同程度的损坏,400 米远相邻的苗圃、住宅建筑及拖拉机、车辆也受到损坏,直接经济损失约 627 万元,死 36 人,重伤 50 人,使国家蒙受重大损失。经过分析,事故原因有四:

(1) 根据断口特征和断裂力学的估算,该球罐的破裂是属于低应力的脆性断裂,主断裂源在上环焊缝的内壁焊趾上,长约 65 毫米。

(2) 经宏观及无损检验,上、下环焊缝焊接质量很差,焊缝表面及内部存在很多咬边、错边、裂纹、熔合不良、夹渣及气孔等缺陷。

(3) 事故发生前在上下环焊壁焊趾的一些部位已存在纵向裂纹,这些裂纹与焊接缺陷(如咬边)有关。

(4) 球罐投入使用后,从未进行检验,制造、安装中的先天性缺陷未及时发现和消除,使裂纹扩展,当罐内压力稍有波动便造成低应力脆性断裂。

从以往灾难中吸取的教训,使方秦汉认识到,为避免这样的脆性破坏事故,九江桥建设前必须要对 15MnVNq 钢焊接接头进行了断裂力学的试验。通过试验,方秦汉和他的同事们发现第一批 15MnVNq 钢 500 吨试验料焊接接头的断裂韧性试验结果表明,焊缝的断裂韧性是较差的。分析其原因有:

---

① 焊接接头是由焊缝、熔合区和热影响区三个部分组成的。焊接热影响区:简称 HAZ(heat affect zone)在焊接热循环作用下,焊缝两侧处于固态的母材发生明显的组织和性能变化的区域,称为焊接热影响区。

焊缝本身有不均匀的铸态组织；由于焊丝中不含有钒，焊接后焊缝中钒的含量比母材减少很多，而含氮量却减少不显著，这使部分氮以固溶形式存在于焊缝中，从而降低了韧性；焊接材料不合适，焊丝中碳、锰、硅等强化元素含量较高，加上焊接时焊剂中还输入一部分，导致焊缝成为一个合金强化区，与钒、氮共同作用后，从而表现为脆性。为改善和提高九江长江大桥15MnVNq 钢焊接接头性能，方秦汉对母材和焊接材料进行了优化研究[9]。1976 年，鞍钢按"86—31 协议"生产了第二批 107 吨试验料。试验结果表明，采用 H04MnMoE 焊丝 + HJ603 或 HJ35O 焊剂的焊缝，断裂韧性得到大幅度提高，焊接的脆性转变温度也大大得到降低，抗裂纹扩展能力不随温度降低而减弱，表现出了良好的低温断裂韧性。经过母材优化和焊丝优化后，56毫米厚板对接焊缝断裂有了明显提高。如果采用 H04MnMoE 焊丝 + HJ603 或 HJ35O 焊剂的焊缝技术，15MnVNq 钢焊接接头的断裂韧性，是能够满足九江长江大桥安全运营要求的。

韧性是用于焊接的钢材一项十分关键的指标。方秦汉制订的 15MnVNq 钢韧性指标是足够的：①与国外同级别的钢韧性指标作比较，日本本四公团所制订的标准最为严格，SM58 的厚板规定的韧性为零下 10℃，夏比 V 型冲击韧性（CVN）为 47 焦耳。15MnVNq 钢厚板的韧性均超过这个标准；②与16Mnq 钢作比较，统计至 1986 年，约有 15 万吨 16Mnq 钢在铁路钢梁上使用。早期的桥梁已经历了二十多年铁路运输的考验，这些桥梁迄今未发生过重大脆断事故，这就证明 16Mnq 钢具有良好的韧性，通过比较表明15MnVNq 钢韧性优于 16Mnq 钢；③从大量的试验看出，韧性的薄弱环节在焊接热影响区，母材需要足够的韧性储备量才能保证热影响区的韧性值。经过母材优化，焊丝优化后，焊缝的断裂韧性有了突破性改善。

实验室试验成功之后，方秦汉还不放心，又在大跨度栓焊钢梁试验桥——白河大桥上进行了现场试验。白河桥位于沙（城）—通（辽）铁路线上，为单线连续析梁桥，跨度 3×128 米，是九江长江大桥采用 15 锰钒氮钢建造大跨度栓焊钢梁的试验桥，也是九江桥建设前最大跨度的栓焊钢桥。在白河桥的制造和架设过程中方秦汉积累了许多应用 15 锰钒氮钢的资料，也进一步证明了 15 锰钒氮钢具有良好的韧性。

前面提到,因为九江桥的超大跨度,需要采用超厚钢材和栓焊结合的连接技术。在通过试验改进解决焊接的韧性之后,接下来是螺栓连接的抗疲劳问题。在钢结构连接中,首次采用高强度螺栓可以追溯到1949年。到20世纪60年代,高强度螺栓则迅速发展起来。主要原因在于它具有三个显著的优点:一是较大的刚度,二是较高的疲劳强度,三是安装维修方便。但是,高强度螺栓的疲劳强度是有一定限制的。仅当力线上的螺栓数量不太多时,才具有较高的疲劳强度,如当力线上仅有2到4个螺栓时,拴接接头的疲劳强度通常比铆接接头的疲劳强度高25%。但是,在力线上有较多个螺栓,如有6个螺栓时,拴接接头的疲劳强度就会有显著降低。以往试件尺寸较小,板也比较薄,相应的连接螺栓数量也少。现在板增厚,相应的连接螺栓也增多,在这种条件下的疲劳强度如何需要进行试验验证,以便为九江桥厚板栓焊钢桥的设计提供依据。在20世纪70年代,铁路系统没有大型设备可以利用,为此,方秦汉领导大桥局设计院设计并制造了一台100吨杠杆式疲劳试验机[1],并配合其他的试验机进行了系统的试验。

九江长江大桥系铁路、公路两用桥,计11孔钢析梁,主跨216米,主要构件采用15锰钒氮钢,最大板厚56毫米,由工厂焊接,在工地采用高强度螺栓连接。主桁连接采用M27高强度螺栓[2],主桁连接系及铁路桥面系等处采用M24高强度螺栓,铁路纵梁、公路托架及其联结系等采用M22螺栓。M27高强度螺栓设计预拉力为300 kN(千牛)[3],国内尚无试验资料和施拧工艺可借鉴,而高强度螺栓的施拧好坏又是控制全桥质量和施工进度的关键。过去国内使用的高强度螺栓多为M22~M24,材质一般为40B[4],预拉力

---

① 疲劳试验机使试样或构件承受周期或随机变化的应力或应变,以测定疲劳极限和疲劳寿命等指标。

② 高强度螺栓连接是在20世纪60年代迅速发展的应用的螺栓连接新形式。它是依靠螺栓杆内很大的拧紧预拉力将连接构件加紧,使其间产生强大的摩擦力来传递荷载。高强度螺栓连接的构件整体性和刚度都优于普通螺栓的连接,现在已经发展成为与焊接并举的钢结构主要连接形式之一。

③ kN(千牛),k是千,N是牛顿,千牛的意思9.8牛/千克,kN是力的国际制单位,也是我国力的法定单位。

④ 40B,合金结构钢。这种钢通常是在调质状态下使用,用于制造比40钢截面较大、性能要求稍高的零件,如齿轮、转向拉杆、轴、凸轮、拖拉机曲轴柄等零件。此外亦可代替40Cr钢制作性能要求不高的小尺寸零件。

为 200～240 kN,这种高强度螺栓不能适应九江桥钢板厚度大、不易夹紧的需要。因此,必须在新材料、大直径、提高预拉力方面予以改进。从钢材的性能看,40B 淬透性[①]和抗延迟断裂性能较差,并且只能热锻加工,后经铁科院、大桥局、大冶钢厂[②]与上海先锋厂共同研究,认为控制含碳量可改善冷变形的性能,不发生裂纹,加入钒可细化晶粒,改善塑性,增加回火稳定,还可弥补降碳所引起的缺点[10]。反复试验后,认为新钢种 35VB[③]是制造高强度螺栓较为合适的材料。这种新材质和 M27 大直径的螺栓系首次在我国铁路桥上使用。

试件的材质为 15MnVNq 和 16Mnq 两种钢材,15MnVNq 钢的试件全部由山海关桥梁厂制造,16Mnq 钢试件在宝鸡桥梁厂加工。为了便于比较,所有试件(铁科院试件除外)均用 M22 高强度螺栓连接,有效预拉力为 200 千牛,双摩擦面,所有试件的孔径均为 23 毫米。试件组号 A, B, C, D 及 K, L 六组在大桥局自制的 100 吨杠杆式疲劳试验机上进行,加载频率为 4.2 赫兹;E 至 J 八组试件,在武钢钢研所从西德进口的 600 KN, Schenck-Erlinger 型疲劳试验机上进行,加载频率为 32 赫兹;M 至 O 三组试件在 MTS - 2000 kN 试验机上进行[11]。结果表明:D, R 两组拴接试件,分别由大桥局和铁科院负责加工和试验,主要考核"自制疲劳试验机"的精度,由自制疲劳试验机试验所得的结果 301 兆帕,铁科院东德 2000 千牛试验机试验所得的结果是 336 兆帕,相差约 10%,疲劳强度不可避免地存在着分散性,所以自制疲劳试验机精度应予认可;A, J 两组试件,主要确定板厚的效应问题,在应力集中相同条件下厚板的疲劳强度不降低。F, G, H 三组试件的试验主要解决拴接接头及螺栓数量对疲劳强度影响的问题,这三组试件的截面尺寸完全相同,

---

① 淬透性是指在规定条件下用试样淬透层深度和硬度分布来表征的材料特征,它主要取决于材料的临界淬火冷速的大小。它是衡量各个不同钢种接受淬火能力的重要指标之一。淬透性好的钢材,可使钢件整个截面获得均匀一致的力学性能以及可选用钢件淬火应力小的淬火剂,以减少变形和开裂。

② 1993 年 5 月,大冶钢厂改为大冶特钢。湖北省体改委批准,由大冶钢厂作为主要发起人,以其生产经营主体部分,与东风汽车公司、襄阳汽车轴承股份有限公司三家共同发起,以定向募集方式组建大冶特殊钢股份有限公司。

③ 35VB 属高强度螺栓钢,具有较高强度、高冲击韧度、高疲劳强度及高缺口强度。切削性和焊接性也好,多在热轧退火状态下使用。用作高强度连杆、螺栓等。

螺栓数分别为 4,7,10 个,相差甚为悬殊,但疲劳强度很接近,可见螺栓数量对疲劳强度无影响。试验结果表明,这种高强度螺栓的疲劳强度是较高的,可以应用于九江长江大桥的建设中。

　　九江长江大桥为当时我国最大、最长的公铁两用桥梁,由正桥和南北两岸的公路、铁路引桥组成。公路在上层,铁路在下层,铁路桥全长 7 675 米,公路桥全长 4 460 米,全桥混凝土工程量 44 万立方米,钢材用量 6 万吨,造价达到 7.8 亿元。九江长江大桥可以说全方位采取了新技术,就方秦汉负责的钢梁设计而言,主跨通航三大孔,采用了 180 米＋216 米＋180 米的刚性梁柔性拱,设计时十分注意其轮廓尺寸的协调,大桥外形新颖,雄伟壮观,为九江市又增添了一景[12];采用高强度低合金钢 15MnVNq 钢,板厚 56 毫米,超过了国外铁路桥规范最大焊接板厚为 50 毫米的规定,达到了世界先进水平;216 米主跨采用"中间合拢"法,从下弦节点合拢至上弦节点合拢,仅用 4 个小时,合拢精确度小于 0.2 毫米的误差;工厂焊接,工地采用高强度螺栓连接,第一次采用 M27 磷化处理,克服了过去扭矩系数过大和离散性大的缺点,并创造性地运用于施工过程中;以栓焊结构代替了铆接结构,与铆接结构比较,焊接结构在设计上比较灵活,不受板厚限制,密封性好,没有钉孔削弱结构强度,连接时不用辅助板材,便于自动化施工,因而具有重量轻、工时少等优点,但焊接结构在抗疲劳和脆断上存在着很大的问题,刚开始方秦汉对焊接方面特别是低焊接方面的知识特别渴望,他一方面认真研读焊接方面的指导书,一方面又虚心向同事学习请教,方秦汉的坚持和好学终于使他获得了这方面的知识并运用到了桥梁设计之中。对于方秦汉来说,设计、科研、制造、安装,都得参加,而且各项工作又是交叉进行的。为此,他必须得在武汉、九江、北京、鞍钢、山海关桥梁厂之间来回奔波,往返交涉,穿梭协调。据方秦汉的学生李元生回忆,在 1987 年下半年到 1988 年上半年,光他一人陪方秦汉出差就有 29 次,一个月基本上出差三次到四次,这还不包括其他学生或同事和他一起出差的次数①。

　　但是,此时,九江长江大桥的建设却因为国家政策的调整而放慢速度,

---

① 李元生采访,2012 年 11 月 29 日,广东。资料存于采集工程数据库。

该桥原计划为合(合肥)九(九江)铁路工程的重要组成部分,1973 年开工建设时也正值"文化大革命"时期,国家建设资金相当困难。1979 年 4 月 5 日,中共中央召开工作会议,李先念作《关于国民经济调整问题》的讲话。会议针对国民经济比例严重失调的情况,决定从 1979 年起,用 3 年时间对国民经济实行"调整、改革、整顿、提高"的方针。九江长江大桥属于路网规划存在争议、桥属哪条铁路尚不明确的"有桥无路"①工程,正在调整之列。虽然此时九江长江大桥正桥的墩台已基本完成,也只得放慢速度,仅拨给部分资金维持,九江长江大桥的施工单位大多已撤走,施工队伍也已解散,只留下了留守人员。江上的桥墩突兀地露在水面上,既不美观,又影响交通,此情此景,怎能不让方秦汉惋惜。九江人民盼这座桥盼了整整一个世纪,盼了几代人,好不容易盼来了怎能让它半途而废呢? 虽然国家政策进行了调整,但正如茅以升教授所说:"九江大桥不能停建,积极的态度应该是尽力挽回损失,合九或京九铁路暂时不建,不应该将九江大桥工程也停下不搞。铁路功能不能发挥,可以发挥公路的作用。这样不仅两亿投资可以发挥效益,对三省国民经济也将产生积极的影响。将来一旦京九线或合九线上马,只要在桥上铺轨就可以了,免除复建带来的许多困难和避免花费比现在更多的投资。至于将铁公两用桥全部改为公路桥我不赞成,以后京九铁路上马,公路桥要全部毁掉后才能重建,造成损失更大,那就不是两个亿能建造起来的。"然而,方秦汉心中明白这只是国家政策的暂时调整,随着国家经济形势的好转、建设规模的扩大,总有一天九江长江大桥一定会复建。所以,方秦汉一边继续完成未竟的工作、试验,一边对设计进行深入的思索、调整、修改,同时,也接受了其他多座桥梁的设计任务。

伴随着国家经济状况的好转,在各界人士的共同努力下,1986 年 11 月,国务院副总理万里视察九江长江大桥工地,并作出了大桥先通公路后通铁路的指示。1987 年 4 月 4 日,国家计委经国务院批准,发文决定恢复九江长江大桥建设,采取集资和国家补助的办法,由国家计委、铁道部、交通部和江西、湖北、安徽三省六家共同集资 1.5 亿元(后调整为 2.16 亿元)用于大桥复建。8 年

---

① 有桥无路:伴随京九线的停建,九江长江大桥的建设也随之下马。

后,九江长江大桥终于恢复了施工。作为铁道部大桥局的副总工程师,方秦汉重新披挂上阵,担任九江长江大桥钢梁总设计师。当方秦汉重新披挂上阵时,对他来讲这一次一定要成功,也必须要成功。此时,方秦汉已经年过花甲,正是中国传统中颐养天年、含饴弄孙的年龄。但是国家需要他继续奋斗在建桥的第一线,也许没有人比他更适合担任钢梁设计的任务。这是一项规模宏大的工程,又采用了许多新技术,而方秦汉一丝不苟、不允许出现任何错误的建桥理念使他往往身先士卒、亲临现场,去解决实际中出现的难题。在方秦汉的桥梁设计理念中,他最看重的就是技术上的创新,没有桥梁技术上的创新一个国家的桥梁事业就很难得到长远发展,方秦汉坚持创新并且是创新的坚定支持者。

京都辩论明真理

在九江长江大桥的建设过程中,辛苦、艰难、挫折、劳累,这些对方秦汉来说都不算什么考验。方秦汉将中国桥梁事业的发展进步视为他一辈子的奋斗目标,而为了达到这一目标,方秦汉比他人付出了更多的汗水和更大的代价。为了中国的桥梁事业,他可以忽略对妻子和儿女的陪伴,可以不顾自己的健康和安危,迈着瘦弱的身躯爬到 8 米高的钢梁上去检查,而这一切只为了能够做到无愧于自己的良心、无愧于国家的信任和重托。为了建造合格的桥梁,他不惜和领导争论,和同事"吵",在一次又一次"争吵"中,完成了一项又一项气势恢宏的钢梁设计。对于方秦汉而言,桥梁建设是关系到人民便利生活的大事,是国家经济跳动的心脏,很多事情他都必须身先士卒、亲临现场。中国现代桥梁事业的先驱茅以升①在九江长江大桥建设期间,以

---

① 茅以升(1896. 1. 9—1989. 11. 12)字唐臣,江苏镇江人。土木工程学家、桥梁专家、工程教育家。20 世纪 30 年代,他主持设计并组织修建了钱塘江公路铁路两用大桥,成为中国铁路桥梁史上的一个里程碑,在我国桥梁建设上做出了突出的贡献。他主持我国铁道科学研究院工作 30 余年,为铁道科学技术进步做出了卓越的贡献。是积极倡导土力学学科在工程中应用的开拓者。

90 岁的高龄,还到工地视察。他曾说:"人生一征途耳,其长百年,我已走过十之七八。回首前尘,历历在目。崎岖多于平坦,忽深谷,忽洪涛,幸赖桥梁以渡。桥何名欤?曰奋斗。"这位桥梁前辈的话对他深有教益,人要奋斗,就要吃苦,就要有付出,就要能够经受住考验和磨难。然而,在九江长江大桥建设中却发生了这样一件事,它本发生在内部,本属于技术上的争论,而最后却引起轩然大波,甚至惊动了中央,这就是中国建桥史上围绕九江长江大桥设计方案的一次最著名的技术辩论"京都大辩论",在辩论过程中,方秦汉经历了一次最为严峻的考验,但同时更加稳固了他"钢桥"大师的地位。

图 6-4　九江长江大桥三大孔

1990 年的一天上午,方秦汉正在九江大桥的工地上指挥施工,此时,钢梁已经开始架设了,他看着钢梁一节一节的向江中延伸,心中既惬意又紧张。在这紧要的关头,他日夜守在工地上,一步也不敢离开,以便随时帮助架梁队伍解决遇到的难题。突然,一个电话召他立即赶往武汉大桥局总部。回到大桥局,总工程师邵克华①通知他去北京参加一个会议,临走前给了方秦汉一个卷宗,让他回去看。回到家,方秦汉打开一看,是一位同事所写的一封信,反映正在架设的九江长江大桥第七、八、九孔钢梁超载系数过大,而

---

① 邵克华,男,1932 年 12 月出生,浙江杭州人,1955 年毕业于上海同济大学桥梁工程专业,本科学历。集团公司高级技术顾问,教授级高工。享受政府特殊津贴。九江长江大桥建设期间曾担任大桥局总工程师。

作为不合格问题,建议采取措施,消除隐患。信件内容是:"现在用拱外设车道方法来保证九江桥七、八、九孔的四车道,这样公路面宽度是勉强解决了。但对于将来列车不出轨的要求,根据计算侧移(横向)将远远超过规定值。拱外设车道后,钢梁主桁受载必然增加,根据各杆强度及稳定检算,将有 100 根主桁杆件的超应力系数超过 5%(或 1.05),按设计规定,超应力系数超过 1.05 是绝对不允许的。至于将这些杆件加固'为时已晚',拆来重建也是不现实的。"方秦汉看过之后,认为其将静力的偏移说成了动力的振幅,概念都搞错了,结论还会正确吗?于是,方秦汉并没有太在意,便将

图 6-5 "京都大辩论"

其放在了一边,并赶往施工现场指挥架梁队伍处理问题。然而,没有想到,这封信被寄到了中央,并引起了极大的震动,致使九江大桥建设指挥部、大桥局、大桥局勘测设计处及他本人都面临着极大的风险和严峻的考验。这位同事将此信寄给了当时的国务院总理李鹏,引起了总理的高度重视,并将此事批给了中国国际工程咨询公司①进行审查论证。而这封信就是邵克华交给他看的那封信。再次仔细看过之后,方秦汉确认该信所反映的事实根本站不住脚,计算的依据错了,再怎么计算,结论也不会正确。

然而,像方秦汉这样具有相当高的理论水平和丰富的设计施工经验的专家来说,他当然一眼就能看出问题所在,而非专业人士是很难看出其中的破绽所在,再加上该信署的是真实单位(大桥局的设计、施工单位)、真实姓名,材料中又有一大堆数据,还有当时鲜见的电算资料,而九江长江大桥是一个造价达 7.8 亿元、关系国家信誉、经济发展、人民安危的重大工程,所以,

---

① 中国国际工程咨询公司(简称中国咨询,英文缩写 CIECC)是国务院国资委管理的中央骨干企业,1982 年成立,是顺应我国投资体制改革,贯彻决策民主化、科学化而成立的国内规模最大的综合性工程咨询机构,在我国投资建设领域具有较大影响。

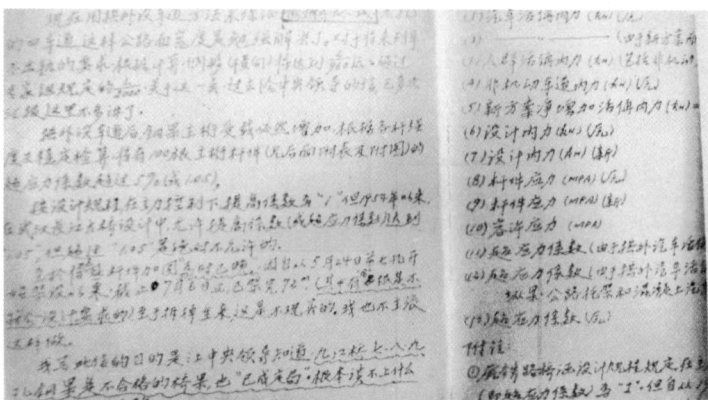

图 6-6　同事写给国家领导人的反映九江大桥存在严重技术问题的信

它引起高层领导的关注是自然而然的。

在信件中,这位同事对九江大桥七、八、九孔三跨连续钢桁梁柔性拱方案提出的意见主要是:①三大拱横向刚度差,横向振幅大;②三大拱瞬时旋转中心在风力作用下降低,晃动严重,列车存在脱轨危险。他建议取消拱,改为平弦桁梁。方秦汉感觉到这件事情非同小可,于是在 1990 年 7 月 25 日赶到了北京。首先他向铁道部的领导汇报,说明九江大桥的结构设计符合要求、稳定性没有问题。随后,在方秦汉的要求下铁道部与中国国际工程咨询公司进行联系,方秦汉则前往中国国际工程咨询公司来解释其信中所反映的"技术问题"的错误所在。对方的回答是将召开专家会议来审查、解决。

7 月 31 日,中国国际工程咨询公司在北京召开专家论证会,邀请了有关部门、科研院、大学的专家共 9 人参加。论证会开了 5 天,与会专家根据双方意见进行了讨论和研究。会议结束后,8 月 4 日,铁道部邀请了 15 位专家组成"铁道部九江长江大桥拱桁梁组合体系钢桥横向刚度等问题论证组",经过 5 天会议论证,并听取了双方的意见,认真研究材料、报告后得出了"九江大桥的横向刚度能保证安全和正常使用,三大拱的方案无须改变"的结论,并形成书面意见,由 15 位专家签名后呈报中国国际工程咨询公司。

中国国际工程咨询公司随后召开了多次会议,听取了双方意见。但从这些会议安排来看,明显具有倾向性:一是这位同事有咨询公司接待,而方秦汉和大桥局领导则没人接待;二是在高层会议上,这位同事被安排有座位,座位前放置有名牌,而方秦汉却没有座位,更谈不上摆放名牌。然而,衡量真理的标准是事实、是实践。在方秦汉和大桥局的同志们努力下,这位同事的观点很快就被否决了。最终,专家们经过科学的分析得出了"九江大桥七、八、九孔三大拱在承受列车横向振动方面是安全的"这一结论。方秦汉长嘘了一口气,他心想终于可以继续施工了,施工大队正焦急地等待着他的归来,到今天施工进度已经耽误了很多,已经浪费了大量的人力物力。但是,他没有想到的是,这才刚刚开始!

也许是因为九江长江大桥系设计于"文化大革命"期间,因而对其设计的安全性、可靠性心存疑惑,中国国际工程咨询公司于 1991 年 1 月 3 日在呈送给国务院的《关于对九江长江大桥第七、八、九孔拱跨技术问题审查情况二次报告》中,提出该桥乃 1974 年"文革"期间由铁道部大桥工程局革委会勘测设计处设计的,其三大拱方案不十分合理,其结构的横向刚度亦较弱①。下一步,拟再召开一次高层次的专家论证会,提出最终的审查意见,并请清华大学重新进行核算。对于这一带有倾向性的报告,国家领导人从对国家、对人民负责的角度出发,做出指示:"九江长江大桥是长江上的一座超大桥梁,是一项百年大计的工程,不能凑合从事,宁愿推迟,也一定要把这座桥搞好。如果原设计不行,哪怕是重新设计,也不能迁就马虎从事。"从中可看出,领导人心情十分急迫,语气十分严厉。风波再起,而且比上次更加强劲、更加汹涌。方秦汉心中像掀起万丈狂澜,觉得正确的事情还要被质疑,还要被不公正对待,心中难免伤感。然而,一想到国家是为了中国建桥事业的大计,是为了工程的安全出发,他又觉得,这不仅仅是个人的荣誉问题。如果原设计方案被否决而重新设计,国家投资的数亿元将打水漂,辛辛苦苦研制出的新钢材将报废,5 000 多名建设者的十几年辛勤劳动将白费。想到这里,方秦汉平静下来了,决心去勇敢地面对将要到来的风暴。

考虑到咨询公司所请的是清华大学力学界的专家,他们对于理论分析是可信的,但可能并不熟悉桥梁设计规范,一旦计算出的结果与设计偏差过

---

① 横向刚度就是结构相对中性轴的横向抗弯能力,根据结构来计算其对中性轴的惯性矩、抗弯模量。

大，就麻烦了。因此，方秦汉提出进行大气理论计算的原始数据和数学模型的建立，要结合工程实际和有关的设计规范，所以应由设计者提供有关的设计规范，结果这个建议得到了咨询公司的同意。清华大学根据资料，很快完成了计算，其计算结果与大桥局的计算结果是吻合的。很快，清华大学将计算结果送达了咨询公司，当然，这一结果对方秦汉和大桥局是保密的。

1991 年 1 月 17 日，决定九江长江大桥命运的时刻终于到来，方秦汉缓缓地走进会场，即使是再重的负担，也得挺直腰板。方秦汉首先就"三大拱"的横向刚度问题进行答辩，他从设计规范、实桥使用经验和理论分析等方面，进行了系统而深入的论述，共讲了三个多小时。讲了一上午。讲完之后，方秦汉的心情慢慢平和下来，他想到老伴交给他的给外孙买书包的任务，便急忙乘车来到王府井大街，可是还没有走进百货大楼，便觉得心口发闷、腿迈不动。他慢慢地移步到一根电线杆旁，缓缓地靠着坐了下来。大街上，人来人往，熙熙攘攘，看着一个瘦弱的老头蜷缩着那里，自然会感到诧异，有些好心人还上来询问。方秦汉忍着剧痛，强装笑脸说："没有问题"。时间慢慢地过去，眼见下午开会的时间就要到了，他又慢慢站了起来，匆忙乘上公共汽车，赶到会场。

下午，这位同事作钢梁设计不安全的论证报告。第二天，专家们听取铁道部和交通部领导对这场争论的观点和意见，然后，专家们一个个发言，认真严肃地进行科学论证。紧张的时刻终于来了，8 位专家对九江长江大桥的结构设计做出最后的权威认定：

九江长江大桥是安全的！

这结论简单又振奋人心！真理往往是简单和朴素的，但是真理被认证过程又往往充满曲折！方秦汉说，多少年，每每回忆此事，那些令人难以忘记的场景都会再浮现在他的眼前。此刻，对他来讲，一切都显得那么自然与平静，这次大辩论更像是一场误会，一种科学与科学的误会。内心里，他不怪这位同事，而是从中感觉出当时中国桥梁事业的总体落后面貌。作为一个为中国桥梁事业奋斗了一辈子的高级工程师，他不应该抱怨，更要在今后加强这方面的知识传授和技术推广，以提高我国建桥水平的总体提高，更大程度地避免这种无谓的事件再次发生。笔者每次见方院士时，就会想到一个曾经为中国建造出那么多著名跨江大桥的老人，颤颤巍巍几乎跌倒在熙熙往往的北京街头的场景，更慨叹他们并不因此抱怨，而是依然兢兢业业执著于工作的爱国热情和奉献精神！虽然没有听到方院士讲过如下的观点，但通过一年来对方秦汉院士学术资料的收集和思考，我们觉得，任何事情都有好坏的两面性。这次京都大辩论，虽然浪费了方院士和许多建设者的时间和精力，推迟了九江长江大桥的建成日期，但它却开创了我国关于重大技术工程的争议进行公开论证的先河，这对改变当时所有重大事情由领导拍板定案存在重大风险的机制是有进步意义的。同时，通过这次大辩论，方秦汉在设计大型钢桥方面的扎实理论、丰富实践经验和创新能力得到了建桥界同仁和理论界专家的认同，更加巩固了他"钢桥大师"的地位。

生活实践寻灵感

大辩论结束后，方秦汉归心似箭，马上就返回了工地。这次辩论已经耗费了他不少宝贵的光阴，眼下，工地上正在架梁，已经到了桥梁建设的关键阶段，如果掉以轻心，就可能功败垂成，功亏一篑。

在以往的桥梁安装中，多种安装技术可资借鉴并应用到九江长江大桥的安装方案里来。这些技术有建临时墩安装，全伸臂安装和单层吊索全伸臂架设。其中，单层吊索是在 1958 年提出的，并在 1964 年重庆嘉陵江公路桥中使用，系单层吊索架，对钢梁伸臂端提供一个吊点，吊索的张拉用顶高吊索架的办法来实现，1969 年建设的枝城长江大桥，1974 年建设的济南齐河黄河大桥，1983 年建设的肇庆西江大桥亦采用了单层吊索架全伸臂安装，实现了大跨度钢梁拼装不再修建墩旁托架或临时墩的新方法。

早在大桥开建的几年前，九江长江大桥建设指挥部就组成了钢梁架设攻关小组，研究决定采取何种工艺来安全优质地将钢梁架设上去。九江长江大桥正桥钢梁有 4 种跨度：126 米，162 米，180 米和 216 米[13]。当时共有

"临时墩"和"吊索塔架"两种方案。施工单位主张采用"临时墩"方案,因为它是以往经常采用的办法,保险、安全系数高。但是由于长江是黄金水道,航运繁忙,如果在水中设置临时支撑结构架设钢梁,长江上三大主航道的运输必然受阻,要付出巨大的代价包括增加建造费用和影响航运损失等。方秦汉从实际情况出发,从经济效益、社会效益考虑,认为应注重和主张每座桥梁、每一项工程、每一道设计程序都应符合实际情况,打破成规,以获得桥梁设计施工中的最大经济效益。他还从科技发展的一般规律出发,坚持认为中国桥梁事业的发展进步得益于创新,可以说"创新才是中国近代桥梁技术进步的基本动力"。所以,他支持大桥局建设指挥长与局总工程师邵克华决定采用"吊索塔架"的方案[14]。126米钢梁采用全伸臂安装;162米钢梁采用单层吊索全伸臂架设;216米钢梁采用两侧半伸臂中间合拢方案,216米大跨的架设采用了与水上通航互不干扰,全伸臂按一阶段受力的超静定结构跨中精确合拢新技术。但180米钢梁最难解决,因该跨钢梁有柔性拱加劲,主桁杆件截面较小,适宜于半伸臂架设,但该垮位于主航道,建临时墩、浮墩等办法妨碍水上交通,且费用昂贵,还会增加后期临时墩的拆除工作。经过研究决定将162米梁用的单层吊索转换成双层吊索,对钢梁设置两个辅助吊点,有效地降低了钢梁安装内力,减小截面,节省钢材,减少伸臂端挠度,增加钢梁的侧倾稳定性,改善工人劳动条件,使180米钢梁全伸臂到达前方桥墩。双层吊索塔架的设计由华有恒①完成[15]。但是,纸上的设计变成实物再到具体操作直至顺利架设钢梁,还有很长的路要走。整个吊索塔架为双层,架高53.4米,自重800吨,整个系统自重1·100吨,其艰难性、风险性可想而知。

　　施工难度和风险,在施工过程中并没有因为设计施工人员的勤勉而来半点客气,在架设第一孔钢梁时就出现了状况。按照原来的安装设计,千斤顶只要顶高15厘米,塔架上的钢索就应该紧绷,可实际安装时已经顶了20

---

① 华有恒,男,1926年11月生,江苏省无锡市人。教授级高工,顾问。1948年毕业于上海交通大学土木工程系。1986年在铁道部大桥工程局勘测设计院负责九工长江大桥180米钢桁梁全伸臂安装设计,主持双层吊索设计,并参加施工。

图6-7　九江长江大桥架梁的双层吊索塔架（1992年）

厘米,钢索仍是松松垮垮的,根本绷不紧。塔架无法受力,如何架梁? 遇到这种困难,方秦汉想到的是进行检验和计算,贸然升高就可能会出现危险,得出的结论是,还可以继续升高。可是,刚顶了一会,就听见吱吱的响声,看着渐渐绷紧的钢索,工人们再也不敢继续顶了,万一索断塔倒那就会出人命。看到这里,方秦汉就往铁塔上爬,他对自己和同事的计算是充满信心的,他相信不会出现什么问题。但是这么高的塔架,一个将近70岁的老人身体肯定会吃不消,在场的同事坚决阻止了他。但方秦汉以扎实的理论依据结合生活中所获得的灵感,对桥梁施工的安全性信心十足,他对施工人员讲:"你们见过老太晒衣吗? 她晒衣时,用一根绳子系在两棵树干上,如果绳子太长,衣服太多,她就会在绳子中间挂上一根棍子,这样,即便被风吹得摇摇晃晃,也不会倒下来。"这个吊索塔架的原理与老太晒衣是一样的:两边钢索松了就是因为中间的塔架没有顶上去,没有起到支点的作用,钢索就受不到力。在方秦汉的劝说下,施工人员领悟了,千斤顶又开始将塔架往上顶了,塔架一直顶高到72厘米,钢索终于绷紧,梁架上去了。

艺高人胆大,没有深厚的理论知识和丰富的实践经验,没有将理论与实践结合起来的本领,胆子是大不起来的。经过长年与施工人员待在一起,方秦汉逐渐了解到工人们的思维与语言交流方式,进行技术交流时,注重联系实际,善于用身边熟悉的事物打比方、举例子,使复杂的问题简单化,往往能取得很好的效果。

图6-8　方秦汉在九江大桥架梁现场(1992年)

有了创新的架梁设备,有了先进的安装工艺,有了正确的操作方法,有了科学的管理制度,九江长江大桥的钢梁架设自然也很顺利。1992年5月18日,钢桁梁合拢;1992年8月9日,三大拱合拢,这是国内第一次如此大跨度的钢桥实现跨中合拢,具有显著的经济和社会效益,不仅节省了费用,还保证了正常的航运和施工进度,为以后类似结构的大跨度钢梁的安装,提供了新的经验。1993年1月,"九江长江大桥双层吊索架设大跨度钢梁新技术"获得铁道部科技进步二等奖,方秦汉在获奖名单中排名第一。

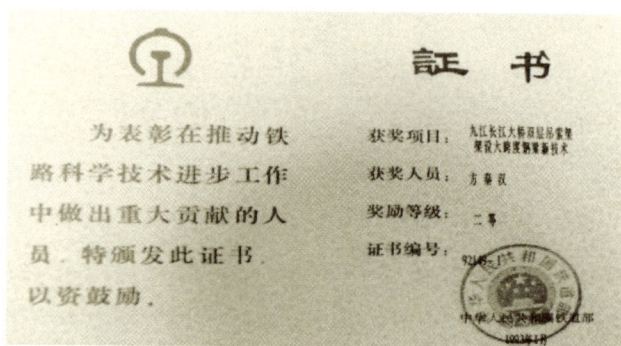

图6-9　方秦汉的架梁技术获奖证书

风致涡振妙手除

三大拱合拢后,大桥的主体工程完工,进入了桥面工程及铺设程序。方秦汉的心才算是放下来了。1993年11月底的一个晚上，一个工地上的负责人急匆匆地敲响了方秦汉的门。在工地上，方秦汉和同事们一般晚上都不出门的，同事之间也很少串门，有事情一般都是在办公室里解决，听这敲门声肯定有什么紧急的事情吧！门一打开，这位同事就说："哎呀，不得了了，九江大桥上的吊杆晃动剧烈，工人们吓得光着屁股就跑了①。"这是江风在江面上形成了一股奇妙的涡流，吹动吊杆，使吊杆剧烈抖动，发出令人恐怖的巨响，专业术语称"风致涡振"现象。不少人后来用一个成语来形容彼刻的感受：惊心动魄！其实，对于"风致涡振"现象，大桥局早在17年前就已经开始研究了，并跑了一些大学及科研单位，联系做吊杆的风洞实验，但由于风洞设备问题而未能实现。17年后，大桥局又遇到了这一现象。

国外是1929年发现这一对桥梁建筑十分危险的低风速涡振现象的。实桥发生风致涡振损坏事件时有所闻。而大跨度刚性梁柔性拱或刚性拱的吊杆，特别是H型吊杆，甚至大跨钢桁梁的H型腹杆，由于杆件长，长细比大的轴力容易产生涡旋脱落而引起风致涡振。当风绕过构件时，在尾流中出现旋涡(称为卡门涡旋)，涡旋不对称，且有规律地交替变化，这种交替变化使构件上出现一个周期性的作用力，促使桥体垂直风向有规律地摆动而使大桥坍塌。历史上发生涡振损坏事例是很多的，如1940年美国华盛顿州建成才4个月的塔科马海峡大桥②被风吹垮、坍塌，由于当时人们对柔性结构在风作用下的动力响应的认识还不深入，该桥的加劲梁型式(板式钢梁)极不合理，导致在19米/秒的中等风速下结构就发生破坏。此外，日本、英国等国家均有涡振破坏事例的报道。桥梁史上的重大事故令人深思，也向九江大桥敲响了警钟。

方秦汉急忙赶到了九江大桥的工地，同时前往的还有高级工程师顾金钧。顾金钧是方秦汉的校友、学弟，1962年毕业于清华大学数学力学系，

———————————

① 方秦汉采访，2012年11月26日，武汉。资料存于采集工程数据库。
② 塔科马海峡大桥位于美国华盛顿州的塔科马海峡。第一座塔科马海峡大桥，绰号为舞动的格蒂，于1940年7月1日通车，四个月后戏剧性地被微风摧毁，这一幕正好被一支摄影队拍摄了下来，该桥因此声名大噪。重建的大桥于1950年通车，被称为：强壮的格蒂；2007年，新的平行桥通车。

1977 年调来大桥局桥梁科学研究院,从事桥梁减振研究。1987 年为了攻克桥梁领域的风振难题,大桥局桥科院派遣顾金钧前往日本学习,在日本东京大学名师伊藤学①教授指导下从事跨度桥梁的风振研究。日本当时正在研究一种液体消振器,但成本十分昂贵,且在技术上对中国保密。顾金钧回到祖国后,开始研究自己的消振器。在九江大桥发生"风致涡振"现象时,方秦汉首先想到了顾金钧。他派顾金钧赶到工地,在九江工地上,他测算出当风力达到 6 级、即 12～13 米/秒时,全部吊杆除各拱端处 3 根外,其余 38 根均出现较大涡激振动,扭晃最大转角 ±8°,纵弯最大振幅 ±7 厘米,情况是严重的,必须采取措施。

随后,在工地上召开了紧急会议,讨论解决的办法。讨论时主要有两种意见:一种意见是采用"打腰带"的办法。所谓"打腰带",就是在三大拱的吊杆中间用钢板拦腰系根带子,使吊杆固定在这根"腰带"上,以减少振动,有不少国家采用的就是这个办法。另一种意见是反对"打腰带"。方秦汉是反对"打腰带"的力主者,因为这样极不美观。方秦汉花费了将近 20 年时间在设计和建设这座桥,他不想看到这座桥有瑕疵,作为设计者或者创造者,对这种破坏桥梁整体美感的办法实在让他难以接受。所以,他提出了悬挂消振器的方案。这方案被人笑称"耳垂方案"。这个方案刚提出来就遇到了很大的阻力,也有人提出了许多不同的观点,技术上的争论很多。实际上,整个的九江桥处处都充满着创新,铁路系统一位有名的教授,对方秦汉设计的九江桥提出过十大问题,还写了两封信给铁道部的部长。所以,新的方法一旦提出来,大家都有各种看法是正常的,也是一种进步。因为这种方案从来没有人使用过,能否可行,还要进行科学实验,无法确定多久才能研制出来,因此,此方案开始未获得通过。这次紧急会议没能取得统一的意见,最后决定先用棕绳将吊杆拉紧,使吊杆暂时停止晃动,同时技术人员加紧研制消振

① 伊藤学,生于 1930 年,早年留学美国,1959 年获工学博士学位,日本东京大学教授。曾担任国际桥梁与结构工程协会前主席、日本学术会议会员、日本风工程委员会委员长、日本钢结构协会会长、日中科学交流协会理事、日中道路桥梁技术学会会长等职,还担任了日本许多著名世界级大桥建设委员会的委员长或委员。发表论文近二百篇,出版专著二十余部。

器或想别的办法。

　　顾金钧担任了研制九江长江大桥三大拱消振器的任务,他和助手汪正兴①、刘蓬飞②废寝忘食地投入到研制当中。两个月过去了,顾金钧等人反复比对了多种方案,消振器的研制仍然没有成功。出于大桥的安全考虑,九江大桥指挥部觉得不能再等了,便召开紧急会议决定采取"打腰带"的办法。得知消息后,方秦汉心急火燎地找到局总工程师邵克华,陈述自己的意见,反对"打腰带"。邵克华回答:"两种方案都会研究。"这时,传来了好消息,消振器研制成功了! 顾金钧等人采用气动力学方法的抑制措施,即在吊杆上设置多个质量调谐阻尼器(简称 TMD)的抑振方案,其减振原理为在主振系统上附一个小质量的动力消振系统。通过调谐使主振动系统的振动能量最大限度地转移到附加的消振系统上,从而降低或消除主振动系统的振动,不至于无限制加剧[16]。技术人员又对 TMD 进一步改进之后,把总共 336 个TMD 全部装上实桥吊杆。一段时间的观测结果显示,这些 TMD 对弯曲涡振的抑振倍率达到 30～40倍,风致涡振已经能被完全抑制,结果非常成功。而这些 TMD 贴在吊杆的两边,有点像女士耳垂上吊着的坠子,因此,被取名为"耳垂方案"。耳垂方案不仅有效地解决了风振现象,而且还给美丽的九江长江大桥增添了一抹亮色。这是方秦汉敢于创新、善于创新和追求建桥极致完美的又一成功体现。

图 6-10　安装着减震器的三大拱吊杆

　　吊挂在九江桥上的这些我国自主研制出的 TMD 装置,有体积小、调试

---

① 汪正兴,桥梁专家,毕业于清华大学力学系,工学博士,教授级高级工程师,现任中铁大桥局武汉桥梁科学研究院副总经理。曾协助顾金钧研制九江长江大桥的消振器。

② 刘蓬飞,大专,桥梁专业,助理工程师,负责 TMD 的构造设计。

精度高、使用范围大、阻尼材料蠕变小、便于制造安装、工作性能可靠、抑振效果显著等优点,因而具有明显的技术、经济、社会效益。就技术方面而言,装设 TMD 后,由于它不破坏原结构气动外形,不改变原有结构刚度,只是极小地增加结构质量,而成倍至几十倍地提高结构的等效阻尼来抑制涡振。同时,还对车振、地震、抖振、驰振均有良好的抑振效果,还可以提高结构的颤振临界风速。通过该桥的实践,为今后大型桥梁及高层建筑等工程结构抑振技术,提供了有益经验。经济效益方面,国外 TMD 的阻尼元件有液压型(如日本横滨河桥)、电磁型(如日本新君津烟囱)、气压型(如日本大阪斜拉桥桥塔)等种类。九江长江大桥由于采用多个小型 TMD 装置作为永久性抑振设施,并且首次开发了阻尼橡胶环作为阻尼元件,与上述国外 TMD 相比可节约百余万元,而且坚固耐用,维修费用极低,其经济效益十分明显。社会效益方面,采用多个小型 TMD 装置,由于 TMD 的外形不突出吊杆轮廓之外,保持了三大拱宏伟隽秀的英姿,且小型 TMD 装置的安装均较简便,大大减轻个人高空作业的劳动强度[17]。为此"多个 TMD 减振技术及其在九江长江大桥的应用"获得国家科技进步三等奖。TMD 的研制成功离不开顾金钧等科研人员的反复试验和不懈努力,更离不开方秦汉的坚定支持,没有方秦汉的积极劝说和在关键时刻的鼎力相助,这种悬挂消振器也就很难研制成功。所以,在申报这个奖项时,方秦汉的名字也排在较为靠前的位置。

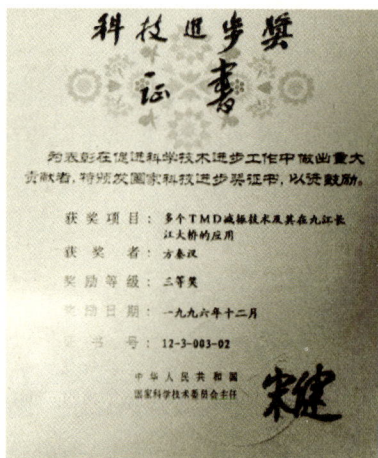

图 6-11 方秦汉获得的国家科技进步三等奖证书

1993 年元月,九江长江大桥的公路桥建成,1994 年 7 月铁路桥铺轨就绪,1995 年九江长江大桥正式建成通车。九江长江大桥终于以她那雄奇、柔美、飘逸的姿态在万里长江滔滔波涛之上横空出世。九江长江大桥的设计和建设用了 20 年的时间,方秦汉也从知天命之年到了古稀之年,其中的艰辛和曲折也只有方秦汉本人才能更深刻地体会到吧!有付出就会有回报,新钢种的研制成功、九江桥的技术争鸣、老太晒衣、耳垂方案,这些只是20年奋斗岁月中的一阵急风、一场骤雨,就像一部长剧中的一个情景、一个细节。对于方秦汉来说,桥梁能够安全、优质地建立起来,忠实地履行着交通运输的任务,而且成为一道亮丽的风景线,这就是最大的满足,最大的幸福。

中国桥梁新丰碑

建成的九江长江大桥是目前长江上规模最大的一座公铁两用桥,铁路为双线,公路设四车道和两侧人行道。正桥分两层,上层为公路桥,下层为铁路桥,行车道宽14米,两侧各有2米宽的人行道。正桥三大主跨有三个弧形拱圈伸出公路面,共11孔钢梁,10个水中墩,最大跨度为216米,创历史纪录。全桥钢梁总重量约3万吨。铁路引桥南岸35孔,北岸109孔,共144孔;公路引桥南岸33孔,北岸32孔,共65孔[18]。九江长江大桥由铁道部大桥工程局负责设计和施工。方秦汉等人在这座特大公铁两用桥上采用了大量的先进科学技术,创造了中国建桥史上十多项全国第一。九江长江大桥继武汉长江大桥、南京长江大桥之后,当之无愧地成为我国桥梁事业的第三座里程碑,受到世人的瞩目!她之所以被称作中国桥梁建设的第三座里程碑,是因为她集中标志着一个时代的政治和经济的发展和进步。第一座里程碑是武汉长江大桥,它标志着我国结束战争年代进入社会主义和平建设时期,标志着政治稳定后国家的重点转入了社会主义经济建设。第二座里程碑是南京长江大桥,它标志着我国20世纪60年代奉行独立自主、自力更生的经济建设方针和反对“崇洋媚外”的政策。这座桥完全由我国专家自行设计(武汉长江大桥是请苏联专家帮助设计和施工的),材料自己研制外观造型上带有明显的时代政治色彩,桥的主航道高度限制外国万吨巨轮进入中国内河领域等等,很容易使人们想起那个时代我国政治、经济、外交上实行的政策和方针。九江长江大桥是第三座里程碑,它的建造过程经历了中国两个具有鲜明特性的时代,即从封闭的 70 年代走向开放的 80 年代。这座桥本身的特征很明显地打上了这两个时代的烙印,它的主航道高度 24 米就是根据南京长江大桥的高度确定的(南京桥 24 米),它的公路桥面宽度仍然比较保守。这是 70 年代初设计时受其政治、经济、外交方针的影响留下的时代特征,当然已经成为历史的遗憾。这座桥由于施工期很长,70 年代只修造了水中 10 个桥墩,到 80 年代随着我国的政治、经济、外交政策发生了重大的变化,由封闭走向开放。所以在建造上部结构时,应用和借鉴了国际先进的科学技术,从建筑材料、施工工艺以及外观造型都大胆地突破了传统观念,努力走向世界先进科学技术领域,并获得了很高的科研参数,它标志着我国社会主义经济建设走向改革开放的新时代。九江长江大桥的建成,使方秦汉的梦想成真,也使 400 万九江人民的梦想成真,使江西、湖北、安徽三省人民的愿望变为现实,使中华民族两代伟人昨天构想的蓝图成为今天的辉煌。

九江长江大桥不仅具有重大政治、经济意义,还在科技进步方面意义非凡。因此,九江长江大桥的建设也给方秦汉带来了大量的个人荣誉。1997年,凭借在中国桥梁建设事业中的突出贡献,特别是九江长江大桥设计建设过程中展示出的学术功底,方秦汉先生荣膺"中国工程院院士"。1998 年,"九江长江大桥建设新技术"获得了国家科技进步一等奖。而方秦汉也因其在九江长江大桥设计修建中的突出贡献,在获奖者名单中排名第一。

九江长江大桥从正桥到引桥,从上部结构到下部结构,从设计到制造加工以及施工各阶段,全方位地采用了大量的先进技术,将我国建桥事业大大地向前推进了一步,有的已获部级鉴定,有的已经在多座大桥中推广应用,九江长江大桥建桥新技术具有广阔的推广前景。如方秦汉根据九江长江大桥大跨度和新结构的特点,研制出 15MnVNq 钢及其焊接厚板技术,开创了新途径、新技术,减少了用钢量,节省了投资。35VB 磷化大直径高强度螺栓及其施拧、检测技术的成功运用,填补了国内空白,使工件联接与铆接决裂,今后钢桥均可采用栓焊结构,上了一个新台阶,为我国今后发展大跨度栓焊钢桥奠定了基础[19]。九江长江大桥首次采用双壁钢围堰钻孔基础成功后,紧接着在重庆长江公路大桥、黄石长江大桥、武汉长江二桥、常德沅江桥、缅甸仰光—丁茵大桥等广泛应用。九江长江大桥拱吊杆,采用 TMD 抑制拱吊杆涡振技术,由于装置 TMD 后,不破坏原结构气动外形,抑振倍数达 30 以上,效果显著,并推广应用于深圳埃弗尔铁塔上,为今后大跨度桥梁及高层建筑物提供了宝贵经验。铁路引桥无碴、无枕、无缝线路的成功运用,开创了我国长大桥上无缝线路之先河,无碴、无枕使得线路道床结构建筑降低,减少养护工作量,无缝线路使列车运行平稳,降低噪声,便于发展高速铁路。九江长江大桥上无缝线路的建成,将成为特大型桥梁上无缝线路观察、试验的一个理想基地,对于全面推广桥上无缝线路具有重要意义。如今,九江长江大桥已成为京九铁路的枢纽,对加强中国南北交通运输,促进华东、中南经济建设、文化交流和旅游事业都具有重要的战略意义。九江长江大桥北岸是湖北省黄梅县的小池镇,南岸位于九江市区的白水湖,现已成为游客观光的一个新景点。九江大桥附近有琵琶亭、锁江楼塔,相映成趣。来参观的中外专家和旅游社团络绎不绝,该桥采用的新技术,深得中外专家们的好评,为祖国争得了荣誉。科学技术成果鉴定委员会的鉴定意见是这样来表述这座建筑物的:"九江长江大桥是我国继武汉、南京两桥以后公、铁两用大桥建设的又一里程碑。在大桥的科学实验、设计制造、安装施工全过程中,认真贯彻'精心设计、精心施工'的方针,不断攻克技术难关,创造和发展了

图 6-12　方秦汉获得的国家科技进步一等奖证书

几十项新技术,其中多项达到了国际先进水平,使我国桥梁建设水平上了一个新台阶。"这一意见,应该是对这种桥梁的最全面、最中肯、最积极的评价。此时,九江长江大桥建成通车已经 4 年,京九铁路开通已经 2 年,大桥以其优良的质量、优美的造型得到了党和国家领导人及广大群众的赞扬,也为大桥局及大桥局勘测设计院赢得了荣誉。

1995 年,时任中共中央总书记、国家主席江泽民视察了九江长江大桥,得知建设中采用了大量先进技术,创造了十多项全国第一,极表赞扬,对大桥局的职工说:"我对你们大桥局是满怀信心的!"对于方秦汉来讲个人荣誉乃身外之物,他心中所想的永远都是国家的桥梁事业。当个人荣誉到来时他是那么的谦虚,他从来都是以集体利益和国家利益为主,他将荣誉归结于集体。1996 年,"多个 TMD 减振技术及其在九江长江大桥的应用"获得国家科技进步三等奖。方秦汉以"参与方案的研究构思"亦列入获奖名单中。但方秦汉说:"耳垂方案"是顾金钧他们在大桥局和桥科院领导的支持下研制出来的,他们是大功臣,我不过是个支持者、坚定的支持者而已。如果没有方秦汉的坚定支持,新成果也难以顺利研制成功。另外,1997 年 6 月,"九江长江大桥正桥钢梁安装柔性拱合龙技术"获得国家科技成果完成者证书。

停工不停设计路

从 1975 年到 1995 年,方秦汉的工作和成就不仅仅只体现在九江长江大桥的设计和建造上。在九江长江大桥停工的期间,方秦汉还主持设计了 8 座各具特色的桥梁钢梁设计的任务,而且在 1980 年还出访了罗马尼亚。方秦汉在那段时间里,承担的任务也是繁重的,而且数量多、桥型杂、范围广。方秦汉的设计宗旨是:要么就不干,要干就干好;要么就不干,要干就干出点名堂来。在方秦汉的钢梁设计之路上,他最强调的就是创新,所以,不管是大桥还是小桥,不管是铁路桥还是公路桥,他都不会因循守旧、墨守成规,而是会想方设法地进行设计和建设上的创新。

四会北江大桥位于广东省肇庆四会市,是广茂线上跨越北江的一座公路、铁路两用桥。广茂线自广州,向西经佛山、肇庆、云浮至茂名,全长364.6公里。是珠江三角洲通往粤西南和雷州半岛的主要铁路干线。此线东端与京广、广九线相通;西端与黎湛铁路支线在茂名市连接。北江大桥公路、铁路两桥桥面处于同一平面上,各居一侧。铁路为单线,铁路桥全长1 377米,公路双车道宽9米,公路桥全长919.6米。铁路桥的钢梁布置为14米×64米栓焊钢桁梁+14米×31.7米预应力T梁。公路桥钢梁的布置为14米×64米上承全焊正交异性板钢箱梁。于1984年建成通车。

图6-13 北江大桥公路桥为我国首座公路钢箱梁桥

京山线蓟运河大桥是一座双线铁路钢桁梁桥,桥长287米,其钢梁设计为3×80米栓焊连续钢桁梁加一孔32米半穿式栓焊简支钢桁梁。当时,一些单位已经设计了焊接梁,但出现的裂纹很多,所以几乎所有的铁路局都拒绝使用这种桥梁。作为桥梁钢梁方面的设计专家,方秦汉深入桥梁工地去考察,看到底问题出在哪里,是设计的问题、科研的问题还是制造的问题?在经过认真考察和验证后,方秦汉心中明白了,是设计上出现了问题,经过和同事们反复进行试验和验证,自己的设计可以完全避免出现这些问题,可以满足运营的要求。然而,对他的设计,起初也没有获得同意,方秦汉心中坚信自己的设计完全可以满足桥梁使用的需要,他亲自到铁道部去阐述自己的观点,介绍设计的优点,经过努力,铁道部最终批准了方秦汉的设计方案。在京山线蓟运河大桥建成后结构牢固,造型优美,完全满足桥梁使用的要求。更值得一提的是,在钢梁设计中,为了能够为国家节省资金,他同设计组的同志反复研究,设计出再分式低高度钢桁梁,避免了两端引线及汉沽车站的抬高改造,使邻近的车站不被废弃,缩短了工期,为国家节约了上百万元。正是由于方秦汉和设计组同志们的共同努力,设计出的再分式低高度钢桁梁在国内同类桥梁中首次获得成功。该桥获得了国家优秀设计银质奖。

图6-14 京山线蓟运河大桥

天津子牙河新虹桥位于天津市区,在子牙河与北运河交汇处,跨越子牙桥。整座大桥由主桥和南、北引桥三部分组成,全长553.1米。其中南引桥长126米,北引桥长180米。该桥两台一墩,上部结构为两跨连续结合梁,跨径为87.5米+72.5米。跨度的选择考虑了水中墩尽量避开桥墩圬工,并使北岸主航道有较大的通航宽度。桥面宽30米,其中车行道24米,两侧人行道各3米。该桥中线与河流成45°交角,这就是所谓的斜交桥。斜交桥指的是桥梁的纵轴线与其跨越的河流流向或路线轴向不相垂直的桥梁。在桥梁建设中,常常由于桥位处的地形限制或者由于高等级公路对线形的要求而将桥梁做成斜交。斜交桥的桥轴线与支承线的垂线成某一夹角,习惯上称此角为斜交角。它虽然有改善线型的优点,但由于斜交梁的弯扭作用,它的受力状态是很复杂的,而设计也就有了相当的难度。在桥梁设计中,方秦汉根据桥梁所处位置的路线线型、斜交角度、河流情况及工程总体要求等诸多方面综合考虑,使斜交桥设计合理,符合规范要求,施工方便,耐久适用,经济美观。尤其是在新虹桥的钢梁设计方面,方秦汉采用了钢筋混凝土板与钢板结合的斜交桥形式,降低了梁的高度,有利于车行,同时也降低了造价。而这种"大跨斜交结合一体"的桥型,其跨度为当时国内斜交桥跨度之首,至今仍未被突破。

图 6-15 天津子牙河新虹桥(王世峰摄)

天津海门开启桥位于海河下游,距入海口仅 10 公里,在天津市塘沽区中心河北路横跨海河,桥长 550.096 米,有正桥和引桥组成,其中正桥长 260.4 米,由 5 孔简支下承式栓焊钢桁梁组成。其跨径为 48 米 + 48 米 + 64 米 + 48 米 + 48 米,开启孔跨径 64 米。由中铁大桥局设计施工,建成时是亚洲跨度最大的一座直升式公路开启桥。两岸引桥各由 9 孔跨度 16 米的预应力钢筋混凝土空心板梁组成。开启桥提升机采用两套独立的制动器,使制动平稳

图 6-16 天津海门开启桥

可靠,两台提升机靠水下电缆连接自动跟踪而实现同步。该桥开启时,桥下通航净高为 31 米,能使 5 000 吨级远洋海轮在桥下通过。

在该桥设计中,方秦汉负责开启桥中十分重要的钢梁的设计,除了保证钢梁的牢固、轻巧、易于提升之外,还注重创新和降低成本。比如,他力主采用重晶石混凝土做平衡重,降低了造价。天津海门开启桥成功地解决了公路通车和海轮通航的矛盾。并在 1988 获得了国家科技进步二等奖,方秦汉排名第七。

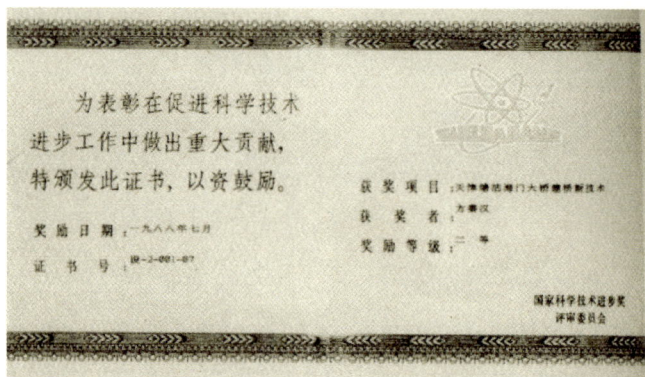

图 6-17　方秦汉获得的国家科技进步奖二等奖证书

长东黄河大桥为黄河下游新兖铁路(新乡—兖州)黄河上的一座铁路特大桥,全长 10.282 公里,是我国当时最长的一座单线铁路桥梁,有“亚洲第一长铁路大桥”的美誉。该桥位于河南长垣县赵堤乡与山东省东明县沙窝乡交界处的黄河上。桥渡区域内黄河呈东北走向,历来溃堤决口较多,是黄河的“豆腐腰”河段,土质差,易摆动,为黄河山东段唯一的一段游荡性河段。而且该河段河床面高出大提背水面地面 3 米至 5 米,是所谓的地上悬河,再加上该河段冲淤变化剧烈,水流宽浅散乱,河势变化不定,主流摆动频繁,容易出现横河、斜河、滚河等险情,是黄河防洪的重点区域。在长东黄河大桥桥位处主槽偏东一侧,处在山东省东堡城险工坝头下。在主河槽摆动范围内设置了 9 孔 96 米简支钢桁梁和一联 4×108 米连续钢桁梁及一联 3×108 米连续钢桁梁,该段全长 1 634.21 米,以适应黄河主槽的摆动。在长东黄河大桥的钢梁设计中,方秦汉同样注重创新和为国家节省资金,该桥的钢材采用方秦汉等人研制的作为九江长江大桥试验用钢的优化的 15 锰桥梁钢,在工厂制造焊接构件节段,设计为 12 米一个节段,这样一个车皮就可以装一个节段,避免游车,节约了车皮。长东黄河大桥使用了栓焊梁,使栓焊梁站稳了脚,这也为九江长江大桥使用栓焊梁奠定了基础。该桥于 1982 年 3 月开始设计,1984 年 2 月开工,1985 年 10 月即建成,创造了高速建桥的新纪录,被誉为"长东速度"。该桥 1989 年荣获国家级优质工程银质奖、优秀工程设计铜质奖。

图 6-18　长东黄河大桥

　　1986 年 10 月,方秦汉还主持了缅甸仰光丁茵大桥的设计,该桥正桥全长 1 822.6 米,铁路桥全长(含引桥)2 938.5 米,公路桥全长(含引桥)2 151.3 米,由我提供 20 689 万元人民币无息贷款实施,该项目由中国铁道部大桥工程局勘测设计处设计,而方秦汉正是工程局勘测设计处副总工程师,中国铁道部大桥工程局负责建设,是我国援缅最大项目,被誉为"东南亚最大的公铁两用桥"。

　　除了以上几座桥梁外,方秦汉还主持了永定新河桥(该桥部分钢材采用了作为九江长江大桥试验用钢的厚板 15 锰钒氮钢)、滦县滦河桥①、缅甸卑

----

① 滦县滦河公路桥位于河北省滦县城关东郊。是国内第一座按 10 度高烈度设防的预应力混凝土连续梁公路桥。桥全长 979.51 米,上部结构由 6 联 24 孔连续梁组成,下部结构基础为钻孔灌注桩高桩承台。全桥分为 6 个独立"单元"设计,以避免一孔破坏而株连全桥。于 1978 年 7 月 1 日正式通车。

图6-19　方秦汉的劳模证书

茂、毛滨、央东等桥的钢梁设计。他这样的工作热情、工作态度感染了身边的许多人，是年轻人工作和劳动的榜样。方秦汉在20世纪80年代被评为"湖北省劳动模范"。在推荐表上，单位给予他很高的评价，在先进事迹一栏中，所填写的文字不是那种冷静的公文笔调，而是颇带感情的散文笔调："三十多年来，他一贯勤奋工作。近几年，他虽年事已高，又瘦弱多病，仍保持旺盛体力，为桥梁设计忘我工作。晚上、星期天，他常常是在办公室度过的。为了及时同有关协作单位交谈情况、研讨问题，他不顾劳累而频繁出差。他患有支气管扩张症，稍感风寒就严重出血，但从不以疾病为念，经常冒着严寒到北方，总是犯病在外，病重而返。"

　　虽然被评为湖北省劳动模范，但方秦汉关心的不是单位、国家能给予自己什么，而是希望能够继续为国家的桥梁事业贡献自己的绵薄之力。方秦汉是幸运的，国家给他提供了发挥自己才能的机会，同时，国家也是幸运的，因为方秦汉的努力，我国的桥梁事业的发展才会更加繁荣。中国桥梁事业的发展也引起了国外同行的高度评价，甚至还提出希望中国派专家支援其桥梁设计和建设。1979年，罗马尼亚①在多瑙河上修建一座特大桥，他们派出代表团来中国进行考察，在参观了中国桥梁建设的一些成就后，深深为中国桥梁技术人员高水平的技术素质所折服，提出希望中国派专家协助和支援。其后，1980年，罗马尼亚又提出了这一要求。中央研究决定派出一个由6名专家组成的小组，以铁道部桥梁考察调查团的名义于3月访问罗马尼亚，帮助他们解决桥梁建设中出现的难题。由于方秦汉在工作中积极认真的态度和在钢梁设计方面丰富的经验，方秦汉与大桥局的张虹村、陈树华、

---

① 罗马尼亚(Romania)，东欧国家(有时也被划分在南欧的范围内)，是东南欧面积最大的国家，在欧洲排名第十二，首都布加勒斯特，人口1 900万。

邵克华、李家咸等同志都是考察团成员。此前,中国的对外援建项目主要针对亚非国家,而对欧洲国家的桥梁建设进行技术援助还是第一次。

提起多瑙河①,我们的耳边就会回响起奥地利作曲家约翰·施特劳斯的《蓝色的多瑙河》那动人的旋律。但事实上,多瑙河并不是纯粹的蓝色。奥地利指挥家、研究施特劳斯的专家马克·舍赫尔统计,多瑙河在一年之中会发生多次颜色的变化,其中包括棕色、浊黄色、浊绿色、鲜绿色、草绿色、深绿色等。有人做过统计,它的河水在一年中要变换 8 种颜色:6 天是棕色的,55天是浊黄色的,38 天是浊绿色的,49 天是鲜绿色的,47 天是草绿色的,24 天是铁青色的,109 天是宝石绿色的,37 天是深绿色的。多瑙河环绕罗马尼亚的南部与东部,形成天然的国界。其国土上蜿蜒流淌的大小数百条河川,多与多瑙河汇流,形成"百川汇多瑙"的水系。多瑙河在罗马尼亚境内流程共1 075 公里,不仅灌溉着两岸肥沃的田野,也为罗马尼亚的电力和渔业等提供了丰富的资源。

当然,方秦汉他们不是来欣赏美丽风景,而是来帮助罗马尼亚人排忧解难的。在到达罗马尼亚后,方秦汉等人认真考察了设计中可能会出现的问题,加之丰富的建桥经验,很快圆满解决了罗马尼亚建桥中的问题。方秦汉等人以诚心、耐心和虚心的作风,高超的技术能力和丰富的实践经验,审查了多瑙河及其支流上的两座公路、铁路桥梁的安装设计文件,帮助他们解决了施工中可能会出现的各种疑难问题,深得罗马尼亚政府和设计人员的赞誉和钦佩。在罗马尼亚期间,方秦汉深入总结了我国桥梁钢梁伸臂安装的具体实践,并上升到理论,在罗马尼亚作了系统的发言和专门的讲授,收到了很好的效果。正是完成了从实践到理论的这一次飞跃,方秦汉才可能在九江长江大桥和以后的芜湖长江大桥的修建中游刃有余地开展工作,为祖国留下一座又一座具有里程碑意义的大桥。在罗马尼亚的时光对于方秦汉来说是美好和值得怀念的,罗马尼亚的异国风情带给人一种美的享受,方秦汉他们的心情也是愉悦的。在出访中发生了这样一件趣事:由于常年奔波,

---

① 多瑙河在欧洲仅次于伏尔加河,是欧洲第二长河。它流经 9 个国家,是世界上干流流经国家最多的河流之一。在罗马尼亚东部的苏利纳注入黑海。

饮食不稳定再加上身体上的疾病,使方秦汉的身材比较瘦弱,想买背带又没有买到,以至于在讲授时伸臂板书,那裤子竟往下滑落,幸亏翻译发现,"抢救"及时,才没有闹出大笑话。而方秦汉后来在谈及这件事时也常常是一种愉快的心情,这确实也反映了方秦汉当时轻松、自由的心态。

"钢霸"方显真性情

说到方秦汉院士,不得不提到他的一个雅号:"钢霸"。在当代中国的桥梁界,这个雅号无人不知,无人不晓。"钢霸"的雅号正是在方秦汉建设九江长江大桥期间获得的。这一雅号既是对他工作业绩的概括,也是对他科学严谨的工作态度和性格脾气的褒奖。平时,方秦汉话语不多,和和气气,可一旦工作起来,就像换了一个人似的。在重大技术问题上,他从来是认理不认人。他和领导"吵",和同事"吵",和工人"吵"。在一次又一次"争吵"中,完成了一项又一项气势恢宏的钢梁设计。在同事眼中,他是一个工作狂,他将所有的时间都用在工作上;他善于学习,立足于创新,他突破常规思维模式,大胆尝试技术创新;他坚持辩证思维,掌控全局;他还有着求真务实的科学精神探索求知,坚持真理,实事求是。

可是,这个雅号的开始并不雅,而是同事们对他喜欢争论和不肯妥协的戏称。到后来,他坚持的许多钢梁设计的方案都得到了实践的认可之后,同事们才真正明白他为什么这样坚定和执着的原因,于是,戏称变为雅号,这个雅号就逐渐在业界流传,一致成为同事们一种发自肺腑的尊称。应当说,"钢霸"是对方秦汉在桥梁事业上的能力、态度和成就的高度概括。可是,其内涵从戏称发展成雅称却经历了长时间的检验。

"钢霸"之说,起初源于一座桥梁厂的技术工人之间。1989年,正值九江长江大桥建设的关键时期,方秦汉和他的设计团队完成了钢梁的工艺设计,并将图纸、方案交予部属的该桥梁厂进行试制。可是厂方负责试制的工程师出于成本考虑,竟擅自改动设计图纸,简化生产流程。这样的改动很快就被前来了解钢梁试制进度的方秦汉发现了,并当即责成更改回来。可让人意想不到的是,等他一离厂,厂家又将图纸改了过来。不久,方秦汉第二次来桥梁厂检查,发现图纸再次被改。这让一贯坚持设计原则的他无论如何不能"平心静气"理论了,但厂家也不肯做出让步。僵持不下之时,方秦汉请来了他的同学,当时铁道部科学研究院的研究员潘际炎来做厂方工作,厂方才终于妥协了。从此,该厂上上下下都知道方秦汉的"厉害"了。

图 6-20　方秦汉亲自到桥梁厂去检查钢梁的制造质量(1989 年)

然而,事情并没有就此结束。为验收第一批试制出的钢梁,方秦汉第三次来到了该桥梁厂。这一次,虽然工艺没有擅自改动,可是他发现钢梁焊接处加温不到位,原本设计标准要求的 100～120℃,生产时却只有 60～80℃。他脸色即刻阴沉下来,从技术人员、车间负责人到厂领导,他逐一责问了一遍,当即要求所有试制钢梁全部报废重来。第二天,厂方开完会,允诺接下来的钢材一定按标准来,可是已经生产出的 19 吨钢材希望能够继续使用,因为这不仅直接关系到巨大的经济利益,更关系到厂家的声誉和领导的威信。可是,方秦汉始终一句"规章制度摆在那里"的话,意思必须坚持原则,致使双方僵持不下,怎么也谈不拢。方秦汉心想,九江长江大桥可是百年大计,马虎不得,也耽误不得,于是他直接进京,找铁道部基建总局的领导告状。"九江长江大桥,百年大计啊! 能马虎吗? 敢马虎吗? 这新技术联合攻关项目,是周总理生前决定的,能这么应付吗? 每一根钢材都绝对不能出任何质量问题呀！"①。总局的领导对方秦汉的这番话肃然起敬，当即宣布不合格的钢梁全部报废。桥梁厂这下没辙了，转而向方秦汉说情，可是却遭到方秦汉的痛斥。质量问题，他绝不姑息。于是该厂上上下下又得从头开始忙。从那以后，该厂的人背地里谈起方秦汉的时候，都戏谑地说："这老头，真是个'钢霸'！"慢慢地，这个绰号就在从事桥梁建设的一线工人之间传开了。大家都知道，在材料质量和施工质量面前，方秦汉是严格坚持设计标准而不近人情的。

后来，这个绰号逐渐传到了他的耳朵里，"我有那么可怕吗？我可不是老虎，充其量，只是一只披着虎皮的老绵羊。"②方秦汉听后笑了笑。他确实不是可以肆意妄为的老虎，因为他所做的一切，都是以科学理论或规章制度为依据的。一个绰号显然不足以阻止他继续做他认为正确的事情。

就在"钢霸"这个绰号刚刚流传开的第二年，方秦汉便经历了一次最严峻的考验。这就是长达一年半、被业界称之为"京都大辩论"的一场技术辩论。辩论从1990年7月25日一直持续到1991年1月17日，大小论证会议数十次，最终8位专家对九江长江大桥的结构设计做出了权威认定：九江长江大桥的技术设计是符合安全标准的。方秦汉后来说，这场辩论虽然让他饱受煎熬，但是能换来对九江长江大桥设计方案的再思考和肯定，这些付出都是值得的。正是这次业界有名的辩论，不仅让权威人士对方秦汉的专业素养有了新的认识，更让那些受过他批判和斥责而心存怨念，背地里唤他做"钢霸"的人对他心服口服，并增添了一分敬意。京都大辩论之后，不仅一线的工人和技术人员，甚至包括一些业界专家学者背地里也称其为"钢霸"了，但这时的称谓，已经不是原来的意思，而是对他具有深厚扎实的钢桥理论和丰富钢桥实践的由衷钦佩。

方秦汉的同事，中南大学教授叶梅新教授③在谈到对他的看法时说道："他这个人哪，只能他去改造别人，别人很难改造他。当然了，他很自信，甚

---

① 余启新. 桥的交响[M]. 武汉:武汉出版社,2012:196.

② 余启新. 桥的交响[M]. 武汉:武汉出版社,2012:197.

③ 叶梅新(1946—   ),上海市南汇县人。钢筋混凝土组合结构专家,中南大学教授,博士生导师。曾参与芜湖桥建设,与方秦汉是同事。

至可能有点霸道,人家都把他叫做'钢霸',这个霸道也是需要资本的,光有自信是不够的,如果你老出错,那怎么霸道得起来? 因为他总是对的,所以他才能霸道得起来。反正我是这么看的,我看他在大的事情上面从来没错过! 所以他才能霸道,能坚持。"①叶教授的话贴切又深刻地表达出了很多与他共事过的人对他的感觉,"钢霸"贵在坚持,能够坚持对的选择才是他不同于众人的精髓所在。也因为他的坚持,"钢霸"的故事继续在业界传颂着。

"钢霸"的风格不仅仅在九江长江大桥修建中体现得淋漓尽致,在以后的工作中,更是在"钢霸"的霸气下,方秦汉突破墨守成规、按部就班,从实际出发不断寻求适应具体情况的最佳方案,而逐渐炼成一代大家。1996年,方秦汉已经71岁了,他原本已经办理了退休手续,可是又被铁道部大桥局返聘回来主持芜湖长江大桥的钢梁设计和科研工作。他回来之前,铁道部原本拟采用的是纯钢结构设计方案。但方秦汉看了此方案之后考虑,芜湖桥的双重环境条件使得纯钢结构设计方案或不可行,他的理由是:第一,芜湖桥临近当地驻军某军用机场,由于飞机起飞有一个缓升坡度,所有附近建筑都不能高于原地面30米且不能高于机场标高150米;第二,芜湖桥桥下要通航,要保证桥墩宽度能够容许长江内各类船只通行。除此之外,还要考虑到芜湖长江大桥也是公铁两用桥,其中铁路的部分决定桥的载荷本来就很大,而公路的设计构想是六车道,就进一步加大了桥的载荷。综合考虑这些因素,经过多次会议讨论,方秦汉决定将原设计方案改为矮塔斜拉桥,采用钢筋混凝土组合结构。最终,他深思熟虑的、经过严格论证的芜湖长江大桥设计方案获得了铁道部的批准。一个在钢结构桥梁建设领域中造诣颇深的专家,决定要放弃他所精通的技术,转而采用并不擅长的钢筋混凝土组合结构,这又让人们看到了"钢霸"不只是一味固执刚强,而是当为了质量和实际需要时,还是有审时度势,灵活变通的一面。

除了不墨守成规、发展创新之外,方秦汉还心系着祖国钢梁事业的长远发展,他一直盼着祖国在钢桥建设事业上能够摆脱对进口钢材的依赖。芜湖长江大桥采用的钢种经历了一段激烈的竞争,国外很多钢铁公司都想要

① 叶梅新访谈,2012年12月20日,武汉。资料存于采集数据库。

拿到这个订单,包括此前已经出口到中国并为好几座桥梁所用的日本某公司,他们所生产的是 SM490 或 SM50C 钢,很多人都主张采用这两种型号的钢,因为已有很多生产经验,且不需担风险,但方秦汉却在主持研制 5 年,对其特性了若指掌,并且在实验桥上已获应用的前提下,力主采用我国自己的 14 锰铌桥梁钢。方秦汉之所以极力推荐,是因为这是他深知它完全能够满足芜湖桥的技术需要,并且不用担任何风险,既然我们已经有了可用的钢种,当然没理由再花大价钱买别人的钢种。经过多方努力,最终国产的钢种取得了胜利。而这一胜利,不但维护了国家在钢梁生产方面的荣誉,而且直接为国家节约了 1.1 亿元的材料费。虽然最终做决定的不是他,可是他对新钢种的熟识,为国家着想的态度和奔走游说所付出的努力让人印象深刻。从南京长江大桥的 16 锰桥梁钢,到九江长江大桥的 15 锰钒氮桥梁钢,再到芜湖长江大桥的 14 锰铌桥梁钢,方秦汉所参与或主持研制的这些钢种组成了我国系列桥梁钢种,并被纳入铁路桥梁设计规范中。方秦汉为国家的钢结构桥梁事业的发展做出了不可磨灭的贡献。

芜湖长江大桥之后,方秦汉便退居二线,主要做一些指导和顾问的工作,但他对钢桥事业的热情却从未减退,"钢霸"的故事还在续写和流传。而起初"钢霸"这样一个看似玩笑的绰号,随着他在钢桥领域的造诣深化而演化成业界口口相传的美名。鉴于方秦汉在桥梁界的知名度和无处不传的钢霸雅号,2000 年,《铁道知识》第二期刊物中在报道方秦汉时首次在公开的正式刊物上使用"钢霸"一词。随后,方秦汉与这个雅号便同时在《湖北日报》(2000 年 10 月 18 日)、《今日科技》(2002 年第 8 期)、《湖北日报》(2003 年 12 月 26 日)、《科学发现报》(2004 年 1 月 6 日)、《武汉要闻》(2005 年 7 月 18 日)、《科技创业》(2006 年第 3 期)、《衡阳晚报》(2009 年 12 月 7 日)、《建筑》(2009 年第 12 期)、《台州晚报》(2012 年 10 月 16 日)等多家刊物中相继出现。其中时任《科技日报》社总编辑张飙①的即兴词可谓是对"钢霸"最美的

---

① 张飙(1946—),河北人。中国书协顾问,中国书法家协会驻会副主席、党组书记,中央国家机关分会会长,中国书法家协会评审委员会主任,中国对外友协理事,中国青少年基金会理事,中华诗词学会会员。曾任中国艺术报社社长,《中国青年报》副总编,《科技日报》总编,中国书法家协会副主席。

赞誉：

> 一生与桥共沧桑，
> 桥桥手塑锁大江。
> 千慧入桥成钢霸，
> 万情融桥写华章。
>
> 秦桥拱，
> 汉桥昂，
> 今桥等闲万丈长。
> 方将我魂化桥魂，
> 心桥如虹飞巨梁。
>
> ——张飙词：《鹧鸪天》①

　　在学生眼中，他知识渊博，要求严格，关心爱护，教学生正直做人，引导学生健康成长。在生活中，方秦汉朴实无华、平易近人。不同于"学者"型专家，由于常年深入桥梁施工现场，方秦汉没有知识分子的"架子"，又十分健谈，无论干部、工人、技术人员都愿意与他交朋友。他没有记笔记的习惯，无论多少数据，他都装在脑子里，有人问起，即可脱口而出，丝毫不差。

---

① 摘自 2003 年 12 月 2 日《科技日报》。

第七章
世纪大桥美收官

　　《三国演义》的开篇有一首词："滚滚长江东逝水，浪花淘尽英雄。是非成败转头空，青山依旧在，几度夕阳红。白发渔樵江渚上，惯看秋月春风。一壶浊酒喜相逢，古今多少事，都付笑谈中。"现今拍的央视版电视剧，将其作了主题曲，一时天下传唱。人们喜欢这首词，乃是因为词中有一种淡淡的人生易逝的悲伤感，又有一种任它惊涛骇浪、是非成败，仍固守一份宁静与淡泊的超脱感。它常常能扣动那些在事业上奋力拼搏、卓有成就的人的心弦。九江长江大桥通车后已经年过古稀的方秦汉没有这种心境，对他来讲，他一生都奉献给了中国的桥梁事业，他把事业作为一种最高追求，生命不息，奋斗不止。他像身经百战的勇士一样又瞄准了新的进攻目标——芜湖长江大桥。芜湖长江大桥是国家"九五"重点工程，也是我国目前规模最大、技术最先进的首座公铁两用斜拉桥，铁路桥为Ⅰ级、双线，公路桥为4车道、双人行道，主桥全长11公里，总投资30多亿元。建一座桥梁，树一座丰碑，造就一批拔尖创新人才。这座低塔公铁两用钢斜拉桥，被称为是继武汉、南京、九江长江大桥之后的我国第四座桥梁建设里程碑[20]。该桥融入了当代20多项桥梁建设的最新技术，采用了新结构、新材料和新工艺，是本世纪举世瞩目的标志性桥梁工程。经过数千名建设者连续三年半的艰苦奋战，于2000年9月30日建成通车。这座低塔公铁两用钢斜拉桥，集我国现代桥梁新技术、新结构、新材料、新工艺之大成,其工程规模和技术含量,均居亚洲同类桥梁首位,在施工中创出了十余项全国纪录,这标志着我国建桥技术已达到世界先进水平,而且在世界上也名列前茅。大桥建成后产生了良好的经济效益和显著的社会效益。

古稀领命建新桥

芜湖长江大桥是继武汉长江大桥、南京长江大桥和九江长江大桥之后,在长江上建造的具有里程碑式意义的第四座大桥,也是方秦汉主持设计的最后一座公铁两用大桥。因为它于 20 世纪 90 年代末开始建造,2000 年 9 月 30 日正式建成通车,所以又称"世纪大桥"。这座"世纪"大桥无论是材料、工艺,还是设计、架设和美化方面,在技术指标、难度指标和创新方面均超过另外三座大桥,许多专家认为该桥的设计建造水平已达到或超过国际顶尖状态,因此,这座桥梁也可称为方秦汉院士的巅峰之作,是他的建桥人生最辉煌的闪耀[21]。

芜湖市是安徽省重要的经济、文化、交通中心城市。芜湖长江大桥的兴建,有利于改善芜湖地区的投资环境,形成大桥经济园区,大桥的建成能结束安徽省芜湖、巢湖两市铁路、公路"有路无桥"①的历史,有利于改善公、铁路网布局,对扩大长江南北客货运输,缓解长江中、下游地区交通运输紧张局面,改善长江航运状况,加速安徽省乃至华东地区经济发展,均具有重要意义。1996 年,国家计委下文,将芜湖长江大桥列入当年基本建设新开工大中型项目之中,由此,芜湖长江大桥的建设拉开了序幕。

其实,在芜湖修建长江大桥,早在孙中山先生的规划之中。1919 年,他

---

① 有桥无路:芜湖衔接宁芜、芜铜、皖赣、淮南四条铁路和合芜、宁芜、芜杭等五条公路,但由于长江分割,两岸铁路、公路均是有路无桥,客货过江全靠轮渡,其运能远不能适应两岸公路、铁路运输的需要,且与长江航运相互干扰,安全系数低,易受气候等条件的影响,十分不便。

在著名的《建国方略》①中阐述了芜湖的重要地位："芜湖为有居民十二万之市镇,且为长江下游米粮市易之中心……居丰富铁矿区之中心,此铁矿既得相当开发之时,芜湖必能成为工业之中心啊。"鉴于芜湖地位的重要性,在对全国铁路系统进行规划时,特别提到了兴建霍山芜湖苏州嘉兴线,芜湖长江大桥则是其中重要的一环。但是,由于时局的动荡和经济、技术的困难,这个规划自然难以实现。

中华人民共和国成立后,武汉长江大桥的建成,给了毛泽东及中央领导集体以极大的鼓舞。在武汉长江大桥快要建成时,毛泽东听取彭敏②的汇报,毛泽东问道："长江上还要修建哪几个桥?"彭敏回答："第二个、第三个五年计划草案里提到的有重庆长江大桥、芜湖长江大桥。"毛泽东说："将来长江上修上二十个、三十个桥,黄河上修上几十个,到处能走。"武汉长江大桥建成通车后,铁道部作出了同时修建南京、芜湖、宜都三座长江大桥的决定,后来因国内外形势的变化,后两座桥的建设暂缓,但一些前期的勘测设计工作还是进行着,等待的仍是"东风"。

图 7-1　担任芜湖长江大桥钢梁设计与科研负责人时的方秦汉

1996 年,方秦汉接受了一项新的任务,担任芜湖长江大桥钢梁设计和科研的负责人,此时,方秦汉已经 71 岁了。

此时的方秦汉已经成为中国桥梁钢梁设计方面的权威人物,对方秦汉的任命再合适不过。芜湖长江大桥将是长江上继武汉长江大桥、南京长江大桥、九江长江大桥之后又一座具有里程碑意义的公

① 《建国方略》是孙中山于 1917 年至 1920 年期间所著的三本书——《孙文学说》、《实业计划》、《民权初步》的合称。《孙文学说》从心理建设角度论述"知难行易"的哲学思想。《实业计划》是一份全面快速进行经济建设的宏伟纲领,提出了发展中国经济的远景规划,其中包括建设铁路十万多公里,建设华北、华中、华南三大世界级港口等项目。《民权初步》是《建国方略》的社会建设,是一部关于民主政治建设的论著,反映了孙中山倡导的民主政治思想。
② 彭敏,原名周镇宇。1918 年 10 月出生于江苏省徐州市。毕业于扬州中学土木工程专业。1936 年加入中国共产党,是我国铁路和桥梁建设的卓越组织者和领导者、原国家计委副主任、顾问。因病于 2000 年 3 月 6 日 9 时 29 分在北京逝世,享年 82 岁。

铁两用大桥,其多项技术指标将居于世界前列,其建设规模将相当于武汉长江大桥和南京长江大桥之和。如此复杂和高难度的设计工作,势必要求更多的创新。事实上,在以往的设计施工中,方秦汉也一直在强调桥梁设计必须要采用新技术、新材料、新工艺,也就是希望每一座桥都要打破常规,尽量采用先进技术,都要有所创造、有所前进。

按芜湖长江大桥建设的时间表,试验、设计、施工几乎是同步进行的。这样,时间就显得尤其珍贵,合理有序安排就显得尤其重要。方秦汉根据九江长江大桥科学试验的经验,确定芜湖长江大桥科学实验方针是"以试验为主,以大型试验为主"。过多的理论上的探讨已无必要,因为没有时间了。直接进行大型试验,这样节约时间,接近实际,成果可靠。方秦汉对每一项试验专题都提出明确具体的要求,并随时与试验者进行沟通。

桥梁未建钢先行

我国桥梁用钢,20 世纪 50 年代由苏联进口低碳钢用于武汉长江大桥,60 年代自主开发 16Mnq 钢用于南京长江大桥,70 年代又自主开发了 15MnVNq 钢用于九江长江大桥。京九线孙口黄河桥①则采用了日本和韩国生产的价格昂贵的 SM490C 钢,不仅价格昂贵,技术上还要受制于人。随着桥梁跨度增大、钢桥设计和制造中焊接工艺的广泛应用,对桥梁钢的焊接性能提出了更加严格的要求。为改善钢板疲劳抗力和抗脆性断裂能力,对板材、焊缝及热影响区的韧性和塑性提出了更高要求。大跨度钢板的厚度一般均用至 40 毫米、50 毫米甚至 50 毫米以上,现有的钢材已满足不了大跨度

---

① 京九线孙口黄河大桥位于山东省梁山县和河南省台前县交界处的黄河上,是一座京九铁路线上跨越黄河的双线铁路桥。该桥由中铁大桥局设计施工,于 1991 年 9 月开工兴建,1995 年 5 月竣工通车。该桥系中国首次采用整体节点构造,荣获京九铁路优质工程奖。

钢桥设计及焊接制造的需要。研制具有优良强韧性匹配及焊接性能的桥梁钢新钢种,成为大跨度桥梁设计和制造的需要。

在桥梁新钢种的开发上,方秦汉早就想在前面、做在前面了。一个高明的桥梁设计师,一个卓越的桥梁工程师,必须深谋远虑,擅长于想到三年、四年甚至更远的未来的桥梁的发展情况,这样,才有可能把准备工作做在前面,减少忧患,避免匆忙,才能从容、及时地解决各类矛盾和问题。方秦汉就做到了这一点。在九江长江大桥采用的新钢种 15 锰钒氮桥梁钢开发成功后,方秦汉就有了新的想法、新的打算。这种钢种强度高、性能也理想,但焊接性能却不尽如人意,十分娇气,既怕冷又怕热,也就是说焊接前需要加热、焊接中需要控温,焊接规范狭窄,所以对焊接技术的要求非常之高,使得质量难以保证。而今后,桥梁将会越修越多、桥梁的强度会越来越高、桥梁的跨度也将会越来越大、桥梁的形体会越来越轻,必须开发出新的桥梁钢种,才能达到这样的标准。所以,方秦汉决定要开发研制一种更新的钢种。

考虑到开发研制新钢种得同钢铁厂合作,需要频繁地与之打交道,而原来的合作单位鞍山钢铁公司离武汉太远,来来往往有诸多不便。1985 年,方秦汉与武汉钢铁公司的负责人刘本仁①交谈,一拍即合,并同他达成协议,进行试验来研究新的桥梁钢。1987 年,方秦汉与武汉钢铁公司经过多次协商,

图 7-2　方秦汉(左二)正与潘际炎(左三)等有关专家一起讨论芜湖大桥的科研问题

---

① 刘本仁,男,1942 年 11 月生,浙江平湖县人,1965 年毕业于武汉钢铁学院,研究生学历,轧钢高级工程师。曾担任武钢生产部部长、武汉钢铁(集团)公司副总经理、总经理、董事长等职。

在分析了国内桥梁钢的基础上提出研制微合金化①的低合金②结构钢板14MnNbq 钢,要求满足桥梁低温抗断要求的韧性和可焊性,并要求屈服强度③达到 390 兆帕[92]。在第一阶段平炉钢④研制后,为改善厚板的低温韧性及焊接性能,武汉钢铁公司通过对 C - Mn - Nb 钢⑤转炉⑥冶炼及连铸工艺⑦进行研究,并采用铁水预脱硫⑧等一系列净化钢的生产工艺,成功地研制出高纯净的转炉连铸 14MnNbq 钢板;对钢板的物理、力学性能等焊接性能进行了研究,并系统地研究了控轧机理、热处理工艺对钢材组织和力学性能的影响,完善了生产工艺,为工业生产提供了理论依据。

　　1992 年铁道部在武汉召开了14MnNbq 钢的评审会。会议认为:大量的断裂韧性试验及焊接性能试验表

图 7 - 3　方秦汉(右一)深入到桥梁厂车间指导钢梁的试制

① 微合金化:在钢中加入少量(一般不大于 0.2%,通常在 0.1%以下)特殊的合金元素(如铌、钒、钛、硼等)以提高性能的工艺技术。

② 合金元素总量小于 3.5%的合金钢叫做低合金钢。低合金钢是相对于碳钢而言的,是在碳钢的基础上,为了改善钢的一种或几种性能,而有意向钢中加入一种或几种合金元素. 加入的合金量超过碳钢正常生产方法所具有的一般含量时,称这种钢为合金钢。当合金总量低于 3.5%时称为低合金钢。合金含量在 3.5%~10%之间称为中合金钢;大于 10%的称为高合金钢。

③ 屈服强度:是金属材料发生屈服现象时的屈服极限,亦即抵抗微量塑性变形的应力。对于无明显屈服的金属材料,规定以产生 0.2%残余变形的应力值为其屈服极限,称为条件屈服极限或屈服强度。

④ 按冶炼设备对钢进行分类,可分为转炉钢、平炉钢和电炉钢。平炉钢是用平炉炼制的钢,按炉衬材料的不同分为酸性和碱性两种,一般平炉钢多为碱性。

⑤ 是一种低碳钢。

⑥ 炼钢炉的一种。炉体可转动,用于吹炼钢或吹炼锍的冶金炉。

⑦ 转炉生产出来的钢水经过精炼炉精炼以后,需要将钢水铸造成不同类型、不同规格的钢坯。连铸工艺就是将精炼后的钢水连续铸造成钢坯的生产工序,主要设备包括回转台、中间包、结晶器、拉矫机等。

⑧ 铁水进入炼钢炉冶炼之前,脱除其中硫的铁水预处理工艺,也称铁水炉外脱硫。

明,武钢研制出的 14MnNbq 钢是一种综合性能良好、具有较高韧性的新钢种,焊接材料匹配恰当,完全可用于高寒地区的栓焊桥梁及其他重要结构,建议进一步提高钢的冶金质量,研制出高纯度的 14MnNbq 钢板。同时在铁道部的安排下,1993 年,由大桥工程局在衡阜(衡山到阜阳)铁路京杭大运河上设计一孔 64 米跨度的双线铁路 14MnNbq 栓焊钢桁梁试验桥。

14MnNbq 钢的化学成分和力学性能于 1996 年通过了技术鉴定,1997 年芜湖长江大桥整体焊接点钢桁梁决定采用 14MnNbq 钢钢材。为此,方秦汉对原 14MnNbq 钢化学成分和力学性能提出进一步优化,以满足高纯度的和低温韧性的要求。他首先要求对 14MnNbq 钢进行化学成分的调整,以改善焊接性能和焊后低温韧性。具体就是对 P(磷)含量由 0.03% 降至 0.015%,而 Nb(铌)的含量范围缩小至 0.010%～0.035%,C(碳)含量不大于 0.425%。因为含碳量的增加,钢材的各项强度性能都会有所增加,但其塑性会下降,冲击韧性会下降得更快。含碳量增加还会使热轧钢[①]组织不均匀性和内应力增加,疲劳强度会略为下降,使热影响区组织易于变脆,焊接性能变差[23]。14MnNbq 钢的碳含量上限为 0.17%,已低于日本 SM490C 的上限 0.18%、德国 STE335 的上限 0.20% 和国产 16Mnq 的上限 0.20%。碳当量综合表示了钢内各元素对焊接的影响,试验证明了 14MnNbq 钢具有良好的可焊性。

随后,方秦汉又主持了 14MnNbq 钢焊接材料及焊接工艺的研究。参加的单位有:铁道部科学研究院金化所(简称金化所)、哈尔滨焊接研究所(简称哈研所)、宝鸡桥梁厂和山海关桥梁厂。1997 年参加研究单位各自选择焊接材料进行 14MnNbq 钢焊接试验研究。金化所进行了 WQ-1 高韧性焊丝研制及对接、棱角接、角接头埋弧自动焊工艺性能研究,认为 WQ-1 焊丝配 SJI01 焊剂的对接埋弧焊缝有良好低温冲击韧性。山海关桥梁厂对 WQ-1 加 SJI01 焊接进行复验,结论为接头韧性良好。宝鸡桥梁厂发现 44 毫米、50 毫米的 14MnNbq 钢板有较严重夹层,后经检验是武钢操作工艺

---

① 热轧钢是经过高温加热轧制而成的钢材,它的强度不是很高,但足以满足使用的要求,它的塑性、可焊性较好,因此比较常用;冷轧钢是普通热轧钢经过强力拉拔超过应变硬化阶段的钢材,它的强度很高,但韧性、可焊性差。

偶然因素造成[24]。哈研所认为14MnNbq钢焊接性能良好，但过热区有脆化倾向，认为是焊接能力增加引起的低温韧性降低，建议采用大线能量①，对24毫米板建议采用细丝埋弧焊。为了指导和监督试验，方秦汉要不停地在金化所、哈研所、宝鸡桥梁厂和山海关桥梁厂之间来回奔波，反馈各方的研究意见，进行协调总结。经过大量的试验研究之后，得出14MnNbq钢是一种具有良好低温冲击韧性、板厚效应不明显的桥梁钢新品种，具有较好的综合性能和焊接性能，尤其是低温冲击韧性有大幅度提高，其各项力学性能与日本的SM490C钢相差不大，其冷裂纹敏感性和热裂纹敏感小，50毫米板抗层状撕裂性能良好，达到了国外同类钢种水平，符合芜湖长江大桥的设计需要。同时，选定了与14MnNbq钢相匹配的焊接材料，对接焊焊丝为H08Mn2E②，焊剂为SJ101q；坡口角接焊焊丝为H08MnE③，焊剂为SJ101q。H08Mn2E及H08MnE系芜湖长江大桥为14MnNbq钢焊接选配的专用焊接材料，并制订了线能量、预热温度等焊接工艺要点及质量标准。

　　14MnNbq桥梁钢是经过多年试验，在大运河的桥梁上得到运用并通过了冶金部鉴定的新钢种，但是正式应用到特大型桥梁上，特别是焊接工艺被广泛采用的芜湖长江大桥上，对桥梁钢的焊接性能提出了更加严格的要求。为改善钢板的抗疲劳和抗脆性断裂的能力，对板材、焊缝及受热区的韧性和塑性也提出了更高的要求。为了改善焊接性能和焊后低温韧性，就要控制钢材内碳的含量，以使钢材在具有各项强度时其塑性和冲击性不会下降，具有良好的可焊性；同时，要降低钢材内的磷、硫杂质，提高钢的纯净度，提高钢材的韧性和焊接性能；还有钒含量的适当，也是使钢材具有较好的强度和韧性的重要一环。而要使钢材满足这些要求，需要有精确的数据，而

---

① 采用比一般焊接条件高得多的焊接线能量而不至于引起焊接区韧性显著降低，也不会产生焊接裂纹的钢。

② 低硫、磷的高锰焊丝。与相应的焊剂匹配，焊缝成形美观，脱渣优良。与烧结型焊剂SJ101Q匹配，主要用于有较高韧性要求结构的焊接。是桥梁、船舶、压力容器、工程机械和高寒地区钢结构的理想焊接材料。

③ 低硫磷的中锰焊丝。与烧结型焊剂SJ101Q匹配。

数据的取得是靠无数次的试验。随后建设的南京长江二桥、武汉长江三桥、杭州湾跨海大桥等均采用了14MnNbq桥梁钢，使14MnNbq桥梁钢得到了推广应用，为我国桥梁向"大跨、轻型、整体"的目标发展奠定了坚实的基础。

图 7-4　用14锰铌桥梁钢生产的桥梁杆件

　　新钢种试验成功后，芜湖大桥建设开始上马。此时，中国已经开始走向市场竞争的时代，采用何种钢材还要公开招投标，还有激烈的竞争，究竟在芜湖长江大桥上采用何种钢材，鹿死谁手还未定夺。英国、法国、日本的钢铁公司都想拿到这个订单，日本更是心情迫切，志在必得。因为在这之前，日本生产的SM50C钢已经出口到中国，并为好几座桥梁所采用；中国也有人主张芜湖大桥采用这种型号的钢材，生产有经验，不需担风险。方秦汉主张采用国产的14MnNbq桥梁钢，作为此钢种的开发研制主持人，他了解其研制过程、熟悉其各种性能。他在各种场合、各种会议上反复宣传14MnNbq桥梁钢的优点、优势。他诚恳地说：这种钢种，不谈之前的试验，光研制就花了5年时间，我对它的性能太了解了，研制出后又运用到具体的桥梁之上，质量完全可以保证，根本不用担什么风险。现在虽然是开放的年代，可以购买外国的钢材，但我们国家自己有这么好的桥钢，为什么要用国外的呢？芜湖大桥建设指挥部的领导赞同他这一观点，认为如果芜湖大桥采用14MnNbq桥梁钢，将对中国的桥钢，对生产此种钢材的武钢都是一个极有影响力和说服力的广告。他们对武钢说，为了宣传和推广运用国产桥钢，我们不需要你们的广告费。到了这一关口，日方为了拿到订单，做了最后一搏，报价由每吨600多美金降至500美金甚至许诺还可再降。方秦汉力劝武钢拿下这一订单。武钢对方秦汉和芜湖长江大桥建设指挥部的支持深为感动，在竞标中从容应对，方寸不乱，终以低于日方的报价，获得了供货权。事后证明，用国产14MnNbq桥梁钢建成的芜湖大桥，质量是完全可靠的，而且为国家节约了1.1亿元的材料费。

一种新型的桥钢用于跨世纪的大桥上，方秦汉内心充满喜悦，不仅仅因为此钢种是自己主持开发研制的，更重要的是国家的利益又得到了维护，国家的建桥事业又得以向前推进了一步。方秦汉深刻地体会到，当今时代，桥梁科技的发展是一项综合性的事业，不是哪一个人、哪一个单位单枪匹马能够完成的。这样，从南京长江大桥的16锰桥梁钢，到九江长江大桥的15锰钒氮桥梁钢，再到芜湖长江大桥的14锰铌桥梁钢，组成了我国系列桥梁钢种，并被纳入铁路桥梁设计规范中。方秦汉觉得，一个人能为国家作出这么一点贡献，是最大的安慰。这种安慰胜过获得的许多荣誉。

大跨低塔斜拉桥

芜湖长江大桥桥位的选址和勘测工作从1956年就开始了，1961年因国家建设调整而停止工作。1989年，大桥局[①]勘测设计院接受地方委托开展前期工作，收集研究了原有的桥位资料，并结合现状进行复查，重点研究了光福矶、四褐山和东梁山三个桥位，经过比较，选定了光福矶桥位。该桥位于

---

① 中铁大桥局集团：前身为1953年4月为修建武汉长江大桥经政务院批准成立的铁道部大桥工程局(2001年改制为现名)。是中国唯一一家集桥梁科学研究、勘测设计、工程施工、机械制造四位于一体的大型工程公司，具备在各种江、河、湖、海及恶劣地质、环境条件下修建各类型桥梁的能力。

芜湖市光福矶下游 650 米处,西岸为无为县唐家湾,长江在桥位自南向北流向,芜湖市在东岸,无为县在西岸。此桥址位于顺直展宽河段上,属长江下游感潮河段上段,全年受潮汐影响,最大潮差 1.1 米。无为岸地面高程 5～9 米,覆盖层厚 50～67 米,上层淤泥质软土,下层为砂、硕层,软土厚 10～45 米,下伏基岩平坦,风化层厚,岩质软弱。芜湖岸面高程 6～13 米,覆盖层为砂黏土厚 19～38 米。根据地质揭示,无为岸引桥基础必须通过软土层,进入砂、硕层甚至进入岩层。正桥基础须进入微风化岩体作为持力层。芜湖岸引桥根据地质情况分别选用基础型式,利用硬塑黏土作扩大基础,以降低工程造价。芜湖长江大桥正桥有 15 个桥墩,其中 0 号墩和 14 号墩位于滩地,枯水期河床裸露,因此,两墩基础选用了枯水期间陆地施工的方案。主航道9 号至 12 号墩位于深水区,基础采用了抗撞能力较强的承台置于岩面的低桩承台结构,采用双壁钢围堰施工。

芜湖长江大桥及其相关工程包括公铁两用大桥的铁路桥为 I 级双线,公路桥为双向四车道。跨江正桥为公铁合建布置,铁路在下层,公路在上层。铁路桥全长 10 521 米,公路桥全长为 5 681 米。全桥主体工程量,混凝土约 52 万方,钢材约 9.6 万吨,工程概算造价约 30 亿元。

面对这样的桥位、这样的规模、这样的功能,方秦汉与他的同事们必须经过缜密的考虑、多方的比选、细致的研究、精密的试验,才能确定包括桥式、结构等在内的最佳方案。

正桥桥型中,主跨是全桥最具有代表性的部分。针对选定的桥位,在制订主跨桥式方案时,需要按照主航道范围及三条高程控制线的限制条件来进行考虑。这三条高程控制线就是飞行净空、轨底高程、通航净高。因为临近有个芜湖湾里机场,桥正处在飞机起降方向,桥高会影响飞机的飞行;既有的铁路编组站,使得铁路面不能提高,限制了轨底高程;正在长江主航道上,必须保证航运的需要。以上三条高程控制线的严格限制,决定正桥不可能采用混凝土钢构或连续梁,也不可能按通常比例设计斜拉桥。

在初步设计阶段,吸取了国内外的先进经验,经过反复研究,重点选取了六个主跨方案。

技术设计时根据船模试验及实际航道的现状与发展,进行深入研究、综合比较,选定直塔、伞形索面主跨为 312 米的低塔斜拉桥方案。即在主航道宽约 700 米范围布置三个通航孔,中孔 312 米,两边孔各 180 米。三孔总长 672 米。主跨采用低塔斜拉索加劲的连续钢桁梁结构(简称低塔斜拉桥)。副航道考虑通航、桁高与主航道梁的衔接,采用基本跨度为 144 米的连续钢桁梁。方秦汉推荐了直塔、伞形索面主跨为 312 米的低塔斜拉桥方案。这一方案具有明显的优点:主跨长度基本上覆盖了主航道范围,312 米的中孔为向下航行的通航孔,为轮船提供了较好的通航条件。塔形采用直立的低塔后,塔形简洁,施工简易,低塔还有利于降低斜拉索的疲劳应力幅;而高度仅在公路面以上 34 米,不影响飞机的起降、飞行。公路混凝土桥面与主桁结合共同受力,桁高仅为 13.5 米,可大量节约钢材。此方案可满足各项限值条件,铁道部和安徽省批准了这一方案。

图 7-5　方秦汉在建成后的大桥旁

　　具体到正桥钢梁的设计上,就有相当大的难度了。芜湖长江大桥跨越长江的正桥,采用三孔一联以斜拉索加劲的板桁结合连续钢桁梁结构(简称斜拉桥[①]),按最高通航水位 11.0 米时通航净高 24.0 米计,梁底高程不低于 35.0 米。按芜湖岸接轨要求,梁上轨底高程不高于 37.78 米,线路为平坡。

---

① 斜拉桥又称斜张桥,是将主梁用许多拉索直接拉在桥塔上的一种桥梁,是由承压的塔、受拉的索和承弯的梁体组合起来的一种结构体系。其可看做是拉索代替支墩的多跨弹性支承连续梁。如武汉长江二桥、白沙洲长江大桥均为钢筋混凝土双塔双索面斜拉桥。

主跨 10、11 号塔墩的建筑高度受芜湖机场飞行禁空限制,塔顶高程因受飞行禁空影响规定为不高于 85.0 米。因此上部结构采用了大跨度、厚板焊接整体节点[1]、混凝土桥面板板桁结合的低塔斜拉桥。我国现有桥梁规范仅适用于 160 米以下的一般桥梁,不适用于大跨度桥梁设计。由此带来了一系列技术问题。在这种极苛刻的条件下,钢梁的跨径选定为 180 米 + 312 米 + 180 米,没有边墩,边跨与中跨之比为 180/312 = 0.576 923≈0.58,这一比值远大于常规值,其结果是减弱了梁的刚度,对需要刚度的铁路斜拉桥极为不利;桥梁中线上空受飞行净空控制,塔顶设计高程为 84.2 米,主塔在公路面以上仅 33.27 米,塔高与主跨之比为 33.27/312 = 0.11,约为通常斜塔桥合理塔跨比的一半左右,最外索的倾角为 15.08°,远远小于常规最外索倾角 22°至 25°,是一座我国从未采用过的矮塔斜拉桥。这些都使斜拉索对主梁的减载作用大大削弱。在铁路重载的条件下,钢梁结构的设计显得极其困难。斜拉桥柔性结构,通常为公路桥采用。但火车、汽车的动力作用不一样,铁路荷载远远大于公路荷载,铁路列车的动力作用更远远大于汽车,铁路桥梁对列车运行的安全性和乘客的舒适度均有严格要求,因而对桥梁的刚度就有

图 7-6　芜湖大桥桥面板施工

---

[1] 整体节点作为一种新的结构型式目前已成功地应用在孙口黄河大桥、长东黄河二桥以及芜湖长江大桥中,由于该结构型式在节点外拼接,具有便于施工且利于节点受力等较大优点,因此其应用前景十分广阔。

更高的要求,也就是说使适用公路桥柔性体系的斜拉桥改造成适用铁路体系的斜拉桥,这一体系的改变大大增加了技术上的难度。看来,此桥设计的关键是如何在满足各项条件的情况下,增加梁的刚度,合理确定斜拉索的对数和布置。

作为正桥钢梁设计总负责人,方秦汉面临着一次新的挑战,也面临着一次新的攀升。他与他的团队勇敢地迎接了挑战并取得了胜利。

为了提高斜拉桥的刚度,方秦汉采用了以下主要措施:一是加劲梁采用钢桁梁,在塔身内布置了大量的竖向预应力筋,再加上普通钢筋、劲性骨架、斜拉索导管等预埋件,工序繁多。特别是位于两侧塔柱之间的横梁施工,极易产生裂纹。为了控制质量,避免开裂,制订了特殊的施工工艺和措施。首先,改变混凝土配合比,使用补偿收缩混凝土,并延长初凝时间。其次,在横梁底模支架上安装拉板,用千斤顶施力,给支架压重,随着混凝土浇筑重量增加而逐步减小预压力,达到换重的目的;二是为了提高梁的高度,采用了将斜拉索锚固在塔顶的斜拉桥体系;三是在公路面将钢筋混凝土行车道板与钢桁梁结合共同受力(简称结合桁梁)。结合钢桁梁是由结合钢板梁体系中派生出的新型结构,不仅可节省大量钢材,而且大大增加了垂直向及水平向的刚度,尤其是横向刚度有显著增加,有利于铁路行车。此外,每联钢梁的行车道板无断缝,改善了行车条件,汽车在上面跑起来很舒服、很轻快,也有利于养护。为了验证设计拟定刚度标准的合理性,方秦汉与设计人员一起开展了车桥动力响应的系统研究。研究结果表明,在指定的列车速度下,车体最大加速度小于 $0.2g$,满足乘坐舒适度要求,轮对轴重减载率小于 0.25,说明列车运行的安全性可以得到保证。

这种结合桁梁的设计使我们想到方秦汉早年的相关经历:即他 1957 年设计、1959 年建成的川黔线乌江大桥,有两孔即是跨度 44 米有钢筋混凝土面板与钢梁结合而成的"结合梁",且是当时铁路桥结合梁的最大跨度。从 32 岁到 72 岁,时光过去了 40 年,可是那种敢为人先的探索精神却没有泯灭,那种在桥梁结构上通过"结合"来达到一种新的形式、新的效果的思路在不断发展。可以说,清华求学、王序森先生教导、数座大桥的历练,使方秦汉先生在桥梁设计中已经达到了一种融会贯通、一通百通的境界,已经能将以往的成功经验科学、灵活运用于新的工程实践中,提高新工程的各项效益。

科学活动是以发现为核心的,技术活动是以发明为核心的。现代桥梁工程则是在先进的科学理论的指导之下、通过先进的技术装备去完成的一种社会活动。也就是说,作为具有高科技含量、高投资、高风险、大规模的桥梁建设,它必须紧紧立足于桥梁的实际,广泛运用当代最新的科学发明、技术发现,推动自身的不断发展。建设一座桥梁,不是去发现一个真理,不是去追求一个唯一,只要将桥建出来,符合使用要求,而且造得好,造得美,造得快,造得省,就达到了目的。所以,工程是灵活的,是多方案的,是多途径的。这就为桥梁科技的创新、创造提供了广阔的空间。纵观 20 世纪,法国工程师 Freyssinet 于 1928 年发明预应力混凝土技术,德国工程师 Dishingergf 于 1938 年首创现代斜拉桥,瑞士工程师 Menn 于 1979 年首创连续刚构桥……他们都是在具体的桥梁的施工实践中通过技术创新来超越前人、填补空白,从而推动桥梁科技的进步。假若一个桥梁设计师、工程师只满足于依照前人的方案实施,只求可行,不求卓越,那桥梁科技就永远停滞不前了。

科学试验防断裂

芜湖长江大桥钢桁梁采用焊接整体节点。钢桁梁是栓焊结构,所有零件最大限度地在工厂焊接成整体,减少工地组拼和拴接,其特点是杆件(箱形截面)和节点是封闭结构,主桁杆件所用板件的厚度为 32 毫米至 50 毫米,大部分超过 40 毫米,厚板存在着板厚效应,主要表现为力学性能降低,焊接难度增大,加上节点处焊有众多的附连件及厚薄板对接等,焊缝纵横交叉,处理不当极易造成疲劳开裂,因此,方秦汉认为设计的核心问题是:防裂、防断[25]。具体措施有:根据大量的试验研究,制订了芜湖长江大桥正桥钢梁疲劳检算规定,并在细节处理上贯彻大弧、缓坡、打磨、锤击。大弧是板件的弧度尽可能地大,尤其是焊在主件上的附连件,应有圆弧过渡。缓坡指厚薄板对接,不同厚度的焊缝,均要求1∶10的过渡区段。打磨是圆弧过渡区,打磨匀顺,对接焊缝的加强膏要打磨,弧坑务必打磨除尽。锤击是指必要时沿焊址进行锤击,消除焊接残余应力,提高疲劳强度[26]。

因杆力大,主桁杆件所用的钢板的厚度为32～50毫米,所采用的大部分是超过40毫米的钢板,存在厚板效应,主要表现在力学性能降低,焊接难度增大,拘束度大,一旦发生焊接变形,极难调整,几何尺寸、公差配合都将发生困难。因为是封闭结构,有些焊缝就成了隐蔽工程,所以对这些焊缝有更高的要求,如垂直受力方向的焊缝,十字交叉焊缝等。要设计复杂的高难度的板厚、焊接、整体节点,着眼点是防止焊接疲劳开裂和脆性断裂,一切试验必须高起点,严要求。

为保证其可靠性,方秦汉领导还主持开展了钢梁整体节点疲劳问题的试验研究。

在进行钢梁疲劳验算中,存在两个问题:第一,现有设计规范中对疲劳验算的规定沿用的还是20世纪70年代的设计思路,不能反映近期运营状态下的疲劳特征。芜湖桥是跨世纪大桥,必须寻找一种安全、经济、切合工程实际、易于设计人员使用的新的疲劳检算方法。第二,由于芜湖桥设计采用的14MnNbq钢为厚板型中强度新钢种,桥梁结构形式也比较新颖,其厚板焊接工艺和整体节点构造细节均属首次使用,因此,芜湖桥钢梁疲劳抗力情况究竟怎样,成为大桥设计者急需了解的问题。到了大桥制造阶段,桥梁厂采用了新的精密焰切加工工艺,是否会对构件性能,尤其是疲劳性能产生不利影响,需要试验验证。

试验内容主要包括三个方面:第一,结合芜湖长江大桥钢梁结构细部设计,进行各种构造细节的接头疲劳试验,给出相应每种构造细节的疲劳强度曲线;第二,整体节点模型疲劳试验,采用大比例尺模型,模拟实桥节点受力,采用与实桥相同的制造工艺,通过施加疲劳荷载,对新型整体节点的抗疲劳性能给出总的验证和评价[27];第三,结合整体节点模型疲劳试验进行节点模型的应力分布试验,并进行有限元分析。

方秦汉带领试验团队首先对芜湖桥设计图纸进行了详尽的分析,找出近20组需要注意的疲劳构造细节,经论证确定对13.5组细节进行设计和疲劳试验,试验采用2 000 kN(千牛)液压伺服疲劳试验机,共得到58根试件的试验数据和各细节的疲劳破坏特征。经过分析,得出全部试验细节疲劳曲线,解决了14MnNbq钢在芜湖长江大桥焊接工艺加工下的各重要构造细节的疲劳抗力。同时,根据试验现象,为钢梁制造加工提出了科学建议。此外,为了统一各单位疲劳试验数据分析方法,报告提出了"芜湖长江大桥疲劳试验规定细则"。为满足芜湖桥工期需要及铁道部的要求,方秦汉带领课题组经过三个步骤,最终确定了疲劳验算规定:步骤一,通过参考国内外大量相关数据,并进行初步分析后,于1996年11月25日芜湖桥初步设计开始时,提交了"芜湖长江大桥正桥钢梁疲劳验算规定草案",让设计人员先行设计,但强调其中疲劳抗力部分尚待试验验证。步骤二,在完成各细节疲劳试验重要点(共19根试件)后,经进一步分析验证,于1998年9月提出"芜湖长江大桥正桥钢梁疲劳验算规定",供设计人员校核确认设计图纸,其中,疲劳抗力部分需在试验中及时反馈试验情况,待全部试验完后定稿。步骤三,在得到全部疲劳试验数据后,分析整理并验算了前面所提交的验算规定中先期制定的疲劳曲线,同时又对我国1965年以来的疲劳试验进行调研,采集了有效试验数据近30组,进行重新分析,并参考国外桥的规定进行科学比对。方秦汉等人根据上述疲劳试验结果,制订出芜湖长江大桥正桥钢梁疲劳验算规范和抗疲劳处理技术规范,经铁道部批准后,正式用于芜湖长江大桥正桥钢梁设计。

针对14MnNbq钢整体节点常见的问题细节,对每类焊缝优选硫、磷含量低的与之匹配的焊丝(焊条)和焊剂,优化焊接工艺,使焊缝达到低强、高韧,结束了多年来整体节点桁梁只能用国外钢材的历史,并率先在长东黄河二桥上采用14MnNbq钢焊接整体节点。整体节点弦杆和箱型斜杆内的隔板焊缝为疲劳控制焊缝。为了减少疲劳影响,其隔板焊缝采取了间断焊,对端板只在内侧焊接,外侧则采用密封新工艺,这样既解决了箱内锈蚀难题,又避免了焊接封闭的疲劳问题。对隔板焊缝两端,要求进行严格的打磨匀顺处理,同时对弧坑及超陷的缺陷也必须修磨平整,检查合格后方能封盖。试验表明,垂直于受力方向的角焊缝以及整体节点杆件联结节点板处焊缝,是桥梁各种接头中抗疲劳性能较弱的细节,使用锤击法处理焊趾,可以消除焊趾处的缺陷,缓和应力集中,从而可提高焊缝的抗疲劳性能。在焊接接缝和整个钢梁的疲劳试验中,方秦汉也学到了很多知识,比如焊接方面的知识,方秦汉是学无止境的,他学到的这些知识后来又用在了其他的桥梁设计之中。

复杂的焊接结构,防裂、防断关系到桥梁重大安全,是芜湖长江大桥必须解决的关键技术。我国防断研究始于九江长江大桥,并进行了试探性研究,对钢桥的防断设计有了初步认识。芜湖桥的防断研究由大桥局负责设计,委托 725 研究所①完成。芜湖长江大桥依据断裂力学,以大板深缺口试验为基础,Cv 冲击性为依据,落锤试验为校核,对 14MnNbq 桥板进行了系统的断裂控制研究,据此制订了 14MnNbq 钢在各种温度和使用条件下用于焊接钢桥的极限板厚,为芜湖长江大桥采用厚板钢梁提供了防断依据。由于采用厚板焊接整体节点;大量使用承受拉应力和疲劳应力的对接焊缝;焊接构件尺度大,刚度大,构造复杂;铁路载荷具有集度大、冲击力大的特点等。为确保焊接结构具有良好的塑性和低温韧性,根据芜湖长江大桥的环境和使用条件,经过充分论证,制订了焊接标准。设计时进行了大量的试验,如进行大量的大型宽板拉伸试验②,根据得到的试验结果作出统计分析,以此作为防断选材的基础。考虑到大型试验的结果不能作为材料的验收指标,又进行了充足的夏比 V 型缺口冲击试验③,并运用数字工具得到了冲击试验的统计表达式。根据大型试验和小型试验的结果,建立起了两种试验间的统计关系,得到了 14MnNbq 钢及其焊接头的断裂抗力表达式。采用了

---

① 中国船舶重工集团公司第七二五研究所是当时我国国防工业系统唯一从事舰船材料研制及应用工艺研究的军工科研事业单位。七二五所重点科研领域是:船体结构材料研究,有色金属研究,非金属材料研究,腐蚀与防护研究,特种材料研究,焊接工艺研究,自然环境试验研究。
② 测定材料在拉伸载荷作用下的一系列特性的试验,又称抗拉试验。它是材料机械性能试验的基本方法之一,主要用于检验材料是否符合规定的标准和研究材料的性能。
③ 是用以测定金属材料抗缺口敏感性(韧性)的试验。制备一定形状和尺寸的金属试样,使其具有 U 形缺口或 V 形缺口,在夏比冲击试验机上处于简支梁状态,以试验机举起的摆锤作一次冲击,使试样沿缺口冲断。对重要结构的材料近年来趋向于采用更能反映缺口效应的 V 形缺口试样做冲击试验。

断裂力学的 K 概念①,建立起了 14MnNbq 钢各韧性级别的极限厚度表。通过这些大量的试验,确定了与 14MnNbq 钢相匹配的焊接材料,制订了焊接工艺要点,为制订钢梁制造规范提供了依据。

针对大跨重载桁架采用厚板焊接、全封闭整体节点和大断面带肋箱型焊件承受拉应力和疲劳应力的特点,对其中各种焊缝的防断性能进行了断裂力学和疲劳问题的试验研究,为设计提供了依据。并在试验论证的基础上制订了相应焊接标准和制造规则,制造工厂通过优化工艺措施和优选焊接材料,保证了工厂里大规模生产中焊接接头的高韧性。芜湖长江大桥关于厚板焊接、整体节点制造、疲劳和防脆断的研究与应用,促进了我国焊接钢桥技术的发展。

新钢种研制成功后,研制出相应的焊接材料和焊接工艺,并确定了直塔、伞形索面低塔斜拉桥桥梁的形式。1997 年是芜湖长江大桥建设的起始之年,芜湖长江大桥有限责任公司②先后召开了两次董事会会议,研究确定大桥指导性施工组织安排,形成了全桥工程质量创国优的建设目标。作出了 2000 年 9 月 30 日建成开通的决议。为此,芜湖长江大桥建设全面拉开。

1998 年,大桥建设遭遇了 50 年一遇的洪水,致使重点控制工程——正桥水中墩被迫停工近三个月。但经全体参建职工之后急追猛赶、加班加点、顽强拼搏,确保了桥墩的施工进度。方秦汉组织和协调钢梁的制造、安装、科研、评审等工作,解决了一个又一个影响大桥建设的关键和难点问题。1998 年 7 月 27 号,宝鸡桥梁厂开始制造钢梁,同年 11 月 27 日,大桥局开始钢梁架设,方秦汉为斜拉桥钢梁安装制订了详细的架梁规则,按此规则双向对称悬臂架梁。大桥施工由下部基础转入上部结构,大桥建设取得阶段

---

① 断裂力学(fracture mechanics),1921 年英国科学家 Griffith 研究"为什么玻璃的实际强度比从它的分子结构所预期的强度低得多?"推测:"由于微小的裂纹所引起的应力集中而产生",提出适合于判断脆性材料的与材料裂纹尺寸有关的断裂准则—能量准则。K 为应力强度因子。

② 铁道部和安徽省分别授权中铁建设开发中心、芜湖长江大桥公路桥有限公司为产权代表,共同组建项目法人——芜湖长江大桥有限责任公司。公司管辖范围为芜湖长江大桥工程,包括大桥正桥、铁路引桥及公路引桥。

性成果。1999 年 4 月 21 日,正桥大直径钻孔桩基础完工,首次在长江深水、动水、厚覆盖砂层中实现了泥浆护壁的大直径钻孔桩基础,拓宽了长江深水基础施工类型,达到了工期短、投资省的理想效果。1999 年 7 月 21日,铁路引桥开始铺架,同年 8 月 1 日,公路引桥开始施工,9 月 28 日,主跨钢梁开始架设,其中副航道 144 米钢梁采用吊索架全伸臂安装,主跨矮塔斜拉桥采用双伸臂安装,并首创双铰合拢法,先调整横向偏差,使合龙口两侧桁中线贯通,再调整合龙口两侧竖向高差,合龙长圆孔,后调整纵向偏差,合龙圆孔,取出长圆孔铰轴,按规定要求打上冲钉,穿上螺栓并施拧,最后取出圆孔铰轴,完成合拢。312 米主孔则采用跨中合拢,提高了合拢精度。至此,控制总工期的关键工程实现重大突破,为大桥按期建成奠定了基础。

质量宣言誓生命

1999 年 8 月 23 日,有着“世纪大桥”之称的芜湖长江大桥,基础工程已经基本完工,质量全部达到国优标准,即将全面进入架梁阶段。在这最后的冲刺关头,工地上举行了一个庄严的仪式。数百名大桥建设者们,在巍然矗立的桥墩之下,随着镌刻着《世纪大桥质量宣言》的汉白玉碑的揭幕,举手庄严宣誓:“我们郑重承诺:我们将像珍惜生命一样,珍惜世纪大桥的质量。我们将为世纪大桥的质量终身负责。到 2000 年 9 月 30 日建成之日,我们将保证每一座墩台、每一孔钢梁,都达到国优标准。”

1999 年是即将跨入新世纪的一年,然而对桥梁建设者来说,却是并不吉利的一年。因为该年的 1 月 4 日,有着“小重庆”之称的綦江县城,一座横跨綦江的人行钢筋混凝土桥——虹桥突然坍塌,造成 40 人死亡,14 人受伤。当时经过调查取证和专家组技术鉴定,认为在该桥的整个建设过程中,有关领导急功近利,有关部门严重失职,有关人员玩忽职守,工程立项、发包承包、设计、施工、监理、验收等环节均严重违反了基本建设程序,且设计、施工

图 7-7　芜湖长江大桥的建设者宣誓：对大桥质量终身负责

主体资格均不合法,工程管理十分混乱,导致施工质量极为低劣,致使该桥建成时就是一座危桥。同年 1 月 9 日下午,正在施工的福建省浦城县水北大桥第 3 孔拱架突然坍塌,造成重大人员伤亡。经过有关部门鉴定,认为导致事故的直接原因是:拱圈砌筑违反施工规程、规范。不到一个礼拜,接连 2 座桥坍塌,舆论哗然,影响极坏,引发了人们对已建和在建的桥梁乃至所有建筑的担忧。联想到上年洪灾,九江市城防大堤在位于城西 4 公里处发生决堤,顷刻间,大堤被撕开了 50 多米的口子。后发现倒塌的防水墙里未发现有钢筋。朱镕基总理为此痛批:你们不是说固若金汤吗? 谁知堤内是"豆腐渣"! 人命关天,百年大计,千秋大业,竟搞出这样的"豆腐渣"工程、"王八蛋"工程! 此后,工程质量问题成为人民关注的焦点。

在这样一个非常时刻,担负大桥局主体工程施工的大桥局职工发出上述质量宣言,是为贯彻落实国家规范建筑市场而采取的一次自律行动。实际上,在大桥开工建设以来,在大桥局芜湖长江大桥工程指挥部的领导下,所有的参战者精心设计、精心施工,从一开始就把目标锁定在国优工程上,为此建立起创优领导小组和质量保证体系,制订了创优规划,严格"自检、互检、职检"三检制度和工程质量签证制度,制订了严格的追究责任制度和奖惩制度。

一贯重视桥梁建设质量的方秦汉此时更成为芜湖长江大桥质量的守护神。质量工程是综合工程,确保一座桥梁的质量,必须从设计、科研、制造、

加工、安装等各个阶段、各道程序
抓取，一步也不能马虎，一刻也不
敢大意，一丝都不容松懈。为此，
方秦汉跑工厂，下车间，去工地，上
桥墩，直接融入桥梁建设中，以便
更快地了解施工进度、发现问题、
解决问题。已经年过七旬的方秦
汉仍然能够在凌空的墩台上奔忙，

图 7-8　方秦汉在芜湖长江大桥工地

确实令许多建设者既敬佩又担心。他这种工作态度和工作精神就是对"质
量宣言"最好的诠释和践行，因而带领和鼓舞了所有参加芜湖大桥建设的工
程师、技术员和一线工人，为芜湖大桥的高质量起到了模范带头作用。

　　为了确保质量，他紧盯科研项目在应用后的测试工作。芜湖长江大桥
有限责任公司为了搞好这一工作，专门召开了检测工作会议，并成立了检测
组织机构——检测协调领导小组。组长由公司的总经理赵世运担任，方秦
汉担任副组长。同时，还成立了检测工作组，方秦汉担任组长。方秦汉忠实
地履行自己的职责，同小组成员一起，以科学严谨的态度，对科研项目的应
用逐项检测，确保其安全可靠，真正完成从试验阶段到应用阶段的转换。

　　为了确保工程质量，他也紧盯钢梁的制造工作，在完成理论上的设计
后，他还到工厂去，通过完善工艺方案，控制制造工序来保证钢梁不出问题。
他提出，芜湖长江大桥的钢梁的设计制造，指导思想就是防裂，确保不裂、不
断。他对钢梁制造工艺提出了 4 条基本要求：大弧，缓坡，打磨（使钢梁表面
光滑），锤击（消除内应力），以便相关人员更好地掌握。

　　为了确保质量，他还紧盯现场的安装、架设工作，协助现场管理者、施工
者搞好钢桁梁的安装、合拢。合拢是一次超静定结构体系的改变，必须要有
一系列的保证措施：合拢段在工厂制造时，就必须严格控制公差①，出厂前要

---

① 公差是一个使用范围很广的概念。是指实际参数值的允许变动量，既包括机械加工中的几何参
　数，也包括物理、化学、电学等学科的参数。对于机械制造来说，制定公差的目的就是确定产品的
　几何参数，使其变动量在一定的范围之内，以便达到互换或配合的要求。

进行试装保证栓群过孔率,合格后方可出厂;在安装架设过程中,要提前严格控制钢梁的高差、旁弯、扭转,如不及时加以调整,架设过程中不准投孔和扩孔;在墩顶和合拢段的杆件上,均设置起顶装置,中间合拢时靠调整斜拉索、弹性索及所附的拉顶装置来控制。与此相同,上部结构施工的每一阶段、每一道程序,都有确保安全和质量的一整套措施,使得整座桥梁的施工一直处在可控状态。

图7-9　方秦汉(左一)在芜湖长江大桥工地与施工人员共商钢梁的安装架设

　　芜湖长江大桥在开通前夕,经铁道部主持,铁道部和安徽省联合进行了验收。单位工程优良率达98.2%。专家组在认真审查竣工文件和查看现场的前提下,一致认为:大桥施工组织周密,结构安全可靠,工程已达到施工组各项要求。验收委员会在芜湖大桥有限责任公司预验、铁道部工程质量监督总站上海监督站质量等级核算的基础上,根据各专业组工程检查评定意见,一致同意:芜湖长江大桥工程的施工质量总评为优!

　　一个庄严的承诺,也许就是无限量的付出;一个庄严的承诺,也许就是长时间的守望;一个庄严的承诺,也许就是一辈子的责任。付出、守望、责任始终是方秦汉的工作,也是他的生活,对此,方秦汉从不后悔!芜湖长江大桥的建设者们也不会后悔,正是有了他们的承诺和对承诺的履行,一座伟大的建筑才会不负众望地、骄傲地屹立在蓝天之下、大江之中,迎接新世纪的到来,迎接今后无尽的岁月。

技术创新获殊荣

芜湖长江大桥的工程量为南京长江大桥和武汉长江大桥的总和,但总工期仅为三年半,其中还遭遇到百年一遇的 1998 年长江特大洪水的影响,耽误了 3 个月,但由于采用了大量先进技术,建设速度为长江中下游的建桥速度之最。芜湖长江大桥使用了我国独立开发的新钢种——14MnNbq 钢,为我国大跨度桥梁用钢提供了一种品质优良的国产新钢种,完善了国产桥梁钢系列,具有很好的经济和社会效益;对板桁组合结构进行了系统的理论和试验研究,并大规模用于大跨度低塔斜拉桥[28];对钢梁厚板和整体节点技术的系统研究,推动了我国焊接桥梁技术的发展[29];主跨 312 米的低塔斜拉桥突破了我国铁路重载桥梁跨度 300 大关,其跨中精确的合拢技术,标志着我国桥梁施工控制技术达到了世界先进水平。在大桥三角网控制测量中采用 GPS 全球卫星定位技术,在使用常规三角测量方法建立大桥平面控制网的同时,首次采用 GPS 全球卫星定位技术进行复核,将 GPS 测量得到的控制点坐标与常规测量结果比较说明:施工平面控制网精度可靠,同时也证明应用采用 GPS 全球卫星定位技术建立施工控制网是完全可行的。大桥建成后不经过监管运营,直接作为正式线路承担这样大的运量,在我国铁路建设桥梁史上也属首次。

芜湖长江大桥的建设,全面实施"高强、整体、大跨、新结构"的技术政策,解决了荷载重、跨度大等引起的许多技术难题。所采用的新材料、新结构、新技术、新工艺,不仅为搞好大桥建设奠定了坚实的科技基础,更重要的是它大大提升了我国的公铁两用桥梁设计、制造、安装水平,使我国公铁两用桥梁的建设水平跨上一个新台阶。这座低塔公铁两用钢斜拉桥,集我国现代桥梁新技术、新结构、新材料、新工艺之大成,其工程规模和技术含量,均居亚洲同类桥梁首位,在施工中创出了十余项全国纪录,这标志着我国建桥技术已达到世界先进水平,而且在世界上也名列前茅[29]。大桥建成后产生了良好的经济效益和显著的社会效益。该工程 2001 年被评为国家优质工程鲁班奖①，2003 年获詹天佑土木工程大奖②。

2003 年 2 月 28 日，中共中央、国务院在北京人民大会堂举行盛大的 2002 年度国家科学技术奖励大会。"大跨度低塔斜拉桥板桁组合结构建桥技术"在内的 10 项成果获国家科学技术进步奖一等奖。鉴定委员会作出的鉴定意见，文字简约而内涵丰富："本项目提出的低塔斜拉桥和板桁组合结构建造的公、铁两用桥梁，在我国属首次应用，为此而展开的设计、施工工艺和装备、新型桥用钢材开发、厚板焊板技术、焊接接头抗疲劳和断裂性能，新型板桁组合结构性能和设计方法、斜拉索在高应力幅值下的疲劳特性等展开的理论研究和科学实验具有综合性、基础性和实用性，不仅解决了芜湖桥的关键技术，确保了工程顺利施工，而且具有重大的推广应用价值……其整体建造技术达到了国际先进水平。"鉴定意见中提出的这项获奖的技术所具有的"综合性、基础性和实用性"，正是方秦汉通过一座又一座桥梁的设计和科研实践所力求要达到的目标。大会前，江泽民、胡锦涛等党和国家领导人会见了 2002 年度国家科学技术奖励获奖代表。方秦汉是受接见的代表之一。其实，4 年前的 1999 年 1 月 8 日方秦汉也是在这里代表获得国家科技进步一等奖的"九江长江大桥建设新技术"的完成单位大桥工程局领取奖状。方秦汉参与设计的武汉长江大桥、南京长江大桥、九江长江大桥都获得过极高的荣誉，都曾接受过党和国家领导人的视察。

领导的接见、领导的视察、奖励的获得，自然值得高兴，自然令人激动，但方秦汉激动的真正原因，是科技工作者创新环境得到进一步改善。一个国家的整体创新能力的提高，不仅来自于企业和研究机构内在活力的增加，

---

① "鲁班奖"全称为"建筑工程鲁班奖"，1987 年由中国建筑业联合会设立，1993 年移交中国建筑业协会。主要目的是为了鼓励建筑施工企业加强管理，搞好工程质量，争创一流工程，推动我国工程质量水平普遍提高。"鲁班奖"是行业性荣誉奖，属于民间性质。1996 年 7 月，根据建设部"两奖合一"的决定，将 1981 年政府设立并组织实施的"国家优质工程奖"与"建筑工程鲁班奖"合并，奖名定为"中国建筑工程鲁班奖"，每年评选一次，奖励数额限为每年 80 个。
② "詹天佑奖"全称为"中国土木工程詹天佑大奖"，1999 年设立，是中国土木工程设立的最大奖项。主要目的是为了推动土木工程建设领域的科技创新活动，促进土木工程建设的科技进步，进一步激励土木工程界的科技与创新意识。因此，该奖又被称为建筑业的"科技创新工程奖"。

图 7-10　在 2002 年度国家科学技术奖励大会上，方秦汉受到党和国家领导人的接见

更来自于科学的制度安排和良好的社会经济环境。每年召开奖励大会，党和国家重奖有突出贡献的科技工作者，全社会给予他们极高的荣誉，这都极大地鼓励了广大科技工作者的创新热情。

任何先进的技术，任何创新的成果，任何取得的第一，都不是为了标新立异，也不是为了获得奖励，全是桥梁建设的实际需要；而且每一项成果都不是靠个人和单独的部门，运用单一的知识、技能所能解决的，它是集体智慧的结晶，是部门协作的结果，是多种学科的渗透。所以，它才具有如同基础知识、基础理论那样的普遍性、可容性、指导性，也才对桥梁建设具有可供借鉴、便于操作的实用性。

2000 年 9 月 30 日上午，铁道部和安徽省在芜湖长江大桥上举行该桥建成通车典礼。方秦汉与各界人士一起，热烈庆祝这座被称为中国桥梁史上"第四座里程碑"的大桥胜利建成。方秦汉站在桥面上，望着数千只和平鸽伴着气球腾空而起，见证 280 辆红、黄、绿、白、灰五色轿车和绵延数里的客车队在 10 辆摩托的带领下，浩浩荡荡通过大桥，一座具有国际先进水平的桥梁在共和国 51 岁生日的前一天，傲然挺立在安徽芜湖城的长江之上。

"懵懂"院士获加冕

　　在芜湖长江大桥修建的日月里,也是方秦汉集中收获个人荣誉的岁月。虽然,方秦汉从不去追求荣誉,但一系列荣誉,包括最高荣誉还是接踵而至,这充分证明了建桥界对他为国家建桥事业所做巨大贡献的肯定。除却获得旨在表彰在铁路科技创新和铁路科技应用方面成绩显著人员的詹天佑铁道科技发展基金第三届詹天佑大奖外,他也迎来了技术人生的另一辉煌——当选为中国工程院院士。这是第二次选举,首届选举,他的同事、专长于桥梁总体及基础工程设计的陈新①当选为院士,他为此感到高兴。这一届,他被提名为候选人,他对此事看得较淡,并没有刻意去争取。在这届选举中,他以高票当选为中国工程院院士。

　　1997 年 11 月,"钢霸"的雅号刚刚开始享誉业界内外,且芜湖长江大桥还在紧锣密鼓地施工中时,方秦汉迎来了对他一生在桥梁事业上所做贡献的最重要肯定——当选中国工程院院士。可是院士怎么会和"懵懂"(在我们采访他的近一年时间里,只要问到他为什么会有那么大的热情和干劲,那么执着干这些事情有什么动机时,方院士说得最多的词就是"懵懂",这也让我们常常困惑于此。我们现在还无法对此做一个合理合情的解释,只能尽量还原方院士的一些话语和想法)联系起来?

　　方秦汉说,他没有想过有一天能当上院士,因为一直醉心于工作的他,从不追名逐利,只求做好眼前事。他是那个时代的工作狂,更准确地说,他的眼里只有工作,看不见功名利禄,也就无从追逐了。按照他自己的话,他其实对名利是"懵懂无知"的,不知道如何去追逐。"小的时候什么都不懂!

---

① 陈新(1932 年 1 月 12 日—2011 年 6 月 26 日),原中铁大桥局集团有限公司副总工程师。历任中铁大桥局工程师、高级工程师、教授级高级工程师、勘测设计院总工程师、中铁大桥局集团有限公司董事、副总工程师等职务。1995 年当选为中国工程院院士。2011 年 6 月 26 日,因病医治无效在无锡逝世,享年 80 岁。

什么都听老师的。等我到大学里面还是懵懵懂懂,一点竞争的意识都没有。我可以说是大器晚成,早些年一直没有目标,也不知道学完了做什么用。不像现在,现在技术娴熟。那时候社会和现在不一样,就是懵懵懂懂,所以现在编不出励志故事来,呵呵。"①每当问起方院士对事业的态度,他总是这样笑着调侃,真实而亲切,朴素而有力量。也许,正是因为他的这种对名利的"懵懂",才能够一直兢兢业业地做好眼前事,才能够不顾及其他杂事干扰,坚持做自己认为对的事,才能够为了达成的目标宁折不弯成为名副其实的"钢霸",才能够成为桥梁界的一代名师。

对名与利的"懵懂"是成就方秦汉学术成就的一大重要原因,可是却也让他在获得院士这一至高荣誉时,不那么一帆风顺。

1994年,中国工程院刚刚成立,由于建院时人数有限,9月26日,朱光亚②院长在新闻发布会上宣布中国工程院将在全国范围内增选200名院士。当时,九江长江大桥已经成功合拢,方秦汉凭借在武汉长江大桥、南京长江大桥及九江长江大桥等多座公铁两用桥的表现,已经获得国家级科学技术进步奖5项、省部级科技进步奖8项、科学技术成果鉴定证书10项、荣誉证书1项、奖励证书1项:

表7-1　方秦汉评为院士之前获得的主要科技奖励项目

证书性质	颁发单位	获奖时间	证书内容
国家级科学技术进步奖	国家科技奖评委	1985年	南京长江大桥建桥新技术,特等奖
	国家科技奖评委	1988年7月	天津塘沽海门大桥建桥新技术,二等奖
	国家科学技术委员会	1995年10月	大跨度栓焊梁用15MnVNq钢的优化研究与生产,国家科技成果完成者证书
	国家科学技术委员会	1996年12月	多个TMD减振技术及其在九江长江大桥的应用,三等奖
	国家科学技术委员会	1997年6月	九江长江大桥正桥钢梁安装柔性拱合龙技术,国家科技成果完成者证书

① 方秦汉访谈,2013年3月19日,武汉。资料存于采集数据库。
② 朱光亚(1924—),湖北武汉人。我国核科学事业的主要开拓者之一,中国科学院、中国工程院资深院士,中国科学技术协会名誉主席、原主席,中国工程院原院长、党组书记,中国人民政治协商会议第八届、九届全国委员会副主席。

证书性质	颁发单位	获奖时间	证书内容
省部级科学技术进步奖	铁道部	1993 年 1 月	九江长江大桥双层吊索架架设大跨度钢梁新技术,二等奖
	铁道部	1993 年 1 月	大跨度栓焊梁用 15MnVNq 钢的优化研究与生产,三等奖
	铁路工程总公司	1994 年 5 月	九江长江大桥主孔钢梁合龙技术,集体一等奖
	铁路工程总公司	1994 年 5 月	九江长江大桥 35VB、M27 高强度螺栓施拧工艺及检测研究,集体三等奖
	铁道部	1994 年 12 月	九江长江大桥主孔三跨刚性梁柔性拱钢梁合龙技术,一等奖
	铁路工程总公司	1995 年 9 月	TMD 减振技术的开发应用,集体一等奖
	铁道部	1995 年 12 月	TMD 减振技术及其在九江长江大桥的应用,二等奖
	铁道部	1996 年 12 月	九江长江大桥 15MnVNq 钢厚板焊接及钢梁制造新技术,一等奖
科学技术成果鉴定证书	冶金工业部、铁道部	1990 年 12 月 10 日	大跨度栓焊桥梁用 15MnVNq 钢的优化研究与生产
	铁路工程总公司	1991 年 12 月 23 日	九江长江大桥双层吊索架架设大跨度钢梁新技术
	铁道部科技司	1993 年 3 月 27 日	长列摩擦型高强度螺栓接头极限承载力的研究
	铁道部科技司	1993 年 3 月 27 日	16Mnq 钢用于焊接桥梁的适用性研究
	铁路工程总公司	1994 年 4 月 7 日	九江长江大桥正桥钢梁 216 米大跨跨中合龙技术
	铁路工程总公司	1994 年 4 月 7 日	九江长江大桥正桥钢梁安装柔性拱合龙技术
	铁路工程总公司	1994 年 4 月 7 日	九江长江大桥 35VB,M27 高强度螺栓施拧工艺及检测
	铁路工程总公司	1994 年 9 月 4 日	TMD 减振技术及其在九江长江大桥的应用
	铁道部科技司	1995 年 7 月 19 日	九江长江大桥 15MnVNq 钢厚板焊接技术
	铁道部科技司	1997 年 3 月 1 日	九江长江大桥建造新技术
荣誉证书	湖北省人民政府	1987 年 9 月	湖北省劳动模范
奖励证书	国务院	1992 年 10 月 1 日	政府特殊津贴

因此,无论就所做的工作量(主持设计建造了大大小小的桥梁二十余座),还是工作能力(业界"钢霸"的称谓),抑或取得的成就来说,当时的他按说已经具备了评选院士的实力。但由于其淡泊名利的性格,便完全没有想过要在中国工程院的第一届选举中做一次尝试。而与他同在中铁大桥局的同事、擅长桥梁总体及基础工程设计的陈新总工程师在主动申请的情况下,被提名为候选人,并最终当选为桥梁界的首位院士。方秦汉回忆当时的心情是,真心为陈新同事感到高兴和骄傲,因为他的当选也代表了业界对他们团队工作成就的承认。因此,自己当时不仅没有为未曾提交申请而后悔,而且更为自己的企业、自己所从事的桥梁事业得到了重视和承认而感到快乐和欣慰。

完全不为院士头衔所动的方秦汉又继续投身到了芜湖长江大桥的桥梁建设的事业中去。很快,第二届院士选举又开始了。虽然方秦汉是在这一届被选举成为院士,可是他却不是被推荐的第一人。

开始申报院士工作时,大桥局原本有意推荐方秦汉的,可是考虑到九江长江大桥建设时期的"京都大辩论",他的设计研究工作曾遭到多方质疑,虽然事后证明这些质疑是多虑的,甚至是完全错误的,但此事影响甚广,还惊动了中央,因此可能会使专家评审时对他的学术稳定性和权威性产生顾虑。综合多方考虑,加上方秦汉本人依旧没有提交院士之名的申请,所以大桥局便推荐了另一位更为稳妥的同事。

让人意想不到的是,工程院的专家评审在看到大桥局的推荐人时,询问了一句,为什么方秦汉没有被推荐?这一问可谓让大桥局和方秦汉喜忧参半。喜的是,这意味着方秦汉被选中的可能性大增;忧的是,由于没有提前准备,时间仓促,来不及准备申报材料。

学术论文是申报材料中极为重要的一项,对于从事桥梁设计的方秦汉来说,这辈子写了多少纸上文章数不清了,"大概有几十篇吧,以前写的都扔了,现在也不怎么写了。"①据大致统计,从大学毕业之后到 2013 年,方秦汉一共公开发表了 34 篇专业论文,其中英文文献 9 篇。虽然如此,但其中大部

---

① 参见 2013 年 6 月 18 日中国桥梁网报道——"糊涂"一世的钢霸　方秦汉院士的纯正人生。

分是退居二线、教书育人时所作。截止到 1997 年 11 月退休之前,发表论文才 11 篇,其中英文文献 3 篇。由于有些论文时间较久,有些论文是施工所用,查找起来比较费力,加上时间非常紧迫,最后申报时要求提交的"1990 年以后发表的部分论著"只有 5 篇,这让评审小组很是为难了一阵子。所幸的是,凭借众多实实在在的实践成果,凭着长江黄河上那一座座巍然屹立的桥梁,方秦汉还是顺利地进入了院士候选第二轮。

在工程院的《候选人提名书》中是这样写的:

方秦汉,1950 年毕业于清华大学土木系,分配到铁道部工作,随即参加武汉长江大桥的设计,并担任中苏合作丰台试验基地专题负责人,之后,主持设计了标志我国铁路桥梁建设里程碑的南京长江大桥、九江长江大桥以及建设中的芜湖长江大桥等大型钢桥的设计研究。在上述大型工程中,研究、开发、创新多种新材料、新结构、新工艺,均达到同时期国际先进水平,为实现铁路"高强、大跨、轻型、整体"的建设目标做出了巨大贡献。

最终,在中国工程院的第二届院士选举最后投票中,他从 883 名候选人中脱颖而出,以高票当选。

图 7-11 方秦汉的中国工程院院士证书

不知道是不是"院士"这样一个工程技术方面的最高学术称号给方秦汉带来的好运,1997 年之后,荣誉便接踵而至。据统计,从他当选院士之后,一共获得国家级科学技术进步奖 3 项、省部级科学技术进步奖 2 项、科学技术成果鉴定证书 4 项、证书 17 件、荣誉证书 6 项及奖励证书 2 项。

表 7-2 方秦汉评为院士之后获得的主要科技奖励项目

证书性质	颁发单位	获奖时间	证书内容
国家级科学技术进步奖	科技部	1998 年 12 月	京九线九江长江大桥建桥新技术,一等奖
	全国优秀工程勘察设计评选会	2002 年 12 月	芜湖长江大桥全国第十届优秀工程设计,金质奖
	国务院	2003 年 1 月 31 日	大跨度低塔斜拉桥板桁组合结构建桥技术,一等奖
省部级科学技术进步奖	铁道部	1997 年 12 月	京九线九江长江大桥建桥新技术,特等奖
	铁路工程总公司	2001 年 11 月 20 日	芜湖桥优秀设计工程,一等奖
科学技术成果鉴定证书	铁道部科技司	2000 年 7 月 25 日	芜湖长江大桥钢梁焊接接整体节点疲劳试验研究
	铁道部科技司	2000 年 7 月 25 日	芜湖长江大桥 14MnNbq 钢焊接构件防脆断试验研究
	铁道部科技司	2000 年 7 月 25 日	芜湖长江大桥混凝土板与钢桁结合梁的试验研究
	铁道部科技司	2001 年 10 月 30 日	大跨度低塔斜拉桥板桁组合结构建造新技术
荣誉证书	芜湖市人民政府	2009 年 9 月 28 日	大桥建设功臣
	湖北省土木建筑学会	2002 年 5 月 28 日	终生会员荣誉称号
	国家标准化委员会	2004 年 10 月 14 日	从事标准化工作二十年以上工作者荣誉证
	中国钢结构协会专家委员会	2005 年 10 月	钢结构终身成就奖
	北京茅以升科技教育基金会	2009 年 5 月 15 日	北京茅以升科技教育基金会桥梁委员会顾问
	中国中铁股份有限公司	2012 年 6 月 26 日	中国中铁特级专家证书
奖励证书	詹天佑铁道科技发展基金	1997 年 11 月	第三届詹天佑大奖
	何梁何利基金评选委员会	2003 年 12 月 5 日	技术科学奖

图 7-12　国家科技进步一等奖证书

在这众多的奖项和证书中,不得不重点介绍的有三项。

首先是由国务院颁发的"国家科学技术进步一等奖"。2003 年 2 月 28 日,中共中央、国务院在北京人民大会堂举行盛大的 2002 年度国家科学技术奖励大会。当时的国家领导人江泽民、胡锦涛、朱镕基、李岚清、吴邦国、温家宝、曾庆红、李长春等出席大会。会前,江泽民和胡锦涛等国家领导人还会见了 2002 年度国家科学技术奖励获奖代表,方秦汉便是其中之一。其实这一幕,方秦汉并不陌生,4 年前的 1999 年 1 月 8 日,方秦汉也是在这里凭借"九江长江大桥建设新技术"获得国家科技进步一等奖,并受到了江泽民、朱镕基、李岚清等国家领导人的接见,遗憾的是当时没有留下宝贵的影像。

第二个要说的就是"第三届詹天佑大奖"。这是由中国科学技术发展基金会詹天佑铁道科技发展基金会颁发的,旨在表彰在铁路科技创新和铁路科技应用方面成绩显著的人员,以促进科技创新和优秀人才成长。奖项中包括詹天佑大奖、詹天佑成就奖、詹天佑贡献奖、詹天佑青年奖、詹天佑专项基金奖。詹天佑大奖无疑是其中的最高奖项。此次获得这一殊荣的仅有两人,方秦汉就是其中之一,其 6 万元的奖金金额也是迄今为止铁道部奖励个人最高的。

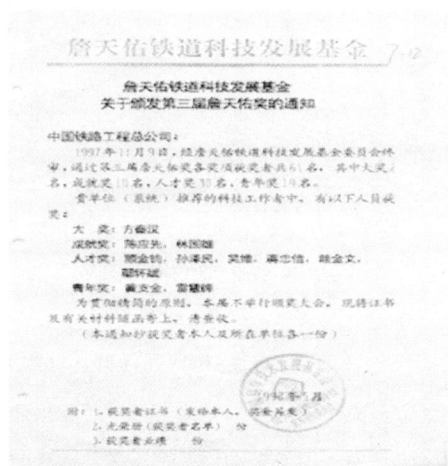

图 7-13　方秦汉荣获第三届詹天佑大奖通知

还有一个便是"何梁何利基金'技术科学奖'"。何梁何利基金是我国著名的科技奖励基金,何梁何利基金是由何善衡①慈善基金会有限公司、梁銶琚博士②、何添博士③、利国伟先生④之伟伦基金有限公司出于崇尚科学、振兴中华的热忱,各捐资 1 亿港元于 1994 年 3 月 30 日在香港注册成立的社会公益性慈善基金,也是目前国内规模最大的民间科技奖励基金。其宗旨是通过对取得杰出成就的我国科技工作者进行奖励,进一步在全社会倡导尊重知识、重视人才、崇尚科学的良好风尚,激励一代代科技工作者不断攀登科学技术高峰。该基金设有"科学与技术成就奖"、"科学与技术进步奖"、"科学与技术创新奖"三个奖项。方秦汉与人们所熟悉的抗击"非典"学科带头人钟南山、"神舟"五号载人航天飞船中起关键作用的工程专家戚发轫等共 42 人在自然科学领域取得重大成果的科技工作者一起被授予何梁何利基金"科学与技术进步奖",这一奖项涉及数学力学、物理学、化学、医学、地球科学、生命科学、农学、技术科学等,方秦汉获得的是其中的"技术科学奖"。

　　已是耄耋之年的方秦汉还依旧不忘自嘲着自己的"懵懂无志",而他那众多的沉甸甸的荣誉和证书,无疑是李大钊先生这番话最有力的佐证:

　　　凡事都要脚踏实地去作,不驰于空想,不骛于虚声,而唯以求真的态度作踏实的工夫。以此态度求学,则真理可明;以此态度做事,则功业可就。

　　　　　　　　　　　　　　　　　　　　　　　　——李大钊

---

① 何善衡(1900—1997),祖籍番禺县茭塘司石溪村(今属广州市海珠区)。香港恒生银行创办人、大昌贸易公司董事长。
② 梁銶琚博士(1903—1994),广东省佛山市顺德人。香港十大慈善家之一,香港恒生银行常务董事,前大昌贸易行执行副董事长,香港顺德联谊总会首席名誉会长。
③ 何添(1909—2004),籍贯中国广东省番禺市(今广州市番禺区)石楼镇岳溪乡应唐坊。香港恒生银行创办人之一。
④ 利国伟(1918—2013),广东开平人。早年从事银行业。1967 年后,任香港恒生银行总经理。1983年起任恒生银行董事长兼总经理。1997 年获香港特区最高荣誉——"大紫荆勋章"。

第五篇

传——传承技术获新生

第八章
甘为园丁育新人

早在 1951 年 6 月方秦汉实习期满,成为正式技术员时,他便已开始担任实习生辅导员。在 1952 年优秀职工评选书中,评委会给出的意见是:在业务上能主动地帮助别人,尤其是对实习生的辅导特别用心,常常主动了解他们学习生活情况,被评为优秀的辅导员之一①。这是对年轻的方秦汉培养大桥建设新人方面的最初肯定,这一肯定,也成为他一生培养钢桥建设技术人员的注脚。

以工代教育新人

在衡阳湘江桥设计修复项目中,方秦汉同样担负着实习生和工程师的培养。他对培养年轻人(虽然他自己也很年轻)有自己的心得:"如果将工作同志加以分等,你好他不好,将会造成同志之间的不团结现象。如果大家都抱着消极的态度去使用人才而不积极地去培养人才,这完全与总路线的精

---

① 方秦汉档案,先进职工登记表,1953 年。存于中铁大桥勘测设计院。

神背道而驰"①。他尽量做到在工资评定方面公平对待每一个学生,但是他心中仍然有一杆秤,谁踏实肯干,能积极完成任务,他是喜在心里的。对于这种人才,他总是不会轻易地放走,要留在身边委以重任。可见,方秦汉工作早年就很爱才惜才护才养才。

在南京长江大桥钢梁设计过程中,方秦汉还以特殊的方法在工作实践中培养出了很多的桥梁设计和计算的工程师和技术员。因为设计运算工作量很大,当时全国十多所学校都有老师和学生六七十人参与到南京长江大桥工作中来,在方秦汉的领导下做力的分析。为解决老师们理论基础好,但实践经验不足而造成计算错误的问题,方秦汉专门安排一个实习生做助手,把相关资料数据都做成表格,以便于检查和核对。这样一来,计算条目就非常清晰,如果有出错的地方很快就能找出来了。经过对照核查,钢梁设计组工作将错误降到最低,这些老师和学生也开始逐渐信服方秦汉了。随着工程设计计算的完成,又一批成熟的工程设计人员走向了祖国的桥梁建设战场,以至于方秦汉在以后参加桥梁会议的时候,总会有人走上前来,尊称方秦汉为老师,方秦汉一问才知道是当初参加南京桥初步设计实习的学生。同南京长江大桥钢梁设计一样,在九江、芜湖等桥梁建设过程中,方秦汉先生也在为祖国的桥梁建设事业培养着接班人。

1995年6月1日,已经70岁的方秦汉办理了退休手续,本该在家颐养天年的他,非但没有静下心来享受晚年生活,而且还在1996年走马上任,担任芜湖长江大桥钢梁设计和科研负责人。不仅如此,在芜湖桥建成通车一年后,方秦汉还是没能闲得住,一心想着桥梁建设事业。2001年9月25日,已经76岁高龄的方秦汉,同陈新、杨进②等人一起又受聘成为中铁大桥局集团公司副总工程师。

2004年,武汉天兴洲长江大桥开始施工建设,这是由武汉市与中国铁道部合作设计建造,方秦汉上任后参与修建的第一座大型公铁两用桥。

---

① 方秦汉档案,年终鉴定表,1955年3月5日。存于中铁大桥勘测设计院。
② 杨进(1930—)湖南省衡阳县城(现衡阳市)人。桥梁专家,历任铁道部原中南设计分局、铁道部大桥设计事务所工程师、大桥局勘测设计院副总工程师、高级工程师、教授级高级工程师、局副总工程师等职。

天兴洲长江大桥位于武汉长江大桥下游 16.3 公里处天兴洲分汊江段上,南汉正桥为 98 米+196 米+504 米+196 米+98 米双塔三索面三主桁斜拉桥,西北起汉口平安铺,东南止武昌武青主干道,主桥长 4 657 米,主跨 504 米,公路引线全长 8 043 米,铁路引线全长 60.3 公里,全桥共 91 个桥墩,总投资约 110 亿余元,其中主跨为 504 米,超越丹麦海峡大桥成为当今世界公铁两用斜拉桥中跨度最大的桥梁,它将是继武汉长江大桥之后、武汉市的第二座跨长江公路铁路两用斜拉桥,同时也是世界上第一座按 4 线铁路修建的大跨度客货公铁两用斜拉桥,可以同时承载 2 万吨的载荷,为世界上载荷量最大的公铁两用桥。同时武汉天兴洲大桥也是中国第一座能够满足高速铁路运营的大跨度斜拉桥,其 4 线铁路为京广高速铁路和沪汉蓉客运专线,其中沪汉蓉客运专线设计时速 250 公里/小时。上层为 6 车道公路,设计时速 80 公里;下层为可并列行驶四列火车的铁道,设计时速 200 公里/小时。公路引桥长 5.1 公里;新建铁路线长 22.6 公里。

表 8 - 1　四座长江大桥建造的主要技术指标

桥名		武汉大桥	南京大桥	九江大桥	芜湖大桥	评述
最大跨度/米		128	160	216	312	跨度逐渐增大了
钢材	钢号	进口 CT3M	国产 16Mnq	国产 15MnVNq	国产 14MnNbq	国产桥梁钢达到系列化
	屈服强度/兆帕	240	350	450	350	
构造		铆接	铆接	栓焊梁(节点拴接)	栓焊梁(焊接整体节点)	焊接技术提高了
桁式		平弦连续梁	曲弦连续梁	刚性梁柔性拱	矮塔斜拉桥	引进斜拉桥体系,增大跨度留有空间

该桥从设计到建造,方秦汉都极为关注,在建设过程中,5 次前往工地考察、指导。2008 年 8 月 25 日上午 9 时,武汉的炎炎烈日也没能阻挡住方秦汉从汉阳赶往天兴洲长江大桥南岸工地的脚步,因为这一天,是天兴洲大桥中跨钢梁合拢的日子。在大桥局党委副书记兼天兴洲大桥建设指挥长胡汉舟①、大

---

① 胡汉舟(1968—　),湖北云梦人。博士研究生,教授级高工。2006 年年初,胡汉舟担任武汉天兴洲长江大桥工程指挥长、党工委书记。2009 出任中铁大桥局集团有限公司总经理。

图8-1 方秦汉与胡汉舟(右一)、秦顺全(左一)在天兴洲大桥现场

桥局总工程师秦顺全①的陪同下,他见证了这一历史时刻。"我非常兴奋! 这座桥钢梁的桁段假设可以说达到了国际领先水平,这种跨越式发展令人惊奇! 证明我们的事业无限光明!"②在接受采访时,方秦汉激动的心情溢于言表。

让方秦汉感到高兴的是,天兴洲大桥的成功合拢,除了显示出我国的钢梁架设的设备更加先进,工艺水平更高之外,还有胡汉舟与秦顺全这些后辈的茁壮成长。他们的成长让方秦汉看到了中铁大桥勘探设计院、中铁大桥局及中国的建桥事业后继有人了! 胡汉舟一毕业就被分到九江长江大桥指挥部,秦顺全一毕业被分到大桥勘探设计院,方秦汉曾与他们一起共事,眼见他们勤奋好学、勇于创新,在实践中茁壮成长起来,能够独当一面了(胡汉舟不久后挑起了中铁大桥局总经理的重担,秦顺全不久后当选为中国工程院院士)。

就在天兴洲大桥如火如荼的建设过程中,2006年8月4日,在中国桥梁史上、中铁大桥局和中铁大桥勘探设计院的发展史上都具有里程碑意义的

---

① 秦顺全(1963—),四川德阳人。中铁大桥院董事长和中铁大桥局总工,2009年当选中国工程院院士。

② 余启新. 桥的交响[M]. 武汉:武汉出版社,2012:212.

又一座大桥南京大胜关长江大桥破土动工了。

南京大胜关长江大桥是世界首座六线铁路大桥和设计荷载最大的高速铁路大桥，是京沪高铁全线重点控制性工程，其主跨336米的长度名列世界同类高速铁路桥之首。大胜关长江大桥位于南京长江大桥上游20千米处，是京沪高速铁路和沪汉蓉铁路的共同越

图8-2　方秦汉（右二）在大胜关长江大桥工地

江通道，同时搭载双线地铁，为六线铁路桥。大桥全长14.79千米，跨水面正桥长1 615米，通航净高32米，可以确保万吨级巨轮通过。南京大胜关长江大桥的建设，代表了中国目前桥梁建造的最高水平，标志着中国桥梁建造技术跻身于世界领先行列，创造了中国世界纪录协会①多项世界之最、中国之最。大胜关大桥具有体量大、跨度大、荷载大、速度高"三大一高"的显著特点，针对这些特点，大桥采用了大量的新材料、新结构、新设备、新工艺。新材料主要体现在主桥钢梁杆件首次采用了Q420qE级高强度、高韧性与良好焊接性能的新型钢材。新结构主要体现在主桥钢梁首次采用了三片主桁承重结构、正交异性钢桥面板，板桁组合结构等。新设备主要体现在采用了伸缩量1 000毫米的桥梁轨道温度调节器、伸缩量800毫米的梁端伸缩装置和最大反力达18 000吨大吨位球型支座。新工艺主要体现在采用无导向船的双壁自浮式围堰作施工平台的施工方案、利用大型吊装设备实施重型构建安装、采用吊索塔吊辅钢桁拱合拢等新工法。

2007年9月21日至22日，由中国工程咨询协会和中国铁路工程总公

---

① 中国世界纪录协会（英文名称China World Records Association, CWRA），经中华人民共和国香港政府批准成立，2009年正式登记注册（注册号51007998 - 001 - 08 - 09 - 2）。2010年，中国世界纪录协会升格为世界纪录协会。世界纪录协会是专门收录非体育赛事的民间世界纪录商业收录机构。

司联合主办,中铁大桥局承办的"南京大胜关长江大桥关键技术咨询会"在南京召开。此次会议是在南京大胜关长江大桥完成大型深水基础施工,即将进入上部结构钢梁架设阶段而开展的一次高水平的专家咨询活动。包括方秦汉在内的 8 名工程院院士及 2 名教授出席了会议。专家们围绕大胜关长江大桥上部施工方案、施工设计及重点、难点技术攻关问题进行了广泛、充分、认真的咨询、研讨和交流。方秦汉提出了许多宝贵意见,并且还到建设现场进行了实地考察。

寓爱于严带学生

1998 年 4 月 30 日,年逾 70 多岁的方秦汉受聘成为华中科技大学土木工程与力学学院教授,开启了教书育人的新篇章,用自己多年总结的宝贵经验为祖国的桥梁事业培养人才。

方秦汉在学生时代受到的工程类治学思想教育就是要一丝不苟、细致入微、来不得半点马虎的,他不仅传承了这样的思想态度,在工程实践中将这样的理念发挥到极致,而且在对学生的教育中也时刻灌输着同样的思想。

方秦汉治学的严谨是出了名的,学生们也都看在眼里,记在心上。在方秦汉的办公室有一个很大的书柜,里面有好几栏装着他的资料,这些零散的资料全部整齐地叠放着,用资料盒装好,每一个资料盒上都有一个编号,打开这些资料盒,第一页是他自己手写的目录清单。需要什么资料,他总能很容易、很方便地找到。好多学生受了他的影响,学会给自己的资料做目录清单。

在学业上的严苛要求是学生们体会最深的。詹昊①,目前在大桥勘测设

---

① 詹昊(1971—),湖北长阳人。2009 年从华中科技大学桥梁专业博士毕业,然后,同年来到了中铁大桥勘测设计院集团有限公司。

图 8-3　方秦汉的书房(2012 年)

计院工作,是方秦汉收的最后一个博士生,他不止一次地切身感受到方秦汉的认真严谨。刚读博士没多久的时候,詹昊写了一篇论文给方秦汉查看,因为这篇文章并不重要,他原以为方秦汉只会看个大概,然后提一些粗略意见,稍微改改就可以发表了。没想到方秦汉很细致地在上面批注了很多意见,大大小小近二十处。詹昊拿回去认真修改了一番,心想改完以后再发给方秦汉看看应该就可以投稿了,却发现返回来的修改稿又多了很多新的批注。这样来来往往,一篇普普通通的论文,从初稿到发表竟改了近 30 次。据詹昊回忆,还有一件事情让他印象深刻。博士期间,詹昊主要从事的是大跨度桥梁抗风设计研究,要进行顿体扰流的计算。当时接到一个项目,与顿体扰流中的圆柱扰流相关。有关圆柱扰流,很多学者很久以前就做过比较系统的研究,但都是偏重实验而忽略计算,而且实验基本局限于一个风速。詹昊也想像他们一样,简单地做一个实验,写一篇文章,至少能交差结项。后来,方秦汉看了相关的资料,就建议他把前人做过的研究圆柱扰流的风洞实验,全部用仿真计算,看看仿真计算和实验结果的差异,并且要求他把雷诺数从小到大,从亚临界区到超临界区到极超临界区,全部要记录下来。这个工作量非常巨大,可是这是院士的命令,不敢不从。于是詹昊花了半年时间,用仿真技术又做了一遍前人做过的几乎所有的实验。事实证明,方秦汉的眼光是对的,詹昊的辛苦也没有白费,后来这篇文章发在了武汉理工大学学报上,下载次数高达 977 次①,而且很多人通过这篇文章向他求教,甚至还有一些国外专家发邮件找他约稿。

方秦汉还经常将自己的经验提炼成理论,言传身教。他经常给学生讲学习的四个层次:第一是"会",就是要打好基础,这个很关键。方秦汉原来学的是土木工程,而不是材料,可是他完全通过自学,掌握了钢材的基本特性,而且最终成为国内的权威。所以基础打好了,转方向就很容易。第二是"懂",光基础打好了还不够,要学以致用,不要死读书。方秦汉告诉他的学生们,他在读书期间成绩不是班上最好的,但他就是很会学以致用,把学过的东西用在工程实践中。第三是"通",在懂的基础上,才能融会贯通。这就是通了以后才能迁移,才能举一反三。第四是"一通百通",不光桥梁专业,任何事情都是前面说的那样,只要领会了前三个层次的精髓就都不难,所谓一通百通,就是能真正做到,干一行爱一行,干一行专一行。

除了学习上的教育,学生的为人处世方面方秦汉也很关心。

他给学生们讲自己为人处世的原则,他说,"为人要做到'三子',第一,在工作上要担得起责任的担子;第二,在业务上要成得了尖子;第三,在生活上要养得起老婆孩子。一个是社会责任,一个是事业责任,一个是家庭责任。"这番话影响了不少学生的一生,多年后接受采访时,李元生笑谈道:"我现在已经能挑起担子了,虽然还没有成为尖子,但起码还养得起老婆孩子,呵呵。"②学生们都说,他不只在工程上造诣深厚,他的思维方式也和常人不一样,见解往往比较深刻。

方秦汉对学生的学习指导无疑是严苛的,但这也掩盖不了他对学生的关爱。

1988 年,虽然当时的方秦汉还不是教授,但年轻的李元生一直跟着他工作和学习,早已经认定了这位老师。腊月二十九那天,方秦汉带着李元生一起从工地赶回家过年。当时的火车票很难买,是需要年票的。已是高级工程师的方秦汉享有卧铺车厢待遇,而还只是助理工程师的李元生又因为车

---

① 截止到 2013 年 10 月 15 日,中国知网的统计数据。
② 潘际炎访谈,2013 年 6 月 21 日,北京。资料存于采集数据库。

票紧张,抢不到票,只能在硬座车厢里站着。方秦汉于心不忍,便帮他把东西拎过来,到他的卧铺车厢休息。晚上见李元生睡意很浓,就让他睡在自己的铺位上。李元生实在太困了,想着先睡一会再起来让给老师,但是他一上床就睡着了,一睡就是一晚上。早上醒来的时候,发现方秦汉在过道旁的椅子上坐着和列车长交谈,李元生既愧疚又感动。由于经常出差,类似的照顾还有很多很多,方秦汉的关怀让学生们倍感温暖。

2007年暑假,方秦汉的博士生詹昊向方秦汉提出,希望能到他所在的大桥设计院实习。方秦汉非常支持,还立刻联系了实习的院所,将詹昊安排在第二设计所,不仅如此,方秦汉还特地找来了第二设计所的所长,当面向他引荐詹昊,并请他对自己的学生多多关照。詹昊回忆时说,"感觉有点受宠若惊"①。同样在2007年年末时,詹昊要做博士论文了,可是苦于没有课题支持,没有课题就等于没有科研经费,巧妇也难为无米之炊。牵涉到钱的问题,而他又无计可施,于是便硬着头皮找方秦汉帮忙,方秦汉听后,二话没说,马上向大桥局申请科研课题,并拨了几万块研究经费。

从工作到生活,对于学生们的请求,只要是合理的,方秦汉都有求必应。除了这些,还有一件有意思的事情,能够很生动地反映出方秦汉既严苛,又饱含深情的一面。2007年11月,网大教育研究中心向方秦汉发了一封邀请信,大致内容是网大即将第十次发布中国大学排行榜,希望方秦汉作为有影响力的专家,能够给这些学校打分,所打分数会占排行榜评估标准权重的15%。从方秦汉的打分中可以看出,所有分数都普遍偏低,别的院士最高有10分,而他打的分最高不过7分,除了全国知名的几所高校,绝大部分都是不及格的,严苛程度可见一斑。

---

① 詹昊访谈,2013年7月5日,武汉。资料存于采集数据库。

第九章
服务学术广发光

顾问大桥发余热

除了奔忙于各个桥梁的建设外,方秦汉的身影还出现在大大小小的会议中。2008年12月13日,湖北省科技厅和交通厅在秭归县召开会议,对由秭归县交通局和华中科技大学、宜昌市交通局联合完成的科研项目《在役PC及PC桥梁耐久性研究》进行成果鉴定,宜昌市科技局、交通局、公路局、质监局以及秭归县政府、县科技局、交通局等单位的领导和专家参加了会议。会议成立了包括他在内的8名专家组成的鉴定委员会。他与鉴定委员会的其他成员认真听取课题组的汇报,对课题背景、研究方向、使用范围、应用前景等问题进行了提问,课题组就相关问题一一进行了解答。他与大家经过认真分析和评价后认为:①课题组提供的鉴定材料齐全、数据翔实,完成了合同要求的指标,符合鉴定要求。②课题选题具有工程实际意义,研究技术路线正确。③课题针对在役PC及PC桥梁结构的特点,综合考虑对混凝土耐久性产生影响的各种因素,重点研究了影响混凝土碳化、钢筋锈蚀和顺筋开裂因素;运动可靠度理论将这些影响因素与PC及PC桥梁结构耐久性结合

図9-1 2006年方秦汉（前排左七）在钢桥科技论坛全国学术会议上的合影

起来,建立了结构耐久性的退化衰退模型,完善了 PC 及 PC 桥梁结构耐久性和可靠度理论。④该项研究对在役 PC 及 PC 桥梁结构进行了科学的耐久性评定和剩余寿命预测。经过室内试验和实桥的检测试验证明了该研究成果的正确性。最后,形成鉴定委员会的结论:研究成果在多座桥梁中得到实际运用和推广,效果良好,对现役桥梁的检测和维护具有现实意义,对拟建桥梁的耐久性设计具有重要参考价值。该研究成果达到了国际先进水平。其严谨的作风和认真的态度既令大家紧张,更令大家敬佩。

在指导桥梁建设和进行学术交流之余,方秦汉还在多处担任学术兼职:

1986 年 8 月,中国钢结构协会第一届理事会,理事

1986 年 8 月 28 日,长沙铁道学院,兼职教授

1986 年 12 月 20 日,中国钢协桥梁钢结构协会,副理事长

1990 年 7 月 27 日,中国钢结构协会第二届理事会,理事

1991 年 7 月 26 日,铁道科学院大型结构试验室学术委员会,委员

1996 年 1 月,石家庄铁道学院,兼职教授

1997 年 6 月 18 日,中国钢结构协会第三届理事会,理事

1997 年 7 月 22 日,中国铁路工程总公司,顾问

1997 年 11 月 18 日,芜湖长江大桥有限责任公司,技术顾问

1998 年 4 月 30 日,华中理工大学①,教授

1999 年 8 月,铁道部《中国铁道百科全书》总编委会,委员

2000 年 8 月 18 日,湖北科协《跨世纪的湖北科技成果》,顾问

2000 年 11 月,武汉市汉阳区人民政府咨询委员会,委员

2001 年 3 月 30 日,台州市经济科技咨询委员会,委员

2001 年 7 月 1 日,中国国际工程咨询公司专家委员会,委员

2001 年 8 月 20 日,西南交通大学,名誉教授

2002 年 10 月,中国钢结构协会第四届理事会,名誉理事

2003 年 2 月,上海市城市建设设计研究院,专家咨询委员会委员

2003 年 8 月 30 日,中国国际工程咨询公司专家委员会,委员

2003 年 10 月 23 日,厦门中平公路勘察设计咨询有限公司,高级顾问

2003 年 11 月,中国钢结构第二届专家委员会,顾问专家

2004 年 5 月 23 日,广州市市政工程设计研究院,特别顾问

2004 年 8 月,中国科学发展基金会欧维姆预应力技术发展基金第二届专家评审委员会,名誉委员

2004 年 9 月,中国钢协桥梁钢结构分会第三届理事会,名誉理事长

2005 年 1 月 5 日,铁道部工程管理中心武汉天兴洲长江大桥正桥专家委员会,委员

2008 年 4 月 24 日,武汉市建设科学技术委员会,顾问

2008 年 11 月 7 日,中国铁道学会第六届理事会,理事

2009 年 1 月,北京詹天佑土木工程科学技术发展基金会欧维姆预应力技术发展专项基金第三届专家评审委员会,名誉委员

2009 年 1 月 8 日,武汉大学建筑物检测与加固教育部工程研究中

---

① 2000 年 5 月 26 日与同济医科大学、武汉城市建设学院和科技部干部管理学院合并,更名为华中科技大学。

心技术委员会,主任委员

2009 年 3 月,《钢结构》杂志编委会,顾问

2009 年 9 月,铁道科学研究院高速铁路系统试验国家工程实验室技术委员会,副主任委员

2010 年 1 月,中铁大桥桥梁科学研究院桥梁结构安全与健康湖北省重点实验室学术委员会,副主任

2010 年 11 月 8 日,湖南省交通运输厅湖南岳阳洞庭湖二大桥专家组,专家

2011 年 2 月,华中科技大学《土木工程与管理学报》编辑委员会,顾问委员

其中,1998 年 4 月 30 日,受聘成为华中理工大学土木工程与力学学院教授,是方秦汉教育事业的开始,有关他教书育人的故事将会在后面进行详细介绍。虽然方秦汉的学术兼职众多,可是他却从未把它们当作虚衔,而是尽其所能的为他所在的单位或团体贡献他的智慧。

概要桥史留财富

2003 年 10 月 16 日至 17 日,"二十一世纪国际桥梁技术的发展与展望"桥梁技术论坛在武汉香格里拉大饭店隆重举行,来自国内外的 230 余位专家学者和有关领导参加了这次会议。包括方秦汉在内的 10 位中外专家做了专题报告[①]。论坛会上,国际桥协主席 Manabu Ito(伊藤学)先生作了《日本二十一世纪超长跨度桥梁》专题报告;中国工程院院士、同济大学土木工程学院院长、国际桥协副主席项海帆先生作了《二十一世纪中国大桥的发展与挑战》专题报告;美国工程院院士、中国工程院院士 Man-Chung Tang(邓文中)

---

① 见 2003 年 10 月 24 日桥梁建设报。

先生作了《延长桥梁健康寿命》专题报告；交通部总工程师凤懋润先生作了《跨越——桥梁建设者的历史责任》专题报告；香港特别行政区土木工程署原署长、香港工程师协会原会长刘正光先生作了《香港大型悬吊体系桥梁的发展和前景》专题报告；丹麦科威国际咨询公司 Ole Rud Hanson(汉斯)先生作了《斯堪的纳维亚的桥梁修建》专题报告；中国工程院院士方秦汉先生作了《中国铁路钢桥发展的回顾与展望》专题报告；台湾土木工程界知名人士黄永和先生作了《台湾高速铁路桥梁通过断层的设计考虑》专题报告；中铁大桥局集团公司总工程师秦顺全先生作了《沿海大型桥梁工程浮吊架梁方

图9-2　方秦汉在"二十一世纪国际桥梁技术的发展与展望"桥梁技术论坛上作专题报告

案研究》专题报告；湖南省交通厅副厅长、教授级高级工程师陈明宪先生作了《茅草街大桥的设计、科研与施工》专题报告。在报告中方秦汉院士对中国铁路钢桥的历史进行了概要总结，并进行了未来发展展望，这是一份非常重要的技术概述，对铁路桥梁设计的后来人而言，是一笔丰厚的财富。

以下是方秦汉所作报告《中国铁路钢桥发展的回顾与展望》全部内容：

　　在旧中国，总的来说，铁路的兴建多操于国外人之手，举凡标准、技术、器材均被把持垄断，各自为政，因而建成的铁路桥梁，多数标准杂乱，质量差，如：郑州黄河桥，是当时最长的一座铁路桥，全长 3 015 米，由比利时的公司承建，技术责任人沙多，1905 年 11 月竣工，1949 年郑州解放时，本桥只能运行小机车，限速每小时 5 公里。泺口黄河大桥，是当时最大跨度的铁路桥，主跨为 128.1 米 + 164.7 米 + 128.1 米的悬臂梁，由德国公司设计和监造，1912 年 11 月 29 日竣工。丹东鸭绿江桥①，由

---

① 此桥并非著名的鸭绿江断桥，而是该桥上游 700 米处修建的另一座大桥。

日本工程师主持修建，全长 946.2 米，1943 年建成通车①。钱塘江大桥是我国自行设计建成的一座现代化桥梁，正桥全长 1 072 米，茅以升先生任桥工处长，罗英任总工程师，但各主要工程，还是由各洋行承包。但在半封建、半殖民地条件下，由中国人主持修建，是中国人民的骄傲。

新中国成立后，建设面貌为之一新，各项建设蓬勃发展，桥梁事业亦不例外，对推动我国铁路钢桥发展起决定性作用的有武汉、南京、九江、芜湖四座长江上

图 9-3 "二十一世纪国际桥梁技术的发展与展望"桥梁技术论坛报道

的桥梁。这四座大桥都是公铁两用桥，铁路为双线，公路为四车道。武汉长江大桥在新中国成立后的 1950 年即着手兴建，正桥长 1 156 米，采用三联三等跨 128 米的连续钢桁梁。钢梁的钢材是进口苏联的三号桥梁钢，技术方面有苏联专家援助，主要还是我国自己设计和建造，是我国自力更生建设现代化桥梁的开端。南京长江大桥，1958 年规划兴建，1968 年建成通车，正桥全长 1 567 米，为三联 3×160 米连续钢桁梁加一孔 128 米简支梁。新中国成立后，我国被封锁禁运，初期还有苏联的援助，20 世纪 50 年代末，苏联也停止了对我国的援助，该桥是完完全全在独立自主、自力更生的条件下建成的，建设这座大桥在材料方面遇到的最大困难是钢材。在旧中国，钢的年产量不到 100 万吨，新中国成立后

① 中国铁路桥梁史编辑委员会编. 中国铁路桥梁史[M]. 北京：中国铁道出版社. 1987:44.

的短短几年内,在钢材的底子很薄弱情况下,为本桥开发出屈服强度350兆帕的16锰桥梁钢(16Mnq),的确是件重大的成就。武汉、南京两桥钢梁均是铆接的。我国栓焊钢梁在20世纪50年代开始研制。1961年湘桂线雒容江桥换梁时,用了一孔41.62米栓焊梁。在三线建设时大量推广应用,跨度大多在40米以下,最大跨度112米,当时的16锰桥梁钢(16Mnq),铆接梁是可以的,用在栓焊梁,材质是欠缺的,我国栓焊梁的跨度长期停留在双线铁路桥80米,单线铁路桥112米。所有附连件都是拴接的,是少焊多栓的栓焊梁。九江长江大桥正桥全长1 806.7米,主跨180米+216米+180米的刚性梁柔性拱,专门开发了15锰钒氮桥梁钢(15MnVNq),焊接构件最大板厚达56毫米及材质35VB的大直径高强度螺栓,建成了双线铁路、四车道公路最大跨度达216米的栓焊梁,也是少焊多栓,从此铆接钢桥退出新建铁路钢桥的历史舞台。芜湖长江大桥正桥全长2 193.7米,主跨为180米+312米+180米矮塔斜拉桥,加劲梁为钢筋混凝土板与钢桁梁结合共同受力的结合钢桁梁,开发了综合性能优异的14锰铌桥梁钢(14MnNbq),实现了厚板(50毫米)焊接整体节点的栓焊梁,达到了多焊少栓的焊接桥梁,为全焊无栓的铁路桥梁打下基础。因受飞行净空的限制,桥塔高度受到限制,如果是高塔,跨度可以增大。所以这种体系的桥梁,增大跨度留有很大空间。

就这样,在封锁禁运,独立自主,自力更生条件下,中国桥梁工程师奋斗了几十年,初步实现了20世纪70年代初期制订的铁路桥梁发展目标"高强、大跨、轻型、整体"的铁路桥梁发展目标。展望未来中国铁路钢桥的发展,高性能的钢材,不需要像20世纪一样,桥梁工程师亲自参与桥梁钢的开发,一方面我国钢材质量上去了;另一方面由于改革开放,加入世贸组织,钢材可以进口,可由桥梁工程师自由选用,不再是主要问题。比较突出的有以下三个问题:一是整体的问题:芜湖桥虽然实现了厚板焊接全封闭整体节点,但要建成大跨度全焊铁路钢桥,还需相当长的路要走,需要理论、技术、管理全面跟进,只要大家齐心协力,这个目标是可以达到的;二是大跨度的问题:铁路的动载大,动力作用也大，要建成经济合理的大跨度铁路桥，不是轻而易举就能达到的，国内外实践证明，柔性的斜拉桥，可以改造成适合铁路的大跨度斜拉桥，那么变革悬索桥体系，或悬索桥与斜拉桥的组合体系构成的大跨度铁路新型桥梁，这种可能性是存在的。三是车振问题：这是铁路桥梁所特有的问题，我国车振的理论水平是有基础的，一是土生土长的，一是"进口"的，将理论转化到生产力，重任应落在工程师肩上，这是确定大跨度钢梁经济合理的横向刚度问题（宽跨比）所必需的。总之，材料—设计—制造—假设，这是互为因果、互相制约的几个因素，其中材料是基础，设计是龙头，制造、假设是保证。

这一报告浓缩了新中国桥梁建设发展史，也浓缩了方秦汉从事桥梁建设事业 60 年的奋斗历程。

第十章
家教传承儿孙代

在芜湖长江大桥建成通车以前,方秦汉的生活里似乎只有工作,这不仅是因为他对桥梁事业有着异于常人的热情,也因为工作性质决定了他必须常年奔波在天南海北的各个工地,因此不能常伴亲人和朋友。虽然,直到2000 年 9 月芜湖长江大桥建成正式通车之后,75 岁高龄的方秦汉才真正退居二线,有了更多时间陪伴家人,但在他忙碌的工作中,还是将良好的家教传给了他的儿孙。

感恩真诚待人物

方秦汉先生通过自己的言传身教,首先就是待人接物的品格。俗话说,要做学问先做人。如何待人接物看似和学问没有太多关系,但却可以影响一个人的学术态度和合作能力。方秦汉先生虽然没有口口相传地对他的子女要求着如何待人接物,却以平时自己的待人接物方式影响着儿孙。这一方式,简单而言就是真诚和善、心怀感恩。

在同事们眼中,工作中的方秦汉和生活中的方秦汉判若两人,不谈工作时,那个严肃认真、锱铢必较的方秦汉给人一种真诚和善、平易近人的感觉。

20 世纪 50 年代,中华人民共和国建设初期,在探索中前进的新中国先后爆发了镇压反革命、"三反""五反"运动、"大跃进"、"人民公社化运动"、反"右倾"运动等多次政治风暴。1959 年,"文化大革命"之前,"知识分子应当'又红又专①'"的政治思想通过大字报的形式传播开来。方秦汉不是党员,而

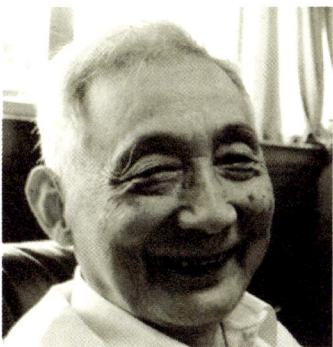

图 10-1 方秦汉生活照

且醉心工作,于是被群众贴大字报,被指认为"白专典型②"。当时"文化大革命"斗争还没有开始,被指为走"白专道路",还并没有达到需要被批判的程度,但是要提高认识,就需要放下工作,专心投入到提高思想觉悟中去,这意味着方秦汉要失去工作。在方秦汉要被当做"白旗③"被拔的危难关头,同在铁道部设计总局大桥设计事务所一个钢梁小组的李瀛沧,作为方秦汉的上司挺身而出,为他担保,才使他幸免于难。当时的方秦汉 34 岁,正是血气方刚的年纪,被扣上莫须有的罪名时,心中满是冤屈和愤恨。虽然最后得到解救,但忠厚内向、不善表达的他,面对这样一份恩情,并没有当面向李瀛沧表示感激,可是他永远铭记在心里。

20 世纪 90 年代,李瀛沧被调到武汉大桥工程局任局长,某天,方秦汉专程来拜访他,两人进行了一次真诚的谈话④:

"李局长,跟你谈谈我的想法。"方秦汉说。

"好啊,你有什么指示? 我们一定照办!"李瀛沧以为是谈九江长江大桥建设的事。

"我白专,对工作,就群众批判我白专嘛,你还是了解支持我的,我一直记

---

① 既注重政治学习,又肯钻研业务做好本职工作。

② 只知道埋头钻研业务,而不重视政治学习。

③ 反对中国共产党的政治力量。

④ 李瀛沧访谈,2012 年 11 月 25 日,武汉。资料存于采集数据库。

在心里的……"

"方总,你还在想这个事啊。"这下李瀛沧知道了,方秦汉说的,是三十多年前,他被群众贴大字报,自己替方秦汉担保的事。

三十几年过去了,方秦汉还是为自己当年被"拔白旗"的事情感到不平,可是即便如此,恩怨分明的他还是忘不了李瀛沧对他的恩情,即便这对李瀛沧来说只是举手之劳,却值得方秦汉记一辈子。

1988年,因为要做一个焊接和冶炼方面的实验,方秦汉和年轻的助手李元生①去鞍钢出差。时任鞍钢总经理的李宗华热情接待了师徒俩,并提出晚上要在东山宾馆款待两位。原本这一切都看似很平淡无奇,可是由于之前患上了胃病,是经不起大鱼大肉的饕餮盛宴的。可是见李宗华如此热情,自己也不好推脱。

晚宴上有一道菜是海参,虽然不是特别名贵的那种,但也算是滋补良药。可越是滋补的东西越难消化,方秦汉是知道的。李宗华不知道方秦汉的胃有问题,不光点了一桌子好菜,还亲自给他夹到碗里。盛情难却,为了工作和更好地合作需要,方秦汉顾不了那么多了,李宗华给他夹了多少他就吃了多少,还喝了点酒。结果差点造成灾难。当晚1点,方秦汉胃病犯了,胃痉挛,疼得动不了。幸亏李元生就住在隔壁,听到方秦汉喊疼,马上拨了120。方秦汉在医院救治了一晚上,病未痊愈且一晚没睡的他第二天又照常开会。据李元生回忆,在医院看护时,他又是担心又是感动,感动是因为他第一次看到平日里貌似冰冷无情的方秦汉表现出如此热情重义的一面。

这样的例子不胜枚举,接受过采访的方秦汉的同事们都普遍表示,生活中的方秦汉是一个嘻嘻哈哈的老顽童,真心待人,对生活充满热情,喜欢和晚辈开玩笑,是个特别随和的人。

真诚和善的性格与严谨踏实的学术风格并存,使方秦汉和他的同学们保持了深厚的友谊,有时又免不了学术的争执。潘际炎是方秦汉在清华大学念书时的同班同学,毕业后又一起分到铁道部武汉桥设计组共事,后来因

---

① 李元生(1965—),湖北武汉人。东莞公路桥梁开发建议总公司技术科高级工程师。1987年进入大桥工程局,参与九江长江大桥建设工程。

为工作调动,从 1950 年到 1992 年,断断续续地又一起工作了 40 年,可是直到现在,他和方秦汉的联系也从未断过。方秦汉一直把他当作一生的挚友。

"我们有一点很好,我们吵架吵了一辈子,可是我们的关系还是很好的,"在谈到方秦汉时,潘际炎这样说,"他这个人,做事很认真,很有把握,不都讲他是钢霸嘛,他为什么是钢霸呢,他讲什么你就得干什么。这是由于我们当时受的教育跟现在不太一样。进清华大学时我们俩是一班,我们土木系一百多人,毕业只有 48 人,为什么是这样子呢,有的中途去搞革命去了,但是还有一大部分人,是由于当时的教育跟现在不一样,被淘汰的。现在的你们要是哪门功课不及格是老师的责任,当时,一般地讲,学生都及格,就是你老师不行。我们那个年代念书的,尤其是比较重要的课程,起码是三分之一不及格,全班都学得很好也要三分之一不及格,有时候出的题很难,都不及格,老师有老师的打分办法,有开放测试之类的。在这样的教育环境下有好处也有坏处,坏处是进去一百多人,出来才四五十人,浪费国家的物资人才,但也有好处,他培养出来的这些人,都是经过千锤百炼,在学校里这么练出来的,进入社会也就这么干,方秦汉就是在这种环境下锤炼出来的。"①

从潘际炎的话里,我们能看出正是真诚和善的性格和严谨踏实的学术风格,使这对同窗挚友保持了常青的友谊。而他们在清华大学所受到严格的教育,又是他们形成这种性格与风格的重要原因。在大学里,让方秦汉印象最深的一句话就是"工程师出不得半点马虎!"这句话成为提点方秦汉一生的格言,也使他在严苛的工作要求之外,更多了对同事的真诚关心、真心感恩。这也给他的儿孙们留下了深厚的影响。

热爱事业痴学术

方秦汉先生对事业的热爱,甚至有些忘我的痴爱,在另一方面也影响着

---

① 潘际炎访谈,2013 年 6 月 21 日,北京。资料存于采集数据库。

他的儿孙。特别是他的儿子方华京成长为一名教授、博士生导师,与他对事业的热爱所产生的影响分不开。

　　方秦汉常说"要在生活上养得起老婆孩子。"他确实做到了,可是他也深知对于家庭而言,这是远远不够的。鱼和熊掌不可兼得,事业与家庭是很难兼顾的。"我为那一座又一座桥梁的钢梁设计付出了一生的年华和心血。回首往昔,因埋头工作,未能顾及家庭和孩子,使他们吃了不少苦。对于子女而言,我不是一个合格的父亲;对于妻子而言,我更称不上是位好丈夫。因为,作为父亲和丈夫,我欠他们太多。"①也许对于方秦汉来说,能够让孩子衣食无忧,让妻子免受工作之苦,只是因不能常伴他们左右所带来的愧疚心理的一点补偿吧。

　　方秦汉膝下育有一儿一女,女儿名叫方京,1951年出生,因为生在北京而得名。儿子比女儿小四岁,也出生在北京,为儿子取名字的事情着实让方秦汉费了不少心,纯工科出身的他自幼少读诗书,质朴无华,为了让儿子的名字和女儿相似,最终取名华京,意为中华北京。方华京长大以后,也曾向父亲抱怨过,当初若叫方华也要合适些呀,父亲笑了笑说,你知道我没什么文采,现在改也来得及啊。虽然父亲这么说了,可是他还是没有改,他说,毕竟是父亲给的。

　　方京虽为女儿身,却自幼勤奋好学,甚至有点要强,一直以父亲为榜样,希望自己将来也能读全国最好的学校。由于方秦汉调任至大桥工程局,1958年,举家迁至武汉。1970年,方京在汉阳铁路中学毕业,时值"文化大革命",成绩一直不错的她被下放到当阳,抱负难以施展。两年后,她招工回到大桥四处,在九江桥工地当了一名电焊工,后工人大学毕业后追随父亲在大桥设计院工作。方京一直以事业为重,勤学苦干,不久便参与设计了汉阳一座大跨度人行天桥。方秦汉对女儿也宠爱有加,对女儿的培养不遗余力,视女儿为自己事业的接班人。让人始料未及的是,2000年,大桥工程局组织了一次全面体检,方京因为出差而错过了。后来春节时,方京渐觉身体越来越不适,脸色越来越差,去医院检查后发现是癌症晚期,医院方面表示已经

---

① 余启新. 桥的交响[M]. 武汉:武汉出版社,2012:199.

无法治愈了。得知噩耗的方秦汉伤心欲绝，虽明知希望渺茫，但却不肯放弃，即便倾家荡产也想为女儿找到一丝生的希望。经历千辛万苦，他找到了军区总医院的主治医生，给她做了手术。手术本身是成功的，但也无力回天，术后方京一直发着烧，后来继发肾衰竭。2001 年 7 月，方京离开了人世。很长一段时间里，方秦汉都陷入了深深的自责中，他常常会想如果那次女儿做了体检，癌症发现得早，也许就不会死了。后来，方秦汉便不希望任何人再提到他女儿，因为女儿的离世是他一生中最大的悲恸。

方华京作为弟弟，对姐姐的离世也久久不能释怀，现在也已经 58 岁的方华京回忆起和姐姐的过往，最让他印象深刻一件事，是小时候在北京，自己在睡梦中被惊醒，发现外面很吵，就开始大哭，姐姐也被他的哭声惊醒，闻声而来，方华京说想妈妈，可是爸妈都不在家里，于是姐姐就牵着他出去找爸妈。邻居说他们爸妈出去看烟花了，后来他们在小区的广场上找到了爸妈，然后一家人一起看烟花。如此微不足道的小事，在方华京看来，却是一家人最幸福的时刻。

图 10-2　方秦汉与儿子方华京在家合影

1970 年，方华京从汉阳铁路职工子弟中学初中毕业。1971 年 2 月 8 日，他前往湖北省当阳县农村插队。但他并未放弃，一直自学高中课程。1977 年恢复高考，一举考入了华中工学院(华中科技大学的前身)，录取在分数最高的自动控制系，并于 1984 年和 1991 年获工业自动化专业硕士、博士学位，现在已经是华中科技大学控制科学与工程系教授、博士生导师,控制理论研究所所长,非线性与复杂系统研究中心副主任。

在儿子眼中,父亲永远那么忙碌,一家人在一起的时间很少很少。由于工作原因,父亲调来调去,很少在家。先是家在北京,父亲调到武汉;等到家搬到武汉,父亲又常驻南京长江大桥工地了;南京桥建成后,父亲回到了武汉,而方华京已经是知青,下乡去了。

在儿子眼中,父亲心中似乎只有桥。小时候,方秦汉好不容易回趟家,华京就围着他,让他陪着玩,让他讲故事。他也很乐意给孩子讲故事,可是讲着讲着,他就会突然走神,陷入沉思中,问他:"怎么了,爸爸?"他不好意思了,回答:"哎呀,我又想到桥上面去了,又记起一件事情。"方秦汉能给孩子讲的故事并不多,可是一讲起桥来,就没个完了,也不管孩子愿不愿意听。方华京至今都还记得他讲了不知多少遍的南京桥沉井的浮运,钢梁的架设……连给孩子的礼物也多与桥有关。方华京至今还保存着父亲送给他的一套《南京长江大桥》明信片。在父亲的熏陶之下,方华京也不知不觉对桥梁产生了感情,并萌发出要做一个像父亲那样的工程师的愿望。

在儿子眼中,父亲虽然从不打骂他们,但总是很严肃、认真。小时候最怕把做完的算术题交给父亲检查,假如出了错,父亲就会沉下脸来,语气也变得十分严厉:"就这样还想当工程师! 像这样马马虎虎,以后就是干上工程师,也会酿成大祸!"①

在方秦汉的潜移默化下,儿子华京现在也是学有所长,研有所专,教有所成,不仅带教出二十余名自动控制方面的博士,而且也承担了数十项国家级和省市级的重大科研项目,成为科技界的栋梁之才。方秦汉在欣慰之余,也反思自己因为忙于工作,在儿子的成材道路上几乎没有起到应起的作用,一直是他自己在拼搏奋斗,吃了不少苦。当年自己的成长路上就是因为少了父亲的指导,甚至感觉缺少父爱。儿子华京的成长之路和自己这样相似,想到这里,方秦汉不由得愧疚万分。

1985 年,方秦汉的孙子炜炜出生了,可是先后奔忙于九江长江大桥和芜

---

① 余启新. 桥的交响[M]. 武汉:武汉出版社,2012:201.

湖长江大桥建设的方秦汉依旧疏忽了对孙子的关心,直到他开始有时间了,孙子也长大了。2007年,方炜拿到英国的国家奖学金出国深造,后来又在国外拿到博士文凭,现在在国外的一家研究院工作。方秦汉常开玩笑说:"我呀,在这个家里学历最低,儿子、孙子都是博士,我只是一个本科生。"这玩笑里体现出了方秦汉的自豪和欣慰,但也难掩对子孙缺乏照顾的愧疚之情。虽然,方秦汉总说,自己没有很好地尽到责任,好在孩子们争气,但从他儿孙的成长历程来看,正是方院士对工作的认真、忘我的痴迷,使他的儿孙对人生和学术、事业有了不同于他人的感悟,也最终帮助他们获得了自己学术人生的辉煌。

图 10-3　方秦汉送孙子出国(2007年)

图 10-4　方秦汉与妻子李霄娥相濡以沫60年

相濡以沫建后方

方秦汉事业的成功,离不开一位富有牺牲精神的爱人的支持。而如何进行家的经营,以保证学术事业的大后方,也是方秦汉先生传递给他的儿孙们的一笔丰厚财富。

妻子李霄娥与方秦汉相濡以沫六十余载,为了方秦汉的事业,妻子默默奉献了一生。她是方秦汉成功背后的那个女人,也是最让方秦汉感到愧疚的那个人。

20 世纪 50 年代参加工作后,方秦汉将妻子从老家接到北京,从那以后,妻子就一直在家操持家务,教养孩子。孩子长大之后,又开始照顾孙子,为方秦汉的事业,为这个家庭默默奉献了一生。妻子从离开老家后就再没有回去过,她时常念叨着,想回去看看。从嫁入方家,妻子一直没有过怨言,也没提过什么要求,唯一时常念叨的愿望,就是希望他能陪她一起回老家看看。可是方秦汉忙得快连回自己家的时间都没有了,哪里有时间陪妻子回故乡。方秦汉嘴上答应了,可是却一直因为太忙而拖着,直到这个简简单单的愿望永远落了空。

图 10-5　方秦汉为妻子送上生日蛋糕

2008 年 4 月,李霄娥在家不慎摔伤,髋骨骨折,因年纪太大无法动手术打钢钉,从此就躺在床上了。从那以后,每个礼拜三的上午,不管什么事情他都会推掉,陪妻子打针、理疗,雷打不动,直到 2011 年 5 月妻子不幸去世。

谈到方秦汉的妻子,同事李瀛沧说,"方嫂,非常典型的贤妻良母,家务事她全包,完全不用方总操心,这样他才能一心一意地扑在工作上。"①

妻子走了没多久,方秦汉就病倒了。方秦汉的身体本来就不好,在妻子走之前,他的起居一直是妻子无微不至地照顾着。妻子走了之后,因为缺乏

————————

① 李瀛沧访谈,2012 年 11 月 25 日,武汉。资料存于采集数据库。

老伴的温暖和关爱,他的身体每况愈下。尽管单位后来为他请了全职保姆,却怎么也没有妻子照顾得周到。妻子的离世,不光使方秦汉的身体状况变得越来越差,其心里也时常是空落落的。陪伴了自己六十多年的妻子突然不在了,想到自己还欠她那么多,连补偿的机会都没有了,心里就禁不住一阵心酸。如果要问方秦汉辉煌的一生有什么遗憾的话,那么对妻子和孩子的亏欠无疑是他最大的遗憾。而正是在这深深的愧疚与遗憾中,可以看到方秦汉先生对妻子的爱,对家的责任与经营。正是这样的爱,是他们能彼此理解,相互支持,为方秦汉先生事业的成就营建坚实的后方。

方秦汉先生与妻子的互敬互爱也深深影响着他的儿孙们,他们也都拥有自己事业的坚实后方,正扬帆向各自的研究领域进发,来传承乃父乃祖的学术人生。

结　语
方秦汉学术成长经历的特点

　　两院院士李国豪[①]先生在"中国桥梁工程"一文中(中国科学技术前沿中国工程院 1998 年版)做了如下评语:

　　武汉长江大桥标志着我国自力更生建设现代大跨度钢桥的开端。
　　南京长江大桥是我国现代桥梁工程发展的一个里程碑。
　　九江长江大桥是我国钢桁梁桥的技术发展水平的代表。
　　芜湖长江大桥是在世界上首屈一指的公铁路两用斜拉桥。

　　李国豪先生的评语精确地指出了四座大桥在中国现代桥梁史中里程碑式的重要地位。这些大桥无论是从科学技术、实用功能,还是艺术构思上,都有令人瞩目的创新,方秦汉和他率领的科研技术团队在这些大桥的设计建设中起着重要的作用。研究方秦汉学术成长,需要将他的一生经历与我国铁路钢桥的发展结合起来,方秦汉的工作经历也可以较大程度地反映出中国现代钢桥建设技术的兴起、引进吸收、自主创新,直至最后达到世界一流水平的过程。

---

① 李国豪(1913—2005),男,广东省梅县人。著名桥梁工程与力学专家、教育家、社会活动家。

我们认为,可以将方秦汉学术成长经历分为"会、懂、通、汇"四个阶段:

会——求学生涯夯基础

方秦汉 1925 年出生于浙江省台州市黄岩区的一个橘农家庭,方秦汉童年时期虽然家庭不算富裕但也殷实,在小学毕业后,家中因战乱经济出现困难,方秦汉在大哥方适源的支持下,能坚持继续读书而不是去做学徒。

黄岩中学求学三年以及清华大学读书四年,国家一直处于战乱状况。可艰苦的条件并未使方秦汉的求学之路受阻,相反,他从容面对困难,坚定求学以施展抱负之路。中学时期,由于战争波及范围扩大,黄岩中学迁至灵石并引进了一批自北京、江苏、上海等地名校南迁的教师,有教授,有优秀的中学老师。这些名师将良好的学术传统和一流的人才培养理念带入了黄岩中学,方秦汉在这一时期受到良好的教育熏陶。

在清华大学读书时期,众多名师在土木工程系任教,张光斗[1]、张维[2]、钱伟长[3]等著名科学家给方秦汉这一届的学生讲课,甚至担任班主任。方秦汉在这里得到了专业知识的训练,也培养了"工程师一定要守时"、"工程师是不能出错的"的严谨学术精神。

懂——工程实践炼真金

1950 年大学毕业后,方秦汉被分配到铁道部工作,这一时期,方秦汉参与武汉桥钢梁设计组,作为一名实习生开始了他钢桥建设的一生。

---

[1] 张光斗(1912—2013),男,水利水电工程结构专家和工程教育家。1955 年当选为中国科学院院士,1994 年当选为中国工程院院士。

[2] 张维(1913—2001),我国著名力学家。研究板壳静、动理论。长期从事结构力学和固体力学的教学和科研工作,为我国培养力学人才做出了贡献。1955 年选聘为中国科学院院士(学部委员),1994 年当选中国工程院首批院士。

[3] 钱伟长(1912—2010),江苏无锡人,中国近代力学之父,世界著名的科学家、教育家,杰出的社会活动家,中国民主同盟的卓越领导人,钱伟长院士兼长应用数学、物理学、中文信息学,著述甚丰——特别在弹性力学、变分原理、摄动方法等领域有重要成就。

1950 年来到武汉大桥设计组实习,负责武汉长江大桥钢梁设计的专家王序森成为方秦汉的辅导员,方秦汉便从此开始与"钢梁"结缘。在王序森①的栽培下,方秦汉负责了兰州东岗镇黄河大桥设计、衡阳湘江大桥的设计工作,设计工作对他而言可以说是小试牛刀。在湘江大桥的建设之中,方秦汉将武汉桥工作中学到的经验和技术应用上去,这在 20 世纪 50 年代是有一定技术含量的,因此湘江大桥有"小武汉桥"之称。其后负责川黔线乌江大桥设计,重庆白沙沱长江大桥设计,还作为中苏合作丰台科学试验基点专题负责人等,为他日后设计大型桥梁积累了丰富的经验和打下了坚实的基础。

随着桥梁设计工作经验的累积,方秦汉逐渐爱上了他的这项工作。他兢兢业业在实践工作中积累经验,将所学的知识创新应用到桥梁设计之中。到了 1958 年,"大跃进"开始,南京长江大桥上马,方秦汉作为一个工作了八年的工程师,负责南京长江大桥的钢梁设计工作。他全身心投入,做调查研究和实验研究,多做比较方案,优中选优,防止差错,通过 10 年的努力,大桥建成通车。

方秦汉作为一个初出茅庐的工程师,从参与到负责大桥的钢梁设计,他在设计战线上可谓是一名踏实勤奋的劳模。在单位给他的劳模推荐表上的评价写道:"三十多年来,他一贯勤奋工作,近几年,他年事虽高,又瘦弱多病,仍保持旺盛精力,为桥梁设计忘我工作。晚上,星期天,他常常在办公室度过。为了及时同有关协作单位交谈情况,研讨问题,他不顾劳累而频繁出差。他患有支气管扩张症,稍感风寒就严重出血,但从不以疾病为念,经常冒着严寒到北方,总是犯病在外,病重而返。"

通——里程碑上留英名

从 20 世纪 70 年代开始,桥梁建设项目明显增多,方秦汉在那段时间的任务也是繁重的。他的设计宗旨在于:要就不干,要干就干好;要就不干,要

---

① 王序森(1913—),桥梁工程专家。从事桥梁设计施工 50 余年,参加大型桥梁工程达数十座,是举世闻名的武汉长江大桥、南京长江大桥等重要工程主要设计者之一,积极参与国际和国内桥梁技术交流,热心培养建桥人才,为我国桥梁事业的发展作出了重大贡献。

干就干出点名堂来。所以，只要任务交到他手上，不管是大桥还是小桥，不管是铁路桥还是公路桥，他都不墨守成规，想办法要加一些新的内容，做一点新的突破。

方秦汉参与了多个桥梁钢梁设计。从参与设计四会北江大桥、京山线蓟运河大桥，天津子牙河新虹桥、天津海门开启桥，再到主持设计九江长江大桥和长东黄河大桥，方秦汉负责设计的每一座大桥在技术上都有新的创新和突破。

九江长江大桥是我国建桥史上的一座丰碑。方秦汉在 1975 年接受任务后，主要负责的是钢梁设计和科研设计的工作。他见证了九江大桥 20 年来坎坷的建设，为自己的创新进行过奔走、争鸣，终于保证大桥顺利建成通车。在这 20 年内，方秦汉也不断进行技术创新和摸索，经过积累，写下《十五锰钒氮钢钢模拟焊接热影响区的氮化物相分析》论著，首次指出钢中氮化物相经焊接热循环后被分解，热影响区存在着大量的固溶氮，因此降低了钢的韧性，指出了十五锡钒钢的基本方向，为以后更高标准的新钢种的研制提供了一种思路。

在九江大桥建设期间，方秦汉为坚持创新技术奔走、争鸣的精神和骨气，为他在业界赢得了"钢霸"的雅号。

汇——实至名归荣院士

接到芜湖长江大桥的建设任务时，方秦汉已年逾七旬。此时方秦汉对一座桥梁设计的眼光更为长远，而不拘泥于复制前人的桥梁设计，也不止于局部的技术创新，而是放眼如何将我国的整体桥梁设计与国际接轨，力争达到国际领先水平。芜湖长江大桥便由此应运而生。芜湖长江大桥的跨度达到了当时国家钢桥跨度之最，这是一个巨大的创新，而在桥型设计、焊接技术、钢种选择等方面均体现了方秦汉创新、认真和坚持的建桥精神。

我国著名桥梁专家曹洪武[1]这样评价了方秦汉在芜湖桥的工作：芜湖桥

----

[1] 曹洪武(1974—   )，男，高级工程师，中铁大桥勘测设计院书记兼副院长，我国桥梁建设专家。1995 年毕业于长沙铁道学院铁道工程专业，2007 年毕业同济大学桥梁工程专业。

是中国国产高强钢、高韧性钢的一个开拓,芜湖桥的这个钢研制出来之后,我们的技术就可以同国际水平平起平坐了。方院士在芜湖桥的技术创新过程中的推动作用是不容小觑的,他总会去坚持自己的想法,只要他认定是对的,不惜一切也要贯彻实施,后来的实际效果也证明他想法的预见性和正确性。

方秦汉院士自己回顾道:"建筑的意义就在于能体现一个时代。我参与设计的武汉长江大桥单孔跨度为 128 米,南京长江大桥单孔跨度为 160 米,九江长江大桥单孔跨度为 210 米,芜湖长江大桥单孔跨度为 312 米,从 128 到 312 米,我的一辈子的努力全部都在这里了"。

纵观方秦汉的学术成长经历,从 1950 年开始在铁科院工作,参与武汉长江大桥的建设,随后开始独立负责桥梁的科研设计工作,最后到晚年也坚守在工作岗位,参与多座桥梁设计的顾问工作。他的一生和我国现代桥梁事业的发展深深融合在一起,研究他的学术成长经历,为我们了解中国现代钢桥发展史提供了参考。

作为中国的桥梁建设的一名杰出代表和杰出的引路人,方秦汉不畏艰苦,敢于争鸣,重视技术创新,通过数十年的奋斗终于将中国桥梁建设的技术水平追赶上了国际先进技术水平。方秦汉兢兢业业在桥梁建设第一线工作了一辈子,多座大桥和多个技术创新就是他一生的心血结晶。对于中国的桥梁事业,方秦汉也乐观看待,他说:"前途一片光明!"

综合各方面采集到的资料,我们采集小组成员讨论后一致觉得,**"创新、严谨、认真、坚持"** 是支撑方秦汉学术成长和取得如此高学术成就的四大特征。

附录一
方秦汉年表

1925 年

4 月 20 日，出生于浙江省黄岩县泾岸村。父母均是地地道道的农民，家里以种橘为生，经营了一处近 20 亩的橘园，家境较殷实。大哥也凭借卖橘的收入得以进入上海医学院学习。

1933 年

8 月，进入黄岩泾岸初级小学学习。因自小身体弱，父亲原本希望他弃学做店员，后因大哥方适源坚决反对，得以继续念书。

1937 年

7 月，在大哥方适源坚定支持下离开泾岸初级小学转到县里上学。

8 月，转入黄岩县县立第一中心小学读书，与林华寿等人成为同学。日军开始封锁中国各港口，家中橘子销量大减，家道中衰，生活变得艰难。

原就读于上海医学院的大哥于抗战开始时毕业，回家乡当医生并开私人药铺。得益于大哥经济上的照顾和学业上的支持，方能于战乱中安心学习。

1938 年

7 月,毕业于黄岩县县立第一中心小学。

8 月,考入黄岩县立中学初中部读书。

1939 年

9 月,由于日本飞机空袭黄岩,黄岩县立中学迁往黄岩县的西乡灵石。当时全国许多大学校实行战时教育体制,一些外地大学的教授逃难来到黄岩中学任教,因此能听到一些全国各地来此避难的大学老师的授课,如北平燕京大学的苏松涛老师、浙江大学物理系的马启义老师、复旦大学国文系的干人俊老师等。

1940 年

大哥方适源去世,家庭又一次陷于贫困,加上战时生活艰难,本来瘦弱多病的身体更加孱弱。

黄岩县立中学实行战时教育方针,制定"训育"目标,全方位提高学生学习和生存能力。

1941 年

4 月,日军连续轰炸黄岩后,企图轰炸灵石,但灵石位于山脚下,周围树木茂盛,日军的飞机始终没有找到目标。战火中一方远离硝烟的净土,有了安心打牢现代科技知识的环境,为日后继续深造,成长成为一名合格工程师,主持各项工程设计奠定了良好的基础。

7 月,升入黄岩县立中学高中部。

秋,为缓解战时后方粮食紧张,促使学生适应艰苦生活,黄岩县立中学开始改一日三顿干饭之传统习惯,首倡早餐饮粥,此后这风气在全县传播,各中小学校纷纷效仿。

1943 年

3 月—7 月,因痢疾大病一场,休学半年,并患上了严重的胃病,从此此病伴随一生。

黄岩县立中学高中生参加全省高中毕业会考,一举夺魁,荣获全省第一名。

1945 年

1 月,从黄岩县立中学毕业,按照大哥方适源的期望和自己的理想准备考大学,但是抗日战争还没有结束,考学校非常不便,便在家中自习。

在准备功课期间,来到黄岩县泾岸小学任教员,后转到浦西小学任教员,同学林华寿也在浦西小学教书,两人均准备考大学。

8 月,日本天皇宣布无条件投降,中国的抗日战争胜利了。很多大学开始迁回原址,恢复公开招生。结束浦西小学任教,前往上海报考。报考了国立清华大学、上海交通大学、国立唐山工学院(后改名为唐山铁道学院、西南交大)等学校。最后被国立清华大学和国立唐山工学院录取,选择了国立清华大学攻读土木工程结构专业。同在浦西小学任教员的好友林华寿则考上了唐山铁道工学院。

1946 年

8 月,新生入学,在新生同学招待会上,参观了"一二·一"运动时的照片和血衣,还有闻一多教授遇害的资料。

与潘际炎、申根宝为同清华大学寝室室友。

获得学校助学金,求学时代主要靠助学金生活,但仍需要家里接济。

12 月 25 日,北京东单沈崇事件发生。消息传开,举校哗然,在抗议标语上签字,参加抗议美军暴行的游行。

1947 年

因参加学生运动得到二哥方适中训斥,从此专心学习,开始远离政治活动,不愿发表政治意见,成绩则是中等偏上。

学校课程设置范围广泛,目的是培养全面人才。

1948 年

学校课程开始偏重实际和操作,与本专业联系紧密。热机学考试不合格,其他科目优秀。

二哥方适中去世。

在进步同学的影响下,还是多次参加了反饥饿、反内战游行,迎来了新中国的诞生。

1949 年

夏,与胡佳恒等同学一同在东北实习,并商量返校后重上马列主义学习班。

秋,开学后分配到结构组,酝酿参加马列主义读书会,但由于种种原因,组织上举办的这个马列主义读书会只学习了几次就停办了。

10 月 1 日,新中国成立。

著名马克思主义理论学者艾思奇来北京大学教授《社会发展史》课程。不久,《社会发展史》与《新民主主义论》列入必修课程。首次正式系统地接触社会主义思想。

1950 年

7 月下旬,以优异成绩从国立清华大学毕业,获工学学士学位。等待分配。

8 月 1 日,为修建武汉长江大桥,铁道部设计局成立了"武汉长江大桥设计小组"。

8 月 6 日,分配到铁道部工作,成为实习生。土木工程系的程庆国、潘际炎、李立三位同学也被分配到铁道部。与潘际炎一起被指定到武汉长江大桥设计组工作。时任设计局的副局长梅旸春是设计组的组长以及开工后大桥工程局的副总工程师。

担任实习生辅导员,并代表参加实习生辅导委员会工作。

参加中苏友好协会。

参加铁路工会。

伯父方君健，又名气浩，新中国成立前职业为律师，由于担任过国民政府的乡长一职，被人民政府镇压。

1951 年

2 月，父亲方乾春由于害怕被斗争，声称患病，以此为借口偷偷来到上海治病。但而后不得已，被迫返回了家乡。

6 月，实习期满，转正成为技术员，也开始担任实习生辅导员。

12 月，大女儿方京出生。

参加中国的土木工程学学会。

1952 年

在优秀职工评选中被评为优秀的辅导员之一。评委会给出的意见是：在业务上能主动地帮助别人，尤其是对实习生的辅导特别用心，常常主动了解他们学习生活情况。

1953 年

留在北京铁道部设计总局大桥设计事务所进行其他桥梁的设计，设计组王序森导师带领部分人前往武汉进行现场设计。

年底，被委以重任，独立负责设计兰州东岗镇黄河大桥，桥型为钢筋混凝土拱桥。正当准备时，又接到紧急任务——修复湘桂线衡阳湘江大桥。该桥设计方案是按原桥跨结构样式对受损的上部进行修复。

1954 年

在土改中作为"地主"被批斗的父亲方乾春病逝。

父亲病逝后，由于母亲没有经济来源，每月寄给 10 元钱供母亲生活。

调到铁道部设计局大桥设计事务所，任技术员，工程师。

1955 年

1 月，儿子方华京出生。

12 月,被提升为四等一级工程师。此时,家庭住址为北京西郊的羊坊店。

1956 年

湘桂线衡阳湘江大桥开工修复。

铁道部设计局大桥设计事务所,任总工程师。

被任命为川黔线乌江大桥设计负责人。提出"就地取材,石砌墩台"的方案,符合当时勤俭建国的特点,同时设计上注重实际和创新。

1957 年

负责集二线霸王河大桥设计工作,为总体设计负责人。

兼任中苏科研合作北京丰台基地装配式预应力钢筋混凝土刚性梁柔性拱科研负责人,该拱件在丰台制造厂进行了一年有余,后因为试改而停建。

12 月,湘桂线衡阳湘江公路铁路两用桥完工通车,为建国之后继武汉长江大桥的第二座公铁两用桥。

1958 年

成为重庆白沙沱长江大桥副总体设计负责人、钢梁结构设计总负责人。

8 月,铁道部将南京长江大桥草勘专业设计院设计处合并到大桥工程局。被指定为南京长江大桥钢梁设计组组长,离开北京前往武汉(从此移居武汉至今)。参与了和鞍钢联合研制的适合南京长江大桥需要的钢材——16 锰桥梁钢。

中苏关系逐渐转向恶化,苏联单方面宣布撤回了全部在华专家,不仅终止了合作项目,停止了全部援助,而且不遵守原来的提供建桥钢材合同,一方面将提供材料半径限制在 12.5 米以内,一方面削减数量,只提供 1.2 万吨,离预算的 3.2 万吨还差 2 万吨没有着落。这样的情况一度让南京桥的建设进入进退维谷的境地。

作为钢梁设计组组长,带领同事坚持走自力更生的道路,生产出符合南京桥的钢材,这个钢当时因此被叫做"争气钢"。该钢材为 16Mn 钢,强度比武汉长江大桥用的苏联 3 号钢提高了 30%,符合建造南京长江大桥所需的钢材。

1959 年

3 月,川黔线乌江大桥上部结构开工。

9 月底,川黔线乌江大桥完成。

1961 年

4 月,被调往南京指挥部设计处工作,担任大桥钢梁安装设计组长。

1964 年

兼管南京长江大桥深水基础的结尾设计,并任工地设计组组长,全面负责南京桥的设计及处理施工中有关问题。

1966 年

"文化大革命"爆发,很多技术人员都遭受到了打击,南京组可以用的人已经很少,只有 60 多个人,但是南京桥摊子很大,任务很重。

1968 年

9 月,南京长江大桥铁路桥通车。

12 月,南京长江大桥公路桥通车。

接到主持编写《南京长江大桥技术总结》的任务,并开始撰写工作。

1969 年

短期下放到干校学习。

编写《南京长江大桥技术总结》。

1970 年

编写《南京长江大桥技术总结》。

编写《南京长江大桥技术总结》。

1972 年

编写《南京长江大桥技术总结》。

1973 年

九江长江大桥开工建设。

1975 年

完成《南京长江大桥技术总结》初稿。

接到九江长江大桥钢梁设计和科研任务。

主持开发九江长江大桥新钢种 15 锰钒氮桥梁钢。

12 月,铁道部科技委、基建总局召集大桥局、山海关桥梁厂等单位讨论九江长江大桥采用新钢种的技术问题,决定以 50 毫米厚板为主攻方向,争取 60 毫米厚板的轧制。领导大桥局设计处的同志拟定了具体的试验项目。有专家提出了不同的看法,认为 56 毫米特厚板的抗脆断性能远不如中性板,特厚板在焊接方面的困难较大,从而增加养护困难。在大量阅读钢材的理论和进行严格的试验后坚持认为,只要做专门的试验研究,板厚是可以突破 50 毫米的。

1976 年

2 月,铁道部基建总局、科技局组织代表团到鞍钢商谈试验料标准,签订了"鞍钢协 76 - 31 协议",试生产试钢材验料 500 吨,其中 56 毫米厚板 198 吨,50 毫米厚板 173 吨。指导科研人员对 15MnVNq 钢 56 毫米厚板的对接焊、角接焊及箱形杆件填角焊进行了大量的试验研究工作,取得了很多成果,摸清了 15MnVNq 钢 56 毫米特厚板的各种特性。

在研究 56 毫米板焊接性能时,很多人认为九江长江大桥的板材只要能够经受住 - 20℃不断裂就可以了。为了国家的长远发展,坚持要求板材能

够经受住 − 40℃ 不断裂才可以。实验室试验成功之后，为了进一步验证钢材的性能，又在大跨度栓焊钢梁试验桥——白河大桥上进行了现场试验，进一步证明了 15 锰钒氮钢具有良好的韧性。

1977 年

获得处"先进生产代表"称号。

1978 年

再次获得处"先进生产代表"称号。

作为先进代表出席大桥局科学大会。

7 月 1 日，主持设计的滦县滦河公路桥正式通车。

1979 年

第三次获得处"先进代表"称号。

3 月，经工程局党委常委研究决定，同意任主任工程师。

11 月 1 日，工资由原三区三级 152.00 元（铁勘察设计工资标准），增加到 160.00 元。

12 月，吉林市煤气公司液化气站的 102 号 400 立方米液化石油气球罐发生破裂，直接经济损失约 627 万元，死 36 人，重伤 50 人，使国家蒙受重大损失。为九江桥的建设敲响了警钟，为避免这样的脆性破坏事故，主持对 15MnVNq 钢焊接接头进行了断裂力学的试验。

国家提出了对国民经济实行"调整、改革、整顿、提高"的方针。九江长江大桥属于路网规划存在争议、桥属哪条铁路尚不明确的"有桥无路"工程，属于正在调整之列的在建大桥而被迫停工。

1980 年

作为铁道部桥梁考察代表团的成员，访问罗马尼亚，帮助解决桥梁建设中的一些难题。审查了多瑙河及其支流上的两座公路铁路桥梁的安装文件。在相关会议上，总结了我国伸臂安装中间合拢的具体实践，上升到理论,并做了具体的发言,取得了良好的效果与反响。

参加铁道部结构可靠度设计规范的编制,为编委会成员和主要起草者。

1981 年

经过基建总局同意,晋升为铁道部大桥工程局勘测设计处主任工程师,高级工程师。

1982 年

在瑞士洛桑召开的国际桥梁及结构工程学术讨论会上,发表论文《高强度螺栓接头的疲劳强度》。

在北京召开的中美桥梁及结构工程学术讨论会上发表论文《钢桁梁安装》,为第一作者。

主持长东黄河大桥钢梁设计。

晋升为铁道部大桥工程局勘测设计处副总工程师。

1983 年

论文《南京长江大桥钢梁伸臂安装两联联结之间的内力调整》收录在《南京长江大桥技术总结》中。

获得 1983 年度铁道部先进工作者称号。

年底,主持设计的天津子牙河新虹桥主体工程建成。工程采用了钢筋混凝土板与钢板结合的斜交桥形式,降低了梁的高度,有利于车行,同时也降低了造价。而这种"大跨斜交结合一体"的桥型,跨度为当时国内斜交桥跨度之首,至今仍未被突破。

1984 年

2 月,长东黄河大桥开工。

主持设计的京山线蓟运河大桥交付运营。

12 月 27 日,主持设计的四会北江大桥建成通车,作为桥梁钢梁方面的设计专家,设计出再分式低高度钢桁梁,避免了两端引线及汉沽车站的抬高改造,使邻近的车站不被废弃,缩短了工期,为国家节约了上百万元。设计出的再分式低高度钢桁梁在国内同类桥梁中首次获得成功。该桥获得了国家优秀设计银质奖。

1985 年

10 月,"南京长江大桥建桥新技术"项目获得国家科学技术进步奖特等奖。

10 月,长东黄河大桥建成,该桥的钢材采用作为九江长江大桥试验用钢的优化的 15 锰桥梁钢,使用了栓焊梁,使栓焊梁站稳了脚,这也为九江长江大桥使用栓焊梁奠定了基础。并创造了高速建桥的新纪录,被誉为"长东速度"。

11 月,主持设计的天津海门开启桥建成通车,建成时是亚洲跨度最大的一座直升式公路开启桥。

1986 年

论文《15 锰钒氮钢焊接热影响区氮化物相分析》发表在《桥梁建设》杂志中。

11 月,国务院副总理万里视察九江长江大桥工地,并作出了大桥先通公路后通铁路的指示。

8 月,受聘成为中国钢结构协会第一届理事会理事。

8 月 28 日,受聘成为长沙铁道学院兼职教授。

10 月,主持了缅甸仰光丁茵大桥的设计,是我国援缅最大项目,被誉为"东南亚最大的公铁两用桥"。

12 月 20 日,受聘成为中国钢协桥梁钢结构协会,副理事长。

1987 年

4 月 4 日,国家计委经国务院批准,发文决定恢复九江长江大桥建设,采取集资和国家补助的办法,由国家计委、铁道部、交通部和江西、湖北、安徽三省六家共同集资 1.5 亿元(后调整为 2.16 亿元)用于大桥复建。九江长江大桥项目重新上马,重新主持九江长江大桥钢梁设计和科研,履行副总工程师的职责。

9月,荣获又湖北省人民政府颁发的"湖北省劳动模范"荣誉证书。

与武汉钢铁公司经过多次协商,在分析了国内桥梁钢的基础上提出研制微合金化的低合金结构钢板 14MnNbq 钢。

获得 1987 年度"铁道部先进工作者"称号。

1988 年

"天津塘沽海门大桥建桥新技术"获得国家科学技术进步奖二等奖。

6月1日,按照铁企干部工资标准,工资变更为 243.00 元。

11月1日,工资升为 270.00 元(三区二级)。

获得 1988 年度"铁道部先进工作者"称号。

1989 年

某桥梁厂试制出九江长江大桥的第一批钢梁,验收时发现钢梁焊接处加温不到位,宣布报废重来。钢梁厂处于经济利益考虑,不同意重来。对此据理力争,迫使桥梁厂重制,后来生产出具有世界先进水平的高强度钢梁。

长东黄河大桥项目获得国家级优质工程银质奖、优秀工程设计铜质奖。

中共铁道部基建总局政治部发出通知,同意享受教授(研究员)的同等待遇。

获得 1989 年度"铁道部先进工作者"称号。

任铁道部大桥工程局勘测设计院高级工程师,教授级高级工程师。

1990 年

主编了《桥梁钢结构设计规范》,为主要起草者。

4月,参与在杭州召开的中国土木工程学会桥梁及结构学会第九届年会,并发表会议论文《九江长江大桥正桥钢梁设计简介》。

8月1日,工资由 298.00 元升到 312.00 元(特二级,三区)。

同行对九江长江大桥设计方案提出质疑,并上书国务院总理李鹏。中国国际工程咨询公司就该问题在北京召开了专家论证会,并在随后召开多次小型会议。

7月27日,受聘成为中国钢结构协会第二届理事会理事。

12月10日,获得由冶金工业部、铁道部颁发的大跨度栓焊桥梁用15MnVNq钢的优化研究与生产科学技术成果鉴定证书。

1991年

1月17日,在国务院有关部门组织的专家委员会对九江长江大桥设计论证会上进行了一次长篇辩论,最终被证明九江桥的设计是可靠的,此即为中国桥梁界有名的"京都大辩论"。

与他人合作论文《关于九江长江大桥正桥180米+216米+180米连续桥跨的横向刚度问题》发表在《桥梁建设》杂志上,为第一作者。

7月26日,受聘成为铁道科学院大型结构实验室学术委员会委员。

12月23日,获得由铁路工程总公司颁发的九江长江大桥双层吊索架架设大跨度钢梁新技术科学技术成果鉴定证书。

1992年

在《铁道工程学报》上发表论文《九江长江大桥正桥钢梁安装》。

5月18日,九江长江大桥钢桁梁合拢。

8月9日,将九江大桥三大拱合拢,这是国内第一次如此大跨度的钢桥实现跨中合拢,具有显著的经济和社会效益。

10月1日,荣获由国务院颁发的政府特殊津贴奖励证书,开始享受政府特殊津贴。

10月,论文《九江长江大桥采用双层吊索架悬臂架设钢梁的施工实践》收录在《全国桥梁结构学术大会论文集》,并由上海的同济大学出版社出版。

11月,《九江长江大桥正桥钢梁采用双层吊索架架设大跨度钢梁新技术》收录在中国铁路工程总公司的《铁路工程建设科技动态报告文集》中。

11月底,九江长江大桥发生"风致涡振"现象。在方秦汉的支持下,顾金钧等人采用气动力学方法的抑制措施,即在吊杆上设置多个质量调谐阻尼器(简称 TMD)的抑振方案,其减振原理为在主振系统上附一个小质量的动力消振系统。通过调谐使主振动系统的振动能量最大限度地转移到附加的消振系统上,从而降低或消除主振动系统的振动,不至于无限制加剧。技术人员又对 TMD 进一步改进之后,把总共 336 个 TMD 全部装上实桥吊杆。一段时间的观测结果显示,这些 TMD 对弯曲涡振的抑振倍率达到 30～40 倍,风致涡振已经能被完全抑制,结果非常成功。而这些 TMD 贴在吊杆的两边,有点像女士耳垂上吊着的坠子,因此,被取名为"耳垂方案"。耳垂方案不仅有效地解决了风振现象,而且还给美丽的九江长江大桥增添了一抹亮色。

铁道部在武汉召开了 14MnNbq 钢的评审会。大量的断裂韧性试验及焊接性能试验表明,武汉钢铁公司研制出的 14MnNbq 钢是一种综合性能良好、具有较高韧性的新钢种,焊接材料匹配恰当,完全可用于高寒地区的栓焊桥梁及其他的重要结构,建议进一步提高钢的冶金质量,研制出高纯度的 14MnNbq 钢板。

1993 年

1 月,"九江长江大桥双层吊索架架设大跨度钢梁新技术"获得铁道部科技进步二等奖,方秦汉在获奖名单中排名第一。

3 月 27 日,获得由铁道部科技司颁发的长列摩擦型高强度螺栓接头极限承载力的研究,16Mnq 钢用于焊接桥梁的适用性研究两项科学技术成果鉴定证书。

由大桥工程局在衡阜(衡山到阜阳)铁路京杭大运河上设计一孔 64 米跨度的双线铁路 14MnNbq 栓焊钢桁梁试验桥。

参与编写的《中国土木工程指南》由中国科学出版社出版,编写了第八章《钢梁》。

科研论文"TMD 减振技术及其在九江长江大桥上的应用"获铁道部科技进步二等奖。

论文《九江长江大桥 56 mm 厚板的使用》发表在《桥梁建设》上。

12 月 1 日,技能工资调整为 454 元(三区 65 档)。

12 月,九江长江大桥的公路桥建成。

1994 年

4 月 7 日,获得由铁路工程总公司颁发的九江长江大桥正桥钢梁 216 米大跨跨中合拢技术、九江长江大桥正桥钢梁安装柔性拱合拢技术、九江长江大桥 35VB、M27 高强度螺栓施拧工艺及检测三项科学技术成果鉴定证书。

7 月,九江长江大桥铁路桥铺轨就绪。

9 月 4 日,获得由铁路工程总公司颁发的"TMD 减振技术及其在九江长江大桥的应用科学技术成果鉴定证书"。

"九江长江大桥双层吊索架架设大跨度钢梁新技术",获铁道部科技进步三等奖。

1995 年

九江长江大桥铁路桥通车,成为京九铁路的枢纽,对加强我国南北交通运输,促进华东、中南经济建设、文化交流和旅游事业都具有重要的战略意义。

6 月 1 日,正式退休,累计工龄约为 45 年。

7 月 19 日,获得由铁道部科技司颁发的"九江长江大桥 15MnVNq 钢厚板焊接技术科学技术成果鉴定证书"。

主持的"九江长江大桥 15MnVnq 钢厚板焊接及钢梁制造新技术"获铁道部科技进步二等奖。

1996 年

1 月,受聘成为石家庄铁道学院兼职教授。

担任芜湖长江大桥钢梁设计和科研负责人,向新的桥梁技术高峰冲击。

执笔的《九江长江大桥技术总结》由武汉的测绘科技大学出版社出版。

享受的政府特殊津贴由 60 元提高到 100 元。

7 月 1 日起,享受离退休劳模荣誉津贴 80 元。

晋升为铁道部大桥工程局勘测设计院副总工程师。

12 月,"多个 TMD 减振技术及其在九江长江大桥上的应用"获铁道部科技进步一等奖,并获国家科技进步三等奖,以"参与方案的研究构思"列入获奖名单。

1997 年

年初,芜湖长江大桥开始修建,芜湖长江大桥整体焊接点钢桁梁决定采用 14MnNbq 钢钢材。

3 月 1 日,获得由铁道部科技司颁发的"九江长江大桥建造新技术科学技术成果鉴定证书"。

6 月 18 日,受聘成为中国钢结构协会第三届理事会理事。

6 月,"九江长江大桥正桥钢梁安装柔性拱合拢技术"获得国家科技成果完成者证书。

7 月 22 日,受聘成为中国铁路工程总公司顾问。

11 月 18 日,受聘成为芜湖长江大桥有限责任公司技术顾问。

11 月,以高票当选中国工程院院士,当选主要理由是"为实现铁路大跨、轻型、整体的建设目标做出了巨大贡献"。

12 月,获得发展基金第三届詹天佑大奖,表彰在铁路科技创新和铁路科技应用方面的杰出成果。

1998 年

4 月 30 日,受聘成为华中理工大学教授。

"九江长江大桥建设新技术"获得国家科技进步一等奖,在获奖者名单中排名第一。

大桥建设遭遇了 50 年一遇的洪水,致使重点控制工程——正桥水中墩被迫停工近三个月。组织和协调钢梁的制造、安装、科研、评审等工作,解决了一个又一个影响大桥建设的关键和难点问题。

11 月 27 日,大桥局开始芜湖长江大桥钢梁架设。为斜拉桥钢梁安装制订了详细的架梁规则,按此规则双向对称悬臂架梁。

1 月 8 日,在北京人民大会堂代表获得国家科技进步一等奖的"九江长江大桥设计新技术"完成单位大桥工程局领取奖状,受到了当时的党和国家领导人江泽民、朱镕基、李岚清等的接见。

担任铁道部《中国铁道百科全书》总编委会委员。

7 月 25 日,因芜湖长江大桥钢梁焊接接整体节点疲劳试验研究,芜湖长江大桥 14MnNbq 钢焊接构件防脆断试验研究,芜湖长江大桥混凝土板与钢桁结合梁的试验研究,获得铁道部科技司三项科学技术成果鉴定证书。

8 月 18 日,受聘成为湖北科协《跨世纪的湖北科技成果》顾问。

9 月 30 日,芜湖长江大桥正式建成通车,被称为"世纪大桥"。

11 月,受聘成为武汉市汉阳区人民政府咨询委员会委员。

被聘为华中科技大学土木工程与力学学院名誉院长。

1 月 24 日,参加武汉百万市民签名拒绝"法轮功"的活动。

3 月 30 日,受聘成为浙江省台州市经济科技咨询委员会委员。

4 月 20 日,与 24 位工程院院士一起到武汉大学测绘学院考察访问,了解遥感测绘的相关知识。

7 月 1 日,受聘成为中国国际工程咨询公司专家委员会委员。

7 月,女儿方京因癌症医治无效不幸去世。

8 月 20 日,受聘成为西南交通大学名誉教授。

9 月 25 日,受聘成为中铁大桥局集团公司副总工程师(副处级),且每月发 1 000 元津贴。

10 月 30 日,因"大跨度低塔斜拉桥板桁组合结构建造新技术"获得铁道部科技司科学技术成果鉴定证书一份。

11 月 20 日,因芜湖长江大桥优秀设计工程荣获"安徽省级科学技术进步奖一等奖"。

2002 年

4 月 8 日,武汉市开展"创新素质实践行"活动,应邀作相关科普讲座。

5 月 28 日,获得湖北省土木建筑学会终生会员荣誉称号。

7 月 1 日,享受的专家津贴提高为 2 000 元。

10 月,担任中国钢结构协会第四届理事会名誉理事。

12 月,荣获芜湖长江大桥全国第十届优秀工程设计金质奖。

2003 年

1 月 31 日,因"大跨度低塔斜拉桥板桁组合结构建桥技术"荣获国务院国家科学技术进步奖一等奖。

2 月,作为科学技术奖励获奖代表受到了江泽民、胡锦涛等党和国家领导人的接见。受聘成为上海市城市建设设计研究院专家咨询委员会委员。

8 月 30 日,受聘成为中国国际工程咨询公司专家委员会委员。

10 月 16 日,参加中铁大桥局为庆祝建局 50 周年举办的"二十一世纪国际桥梁技术的开发与展望"的论坛,方秦汉院士作了题目为《中国铁路钢桥发展的回顾与展望》的报告。

10 月 23 日,受聘成为厦门中平公路勘察设计咨询有限公司高级顾问。

11 月,受聘成为中国钢结构第二届专家委员会顾问专家。

12 月 5 日,作为在自然科学领域取得重大成果的科研工作者之一被授予何梁何利基金"科学与技术进步奖"。

12 月 26 日,在陕西西安市长安大学作专场报告会。

2004 年

5 月 23 日,受聘成为广州市市政工程设计研究院特别顾问。

6 月 8 日,担任厦门公铁两用桥的专家组组长。

8 月,受聘成为中国科学发展基金会欧维姆预应力技术发展基金第二届专家评审委员会名誉委员。

9 月,受聘成为中国钢协桥梁钢结构分会第三届理事会名誉理事长。

10 月 14 日,获得由国家标准化委员会颁发的从事标准化工作二十年以上工作者荣誉证书。

1 月 5 日,受聘成为铁道部工程管理中心武汉天兴洲长江大桥正桥专家委员会委员。

1 月 11 日,受聘成为中铁大桥局股份有限公司副总工程师。

10 月,荣获中国钢结构协会专家委员会颁发的钢结构终身成就奖。

2 月 14 日,作为武汉市有突出贡献的专家受到武汉市委领导的看望和慰问。

9 月 21 日,在中铁大桥局承办的"南京大胜关长江大桥关键技术咨询会"上为正在建设中的南京大胜关长江大桥的上半部结构关键性技术设计进行研讨和交流。

10 月 25 日,湖南湘西矮寨将建立国内跨径最大的悬索桥,接受聘书成为技术专家组成员。

12 月 26 日,参加民间反邪教团体大会。

3 月 12 日,在《建设中华文化标志城倡议书》上签名。

4 月 24 日,受聘成为武汉市建设科学技术委员会顾问。

8 月 25 日,来到武汉天兴洲长江大桥南岸工地进行视察。十分关注该桥的设计和建造,在建设过程中,曾 5 次前往工地考察、指导。

11 月 7 日,当选为中国铁道学会第六届理事会理事。

11 月 10 日,同中铁大桥局勘测设计院的有关领导到南京大胜关长江大桥工地调研。

12 月 13 日,参与《在役 PC 及 RC 桥梁耐久性研究》项目的鉴定,就课题组重要问题进行提问,认真评估。

2009 年

1 月,受聘成为北京詹天佑土木工程科学技术发展基金会欧维姆预应力技术发展专项基金第三届专家评审委员会名誉委员。

1 月 8 日,受聘成为武汉大学建筑物检测与加固教育部工程研究中心技术委员会主任委员。

3 月,受聘成为《钢结构》杂志编委会顾问。

5 月 15 日,获得北京茅以升科技教育基金会桥梁委员会顾问荣誉证书。

9 月,受聘成为铁道科学研究院高速铁路系统试验国家工程实验室技术委员会副主任委员。

9 月 28 日,荣获安徽芜湖市人民政府颁发的大桥建设功臣荣誉证书。

10 月 1 日,就天兴洲大桥接受《武汉晚报》记者采访。

10 月 15 日,在武汉国际桥梁科技论坛上发言,就焊接钢桥的防裂和防断问题作专题论述。

10 月 29 日,"百项经典兼精品工程"在北京颁奖,赴北京领奖。

2010 年

1 月,受聘成为中铁大桥桥梁科学研究院桥梁结构安全与健康湖北省重点实验室学术委员会副主任。

4 月 23 日,湖北省科协院士中心领导前来家里慰问。

11 月 8 日,受聘成为湖南省交通运输厅湖南岳阳洞庭湖二大桥专家组专家。

12 月 10 日,到武汉钢铁集团鄂城钢铁有限责任公司(鄂钢)参观考察。

2011 年

1 月 31 日,中国工程院院长周济前来慰问。

2 月,受聘成为华中科技大学《土木工程与管理学报》编辑委员会顾问委员。

5 月,妻子因病不幸去世。

12 月 31 日,顾问建设的武汉二七长江大桥通车。

6 月 26 日,荣获中国中铁股份有限公司颁发的中国中铁特级专家证书。

7 月,国家科教领导小组正式启动,由中国科学技术协会牵头,联合中组部、财政部、中国科学院等相关部门共同实施的"老科学家学术成长资料采集工程"中"方秦汉院士学术成长资料采集工程"正式启动。

9 月,全身像雕塑在南京国展中心雕塑展上亮相。

附录二
方秦汉主要论著目录

［1］方秦汉. 南京长江大桥工程简介（五）——正桥钢梁［J］. 桥梁建设，
1972.

［2］方秦汉. 高强度螺栓接头的疲劳强度［C］. 瑞士洛桑：国际桥梁及结构
工程学术讨论会论文. 1982.

［3］方秦汉，杨进. 钢桁梁安装［C］. 北京：中美桥梁及结构工程学术讨论
会. 1982.

［4］方秦汉，贺锡敬. 15 锰钒氮钢焊接热影响区氮化物相分析［J］. 桥梁建
设，1986.

［5］方秦汉，王世雄. 15MnVNq 钢构件高强度螺栓连接疲劳容许应力的设
计规定［J］. 钢结构，1987.

［6］方秦汉. 九江长江大桥正桥钢梁设计简介［C］. 杭州：中国土木工程学
会桥梁及结构学会第九届年会论文集，1990.

［7］方秦汉，徐列. 关于九江长江大桥正桥 180 m + 216 m + 180 m 连续桥
跨的横向刚度问题［J］. 桥梁建设，1991.

［8］方秦汉. 九江长江大桥正桥钢梁安装［J］. 铁道工程学报，1992.

［9］方秦汉，邵克华，赵煜澄. 九江长江大桥钢梁 56 mm 厚板的使用［J］. 桥
梁建设，1993.

[10] 邵克华,方秦汉,赵煜澄.九江长江大桥钢梁 15MnVNq 钢材质优化 [J].桥梁建设,1993.

[11] 方秦汉.14MnNbq 桥梁钢的试验研究[C].湖州:93 桥梁学术交流论文集,1993.

[12] 方秦汉.九江长江大桥双层吊索架悬臂架设钢梁[J].铁道工程学报,1993.

[13] 方秦汉.九江长江大桥技术总结[M].武汉:测绘科技大学出版社,1996.

[14] 林国雄,方秦汉,秦顺全,屈匡时.芜湖长江大桥设计与关键技术研究 [J].桥梁建设,1998.

[15] 方秦汉.九江长江大桥柔拱吊杆风致涡振及对策[J].工程力学,1999.

[16] 方秦汉.钢桥的防断[C].中国土木工程学会第九届年会论文集,中国土木工程学会,2000.

[17] 方秦汉.芜湖长江大桥[J].华中科技大学学报(城市科学报),2000.

[18] 方秦汉.芜湖长江大桥正桥钢梁设计特色[J].中国铁道科学,2001.

[19] 方秦汉.芜湖长江大桥[J].中华科技大学学报(城市科学版),2002.

[20] 杨应科,郑俊杰,方秦汉.冻结法在桥梁深水桩基施工中的应用[J].桥梁建设,2002.

[21] 方秦汉.芜湖长江大桥的技术创新[J].铁道建筑技术,2002.

[22] 郑俊杰,区剑华,袁内镇,方秦汉.一种求解复合地基压缩模量的新方法[J].铁道工程学报,2003.

[23] 林国雄,方秦汉,秦顺全,赵世运,熊学军,潘际炎,张玉玲.大跨度低塔斜拉桥板桁组合结构建造技术[J].铁路技术创新,2003.

[24] 郑俊杰,区剑华,袁内镇,方秦汉.多元复合地基压缩模量参变量变分原理解析解[J].岩土工程学报,2003.

[25] 方秦汉.长江上的 4 座公路铁路两用桥[J].铁道科学与工程学报,2004.

[26] 胡亮,李黎,樊剑,方秦汉.Coherency matrix-based proper orthogonal decomposition with application to wind field simulation [J].

Earthquake Engineering and Engineering Vibration, 2006.

[27] 彭元诚,方秦汉,李黎.超高墩连续刚构桥设计中的关键技术[J].桥梁建设,2006.

[28] 高宗余,方秦汉,卫军.中国铁路桥梁技术发展与展望[J].铁道工程学报,2007.

[29] 高宗余,李龙安,方秦汉,卫军.钢桁拱桥吊杆风致振动研究[J].武汉理工大学学报(交通科学与工程版),2007.

[30] 胡亮,李黎,樊剑,方秦汉.谱表示法模拟风场的误差分析[J].振动与冲击,2007.

[31] 李黎,胡亮,樊剑,方秦汉.具有桥塔风效应的桥梁风场数值模拟[J].振动与冲击,2007.

[32] 尹一平,方秦汉.箱形杆件压溃荷载近似计算[J].华中科技大学学报(城市科学版),2008.

[33] 尹一平,方秦汉.半解析半数值法层状地基上高承台桩基础沉降的计算[J].中国铁道科学,2008.

[34] 尹一平,方秦汉.天兴洲长江大桥箱形带肋钢压杆稳定性[J].华中科技大学学报(自然科学版),2008.

[35] 尹一平,方秦汉.基于半解析半数值方法的高承台桩基础沉降计算[J].华中科技大学学报(城市科学版),2008.

[36] 方秦汉,高宗余,李加武.中国铁路钢桥的发展历程及展望[J].建筑科学与工程学报,2008.

[37] Ye Kun, Li Li and Fang Qin Han. Seismic Responses of Asymmetric Base-Isolated Structures under Near-Fault Ground Motion [J]. Journal of Southwest Jiaotong University, 2008.

[38] Xia Zheng Chun, Li Li, Fang Qin Han and Long Xia Hong. Dynamic Responses of Long-Span Transmission Tower-Line System Subjected to Broken Wires [J]. Journal of Southwest Jiaotong University, 2008.

[39] 詹昊,李万平,方秦汉,李龙安.不同雷诺数下圆柱绕流仿真计算[J].武

汉理工大学学报,2008.

[40] 詹昊,方秦汉,李万平.钢桁拱桥吊杆涡激振动仿真分析[J].中国铁道科学,2009.

[41] Zhang xing, Li Li, Fang Qin Han and Ye Kun. Elastic Dynamic Stability of Big-Span Power Transmission Tower Subjected to Seismic Excitations [J]. Journal of Southwest Jiaotong University, 2009.

[42] 李黎,叶志雄,江宜城,方秦汉.阻尼线的耗能计算及其在输电线防振中的应用[J].振动与冲击,2009.

[43] 王中文,朱宏平,方秦汉,顾金钧,陈儒发.杭州湾跨海大桥北航道桥斜拉索减振研究[J].中国铁道科学,2010.

[44] 李勇,方秦汉,张建东,杜宏彪,朱宏平,腾军,史鸣,李海.双层桥面钢桁腹PC组合桥梁设计与建造方法[J].建筑结构学报,2013.

附录三
方秦汉主要证书目录

国家级奖

［1］国家科学技术进步奖特等奖. 南京长江大桥建桥新技术. 国家科学技术进步奖评审委员会, 1985.

［2］国家科学技术进步奖二等奖. 天津塘沽海门大桥建桥新技术. 国家科学技术进步奖评审委员会, 1988.

［3］国家科学技术进步奖三等奖. 多个 TMD 减振技术及其在九江长江大桥的应用. 中华人民共和国国家科学技术委员会主任, 1996.

［4］国家科学技术进步奖一等奖. 京九线九江长江大桥建桥新技术. 中华人民共和国科学技术部, 1998.

［5］国家科学技术进步奖一等奖. 大跨度低塔斜拉桥板桁组合结构建桥技术. 中华人民共和国国务院, 2003.

［6］国家科技成果完成者证书. 大跨度栓焊梁用 15MnVNq 钢的优化研究与生产. 中华人民共和国国家科学技术委员会, 1995.

［7］国家科技成果完成者证书. 九江长江大桥正桥钢梁安装柔性拱合拢技术. 中华人民共和国国家科学技术委员会, 1997.

［8］全国第十届优秀工程设计项目评选金质奖. 芜湖长江大桥. 全国优秀工程勘察设计评选委员会, 2002.

省部级奖

[9] 三等奖. 大跨度栓焊梁用 15MnVNq 钢的优化研究与生产. 中华人民共和国铁道部,1993.

[10] 二等奖. 九江长江大桥双层吊索架架设大跨度钢梁新技术. 中华人民共和国铁道部,1993.

[11] 一等奖. 九江长江大桥主孔三跨刚性梁柔性拱钢梁合拢技术. 中华人民共和国铁道部,1994.

[12] 二等奖. TMD 减振技术及其在九江长江大桥的应用. 中华人民共和国铁道部,1995.

[13] 一等奖. 九江长江大桥 15MnVNq 钢厚板焊接及钢梁制造新技术. 中华人民共和国铁道部,1996.

[14] 特等奖. 京九线九江长江大桥建桥新技术. 中华人民共和国铁道部,1997.

[15] 集体一等奖. 九江长江大桥主孔钢梁合拢技术. 中国铁路工程总公司,1994.

[16] 集体三等奖. 九江长江大桥 35VB、M27 高强度螺栓施拧工艺及检测研究. 中国铁路工程总公司,1994.

[17] 集体一等奖. TMD 减振技术的开发应用. 中国铁路工程总公司,1995.

科学技术成果鉴定证书

[18] 科学技术成果鉴定证书. 大跨度栓焊桥梁用 15MnVNq 钢的优化研究与生产. 冶金工业部、铁道部,1990.

[19] 科学技术成果鉴定证书. 长列摩擦型高强度螺栓接头极限承载力的研究. 铁道部科技司,1993.

[20] 科学技术成果鉴定证书. 16Mnq 钢用于焊接桥梁的适用性研究. 铁道部科技司,1993.

[21] 科学技术成果鉴定证书. 九江长江大桥正桥钢梁 216 m 大跨跨中合拢技术. 铁路工程总公司,1994.

[22] 科学技术成果鉴定证书. 九江长江大桥正桥钢梁安装柔性拱合拢技术. 铁路工程总公司,1994.

［23］科学技术成果鉴定证书. 九江长江大桥 35VB、M27 高强度螺栓施拧工艺及检测. 铁路工程总公司, 1994.

［24］科学技术成果鉴定证书. TMD 减振技术及其在九江长江大桥的应用. 铁路工程总公司, 1994.

［25］科学技术成果鉴定证书. 九江长江大桥 15MnVNq 钢厚板焊接技术. 铁路部科司, 1995.

［26］科学技术成果鉴定证书. 九江长江大桥建造新技术. 铁道部科技司, 1997.

荣誉证书

［27］中国中铁特级专家证书. 中国中铁股份有限公司, 2012.

［28］中国工程院院士证书. 中国工程院, 2007.

［29］钢结构终身成就奖. 中国钢结构协会, 2005.

其他奖励

［30］科学与技术进步奖. 何梁何利基金评选委员会, 2003.

［31］詹天佑铁道科技发展基金第三届詹天佑大奖. 中国科学技术发展基金会, 詹天佑铁道科技发展基金, 1997.

参考文献

[1] 任伊森,陈顺利.黄岩柑橘史话[M].台州:台州市政协文史资料和学习委员会,1997.

[2] 浙江省黄岩市教育委员会.黄岩县教育志[M].黄岩:团结出版社,1991.

[3] 章云龙,陈建华.叩访历史[M].黄岩:西泠印社出版社,2010.

[4] 方秦汉.南京长江大桥工程简介(五)——正桥钢梁[J].桥梁建设,1972,5.

[5] 铁道部大桥工程局.南京长江大桥技术总结[M].1983.

[6] 方秦汉,贺锡敬.15锰钒氮钢焊接热影响区氮化物相分析[J].桥梁建设,1986,2.

[7] 乌通儒,苏本伟,李旭光.15MnVNq钢在大跨度栓焊钢梁上的应用[J].桥梁建设,1991,3.

[8] 李克中,苏本伟.15MnVNq钢56 mm厚板在九江长江大桥上应用的研究[J].桥梁建设,1989,3.

[9] 邵克华,方秦汉,赵煜澄.九江长江大桥钢梁15MnVNq钢材质优化[J].桥梁建设,1993,1.

[10] 方万,沈龙庆.新材料大直径高强度螺栓在九江长江大桥的应用[J].铁道工程学报,1992.

[11] 方秦汉,王世雄.15MnVNq钢构件高强度螺栓连接疲劳容许应力的设计规定[J].钢结构,1987,2.

[12] 方秦汉.九江长江大桥正桥钢梁设计简介[C].杭州:中国土木工程学会桥梁及结构学会第九届年会论文集,1990.

[13] 方秦汉,徐列.关于九江长江大桥正桥180 m + 216 m + 180 m连续桥跨的横向刚度问题[J].桥梁建设,1991,2.

[14] 方秦汉.九江长江大桥正桥钢梁安装[J].铁道工程学报,1992,1.

[15] 方秦汉.九江长江大桥双层吊索架悬臂架设钢梁[J].铁道工程学报,1993,3.

[16] 高宗余,李龙,方秦汉,卫军.钢桁拱桥吊杆风致振动研究[J].武汉理工大学学报,2007,4.

[17] 方秦汉.九江长江大桥柔拱吊杆风致涡振及对策[J].工程力学,1999.

[18] 方秦汉.九江长江大桥技术总结[M].武汉:测绘科技大学出版社,1996.

[19] 方秦汉,高宗余,李加武.中国铁路钢桥的发展历程及展望[J].建筑科学与工程学报,2008,25.

[20] 方秦汉.芜湖长江大桥[J].中华科技大学学报(城市科学版),2002,1.

[21] 方秦汉.芜湖长江大桥[J].华中科技大学学报(城市科学报),2000,19.

[22] 方秦汉.14MnNbq 桥梁钢的试验研究[C].湖州:93 桥梁学术交流论文集,1993.

[23] 曹洪武,芜湖长江大桥用钢性能的分析研究[J].钢结构,2005,20.

[24] 陶祖纪,王洪波.芜湖长江大桥用 14MnNbq 钢的焊接试验[J].焊接,2002,5.

[25] 张玉玲,潘际炎,张建民,辛学忠.芜湖长江大桥钢梁细节疲劳强度的研究[J].中国铁道科学,2001,10.

[26] 方秦汉.钢桥的防断[M].中国土木工程学会第九届年会论文集.中国土木工程学会,2000.

[27] 王天亮,王邦楣,潘东发.芜湖长江大桥钢梁整体节点疲劳试验研究[J].中国铁道科学,2001,22.

[28] 林国雄,方秦汉,秦顺全,赵世运,熊学军,潘际炎,张玉玲.大跨度低塔斜拉桥板桁组合结构建造技术[J].铁道技术创新,2003,2.

[29] 方秦汉.芜湖长江大桥正桥钢梁设计特色[J].中国铁道科学,2001,22.

[30] 方秦汉.芜湖长江大桥的技术创新[J].铁道建筑技术,2002,4.

后　记

　　方秦汉先生是我国著名的建桥专家,中国工程院院士。人生经历非常丰富,他的成长就是中国近现代桥梁发展的一个缩影。在采集工作中,我们尽力做到对方秦汉先生现有著作、传记、档案等各种文献的全面搜集,并通过对方秦汉先生本人以及学术合作者、同事、弟子和家人的采访,获取大量原始资料。在研究报告的撰写方面,我们力求全面展现和正确反映方秦汉先生的学术成长经历,能基本描述出方秦汉先生的家庭背景、求学历程、师承关系、工作环境、学术交往对其学术风格、科学成就产生的影响,能基本勾勒出方秦汉先生学术思想、观点和理念产生、形成、发展的轨迹,并从方秦汉先生弟子的学术成就入手,整理出他的学术思想传承脉络。

　　方秦汉院士醉心于工作且喜欢热闹,晚年的他仍然坚持每天都去大桥院的办公室坐坐,甚至80岁高龄的他经常坐飞机去全国各地参加桥梁会议,老骥伏枥,精神矍铄。直到2012年9月尿道和呼吸道出现问题,不得不住院治疗,他才没有继续工作。

　　2011年,方院士失去了挚爱的妻子,2012年底,陪伴他多年的秘书汤筱敏女士请辞退休,方院士的身体和精神状况每况愈下,我们课题小组正是在此时开始了同方院士为时一年多的接触。

　　方秦汉院士对待工作一丝不苟。犹记得在我们采访工作初期,方院士对每次采访提纲要审核再三,事无巨细地交代被采访者与他的关系,工作交集和可以就哪一方面对他进行评价。而每每外围采访回到武汉,就要向他汇报采访工作。如果采访得不错,他则会点头赞许;如果采访效果达不到他预期的标准,院士则会勃然大怒,拍桌子责问我们的工作能力。俨然采集工作是一个桥梁建设的过程,而这位院士则是大桥建设的总工程师。

在采集过程中,经常能碰到大桥院的同事来向他汇报工作,也能碰到他的博士生将论文送至医院给他批阅修改。此时的院士总是梳戴整齐,接见各种人物,或是戴上眼镜仔细批阅修改每一份文章,院士88岁高龄,仍然思维清晰,一针见血地指出专业问题中的纰漏所在。他还常在批阅完论文之后说:“现在年轻人做学术就是浮躁,好多数据没有经过调研,都是编造的,这是不行的。”

虽然院士在工作方面要求颇高,但是他待人却亲和幽默。每每见过院士,他总会乐呵呵地留我们一起吃饭或者陪伴他打牌,兴起之际会拿出珍藏多年的葡萄酒与我们分享。一次去东莞采访院士学生李元生先生,得到了李先生的热情款待。李先生说:“这是方院士打电话过来特别交代的,一定要管你们的午饭,否则不好对老爷子交代啊。”方院士记挂采访工作,亲自打电话交代被采访对象招待食宿,让我们感动不已。

平时在与院士的接触中,院士常常讲“犬颂”的故事来教育我们。他说:“别人都说狗不是好东西,比如狗腿子等等词语都是骂狗的,我却说狗是好的。为什么呢?因为狗对主人很忠诚,只要有人来家门口偷东西,狗就会很无私忠诚地赶走陌生人。”2013年,一名晚辈写了文言文《犬颂》书面阐述方院士的观点,也表达对方院士的敬爱。笔者听过5次方院士论述“犬”,而后在整理相关资料后,才明白院士是在早年工作中,因为其爱岗敬业,对大桥建设质量狠抓不放,导致一批不合格钢材报废,而被人讽刺为上级部门的“犬”。院士心中愤愤不平,自己无私为国家做事情,竟然被有私心的人怨怪。所以晚年,常给晚辈们讲“犬颂”的故事,告诉我们要无私奉献,忠于自己的事业。

在采集工作进行的初期,方院士仍然能够坐在轮椅上跟我们交流几个小时,到了中后期,院士的身体每况愈下,如今只能约见半小时,躺在床上跟我们简短交流过后,就疲累不支。每天不间断的输液和适当输血是目前维持院士体力的唯一途径,而方院士许多记忆中的事情也模糊起来,另外一些事件却反复讲述。笔者对此深感遗憾,但我们也做了许多工作来弥补此缺憾。

在研究过程中,本项目得到了中铁大桥设计院的大力支持,大桥院的领导对本项目给予高度重视,密切配合采集工作。由于方秦汉先生近几年身体的状况不太好,对他本人的采访获得的一些资料不够准确,因此我们进行了大量的外围采访。在这个过程中,方秦汉院士的儿子方华京教授,秘书汤筱敏女士,老领导李瀛沧先生,大桥院同事曹洪武书记和葛海峰部长,项目合作者顾金钧教授、周召伟教授、李元生先生、叶梅新教授、熊正元书记,以及方院士的学生詹昊博士和刘小林先生都热情地给予帮助,在百忙之中接受了我们的访谈。

方秦汉先生的同事、弟子不仅为我们介绍了方秦汉先生的重要人生经历,而且,采集小组作为建桥学的外行,通过他们的帮助,使我们对方秦汉先生学术成就和取得成就的原因有了更深刻的认识。

在采集工作中,中铁大桥设计院档案馆非常有耐心地接待我们进行档案查阅,使我们获得了大量的资料。浙江省黄岩区新前镇街道办,黄岩区档案馆和黄岩中学宣传部门也给我们的采集工作提供了极大的便利。他们对方院士发自肺腑的崇敬和对采集工作真诚的支持常使我们采集小组每位成员感动不已!

方秦汉先生的家人,对采集工作给予极大支持,首先方院士的儿子方华京教授接受了我们的采访,并毫无保留提供了他们所了解的情况。其次,他将方秦汉先生的证书、手稿、信件等珍贵资料提供给我们复制。让人感动的是,在方院士无法出院拿资料的情况下,方华京教授多次从家中把资料带到医院中,给我们翻阅和采集。最后,方华京教授还协助方院士对本书清样进行了审订。

在传记收尾之际,笔者想对帮助过我们的人表示再次感谢。我们希望,对方院士的学术成长研究并不是止步于此,而是作为一个较为完整的资料补充。院士的实事求是和创新的学术精神要经过传承才能得到发扬。在此,也衷心希望方院士能够健健康康,开开心心。用他自己的话来说就是:"开开心心慢慢活!"

本书稿是采集小组历时近两年工作的成果,是集体劳动的成果。其中,初稿撰写,周寅庆负责导言、结语和后记,胡月负责童年和求学时代即第一章、第二章,周玲玲负责武汉桥至南京桥时期即第三章至第五章,何辉负责九江桥和芜湖桥时期即第六章、第七章,徐清风负责第八章、第九章、第十章。贺金波负责初稿整合和修改并形成第二稿,黄琨对第二稿进行了统稿和修改形成第三稿,郭永玉负责定稿。

由于专业知识以及写作水平等方面的局限,本书一定存在很多不足甚至错误,恳请读者批评指正。

方秦汉学术成长资料采集小组

2014 年 7 月

老科学家学术成长资料采集工程丛书
已出版(50种)

《卷舒开合任天真:何泽慧传》　　　《此生情怀寄树草:张宏达传》

《从红壤到黄土:朱显谟传》　　　　《梦里麦田是金黄:庄巧生传》

《山水人生:陈梦熊传》　　　　　　《大音希声:应崇福传》

《做一辈子研究生:林为干传》　　　《寻找地层深处的光:田在艺传》

《剑指苍穹:陈士橹传》　　　　　　《举重若重:徐光宪传》

《情系山河:张光斗传》　　　　　　《魂牵心系原子梦:钱三强传》

《金霉素·牛棚·生物固氮:沈善炯传》《往事皆烟:朱尊权传》

《胸怀大气:陶诗言传》　　　　　　《智者乐水:林秉南传》

《本然化成:谢毓元传》　　　　　　《远望情怀:许学彦传》

《一个共产党员的数学人生:谷超豪传》《没有盲区的天空:王越传》

《含章可贞:秦含章传》　　　　　　《行有则　知无涯:罗沛霖传》

《精业济群:彭司勋传》　　　　　　《为了孩子的明天:张金哲传》

《肝胆相照:吴孟超传》　　　　　　《梦想成真:张树政传》

《新青胜蓝惟所盼:陆婉珍传》　　　《情系梁菽:卢良恕传》

《核动力道路上的垦荒牛:彭士禄传》《笺草释木六十年:王文采传》

《探赜索隐　止于至善:蔡启瑞传》　《妙手生花:张涤生传》

《碧空丹心:李敏华传》　　　　　　《硅芯筑梦:王守武传》

《仁术宏愿:盛志勇传》　　　　　　《云卷云舒:黄土松传》

《踏遍青山矿业新:裴荣富传》　　　《让核技术接地气:陈子元传》

《求索军事医学之路:程天民传》　　《论文写在大地上:徐锦堂传》

《一心向学:陈清如传》　　　　　　《铃记:张兴铃传》

《许身为国最难忘:陈能宽》　　　　《寻找沃土:赵其国传》

《钢锁苍龙　霸贯九州:方秦汉传》　《虚怀若谷:黄维垣传》

《一丝一世界:郁铭芳传》　　　　　《乐在图书山水间:常印佛传》

《宏才大略:严东生传》　　　　　　《碧水丹心:刘建康传》